DIEMER · ELEKTRONISCHE DATENVERARBEITUNG

DAS WESEN DER AUTOMATISIERTEN ELEKTRONISCHEN DATENVERARBEITUNG

UND IHRE BEDEUTUNG FÜR DIE UNTERNEHMENSLEITUNG

VON

DR. ANDREAS DIEMER

MIT 76 ABBILDUNGEN

WALTER DE GRUYTER & CO.

VORMALS G. J. GÖSCHEN'SCHE VERLAGSHANDLUNG · J. GUTTENTAG, VERLAGS-BUCHHANDLUNG · GEORG REIMER · KARL J. TRÜBNER · VEIT & COMP.

BERLIN 1962

Printed in Germany. — Archiv-Nr. 12 35/62. Satz und Druck: Walter de Gruyter & Co., Berlin W 30

Vorwort

Unter den großen wissenschaftlichen Leistungen, die unser Weltbild in den letzten Jahrzehnten so umfassend und nachhaltig verändert haben, nehmen die Erkenntnisse auf dem Gebiet der *Elektronik* eine überragende Stellung ein. Nachdem die Elektronik bereits als Mittel der Kommunikation — Funk (Telegraf, Telefon), Fernsehen — und der Automatisierung von Steuer- bzw. Regelvorgängen zahlreicher mechanisierter Arbeitsprozesse nahezu in alle Lebensbereiche Eingang gefunden hatte und aus unserem modernen Wirtschaftsleben gar nicht mehr wegzudenken ist, hat sie nunmehr durch die Entwicklung programmgesteuerter elektronischer Datenverarbeitungssysteme auch für die Lösung betriebswirtschaftlicher Probleme eine Bedeutung erlangt, die das bisherige Ausmaß bei weitem übertrifft; denn auf dieser Grundlage können nunmehr auch die Aufgaben der *Leitung* und *Verwaltung* von Unternehmen in einem früher nicht für möglich gehaltenen Umfang der technisch-ökonomischen Rationalisierung erschlossen werden.

Während die Elektronik bis zum Beginn dieser Entwicklung trotz ihrer großen Bedeutung immer noch eine spezielle physikalisch-technische Kategorie war, ändert sich dies nunmehr von Grund auf; denn in der elektronischen Datenverarbeitung werden ihre Prinzipien auf die Grundsätze der mathematischen Logik (Logistik) zurückgeführt und durch diese interpretiert, da es nur auf diesem Wege möglich ist, sie auch auf alle anderen rational determinierbaren Fakten und Prozesse der verschiedenen Aufgabengebiete anzuwenden. Damit gelang es aber erstmals in der Geschichte der Menschheit, auch solche geistigen Funktionen des Menschen technisch zu verselbständigen, die bisher sein unangetastetes Privileg waren. Durch die auf diese Weise herbeigeführte Erhöhung des geistigen Potentials des Menschen dient die Technik nun bereits auf einer höheren Ebene ihrem ursprünglich nur auf Energiegewinnung und Arbeitsleistung ausgerichteten Zweck und trägt damit selbst in entscheidender Weise zu einer grundlegenden Verbesserung ihrer Voraussetzungen bei.

Für den ökonomischen Bereich geht es dabei insbesondere darum, geeignete Verfahren zu entwickeln, um die wirtschaftlichen Prozesse durch rational-mathematische Methoden mit Hilfe der elektronischen Datenverarbeitung möglichst weitgehend von den zahlreichen und zwangsläufig immer wieder auftretenden Imponderabilien zu befreien und damit auf dem Wege zu dem angestrebten Ziel, sie *exakt* meßbar zu machen (Schmalenbach, „Pretiale Wirtschaftslenkung", Bd. 1, Seite 22), erneut einen bedeudenden Schritt weiterzukommen. Dies ist natürlich nicht schon durch den Einsatz digitaler elektronischer Universalrechner zu erreichen, sondern nur durch spezielle und ganz auf die jeweiligen betriebswirtschaftlichen Erfordernisse ausgerichtete programmgesteuerte elektronische Datenverarbeitungs- und Kommunikationssysteme.

Die vorliegende Arbeit, der das Ziel gesetzt war, alle in diesem Zusammenhang zu erörternden Fragen in möglichst eingehender und umfassender Weise zu untersuchen, zeichnet sich daher auch durch einen außerordentlich komplexen Untersuchungsgegenstand aus; denn ihre Durchführung erforderte sowohl

a) die eingehende und für den Betriebswirt verständliche Darstellung der logisch-mathematischen und der physikalisch-technischen Grundlagen der elektronischen Datenverarbeitung als auch

b) die Untersuchung über das Ausmaß der Quantifizierbarkeit der qualitativ fundierten ökonomischen Fakten und Prozesse als Grundvoraussetzung für den sinnvollen Einsatz des Verfahrens im ökonomischen Bereich überhaupt — denn *Menge* im wirtschaftlichen Sinne ist, wie Nicklisch bereits ausführte („Die Betriebswirtschaft", 7. Auflage 1929, Seite 34), immer nur ein *Faktor* für Eignung (Qualität) — und damit

c) die Beantwortung der Frage, für welche Aufgaben die programmgesteuerte oder automatisierte elektronische Datenverarbeitung im betriebswirtschaftlichen Bereich eingesetzt werden kann, welche Erfordernisse sie hierzu erfüllen muß und welche Bedeutung sie infolgedessen für die Durchführung der betrieblichen Leistungsprozesse ganz allgemein, insbesondere aber für die Ausübung der Leitungsfunktionen besitzt.

Damit führte die Untersuchung aber notwendig zu einer eingehenden Behandlung des allgemeinen und spezifischen ökonomischen Wertproblems, wobei insbesondere der Betriebswert als Inhalt des letzteren sehr fruchtbar für die Analyse war. Hierbei zeigte sich allerdings, daß dieser nicht mit dem „objektiven Tauschwert" (Marktwert) identisch ist — wie Schmalenbach noch in seiner Schrift: „Pretiale Wirtschaftslenkung", Bd. 1, Seite 14 und 22, ausführte —, sondern eine völlig eigenständige und grundlegende Wertkategorie bildet.

Unter diesem Aspekt habe ich sodann deduziert, wie die qualitativen Fakten und Prozesse im Rahmen der automatisierten elektronischen Datenverarbeitung quantifiziert und verarbeitet werden können, um anschließend zu zeigen, welche Bedeutung dieser Vorgang für die Durchführung der betriebswirtschaftlichen Leitungsprozesse sowie für die Lösung der Probleme der Unternehmens- bzw. Verfahrensforschung — Linear Programming (Matrizenkalkül) — besitzt.

Hierbei zeigte sich deutlich, daß die eigentliche Problematik der betriebswirtschaftlichen Datenverarbeitung in der *unmittelbaren* Erfassung, Weiterleitung (Kommunikation) und Ordnung (Zusammenfassung) großer und in ihrer qualitativen Beschaffenheit außerordentlich differenzierter Datenmengen sowie der zeitlich richtigen Bereitstellung der verschiedenen Größen und Ergebnisse für die Dispositionen der Unternehmensleitung und nicht in der Schwierigkeit und in dem Umfang der durchzuführenden Rechnungen begründet liegt. Ein elektronisches System für die betriebswirtschaftliche Datenverarbeitung unterscheidet sich daher grundlegend von einem solchen für mathematisch-naturwissenschaftliche bzw. technische Untersuchungen, bei denen es sich in der Regel um reine Rechenprobleme handelt. Während für diese eine digitale elektronische *Universal*-Rechenanlage weitgehend allen Anforderungen genügt, die an ein automatisiertes Verfahren dieser Art zu stellen sind, ist ein elektronisches System der betriebswirtschaftlichen Datenverarbeitung sowohl durch eine den ökonomischen Erfordernissen entsprechende Differenzierung, als auch durch eine ganz auf die Besonderheiten des jeweiligen Betriebes ausgerichtete *Spezialisierung* gekennzeichnet.

Da sich die bisher erschienenen Abhandlungen über die Programmsteuerung von Datenverarbeitungsvorgängen ausschließlich, zumindest aber stark überwiegend mit elektronischen Universal-Rechenanlagen beschäftigten, hatte ich mir mit der nunmehr vorliegenden Arbeit das Ziel gesetzt, ihre Grundlagen und Technik unter dem Aspekt ihres Einsatzes im Gesamtbereich der betriebswirtschaftlichen Datenverarbeitung zu untersuchen. Aus dieser Sicht habe ich daher im Titel der Arbeit bewußt den allgemeinen Begriff der automatisierten elektronischen Datenverarbeitung verwandt.

Für die während der Entstehung der Arbeit empfangenen Anregungen und Hinweise aus dem Kreise des Industrieseminars der Universität Köln, dem ich in dieser Zeit als Mitglied angehörte, möchte ich an dieser Stelle dem Direktor des Seminars, Herrn Prof. Dr. Dr. h. c. Theodor *Beste*, und dem Seminarassistenten, Herrn Dr. Gert von *Kortzfleisch*, herzlich danken. Mein Dank gilt ferner Herrn Dipl.-Phys. Wolfgang *Riesenkönig*, Assistent am Institut für angewandte Mathematik der Universität Köln, für die mir bei der Durchsicht der Arbeit freundlichst gewährte Unterstützung.

Duisburg, den 30. Mai 1960

Andreas Diemer

Inhalt

Seite

Vorwort 5

A. Das Wesen der automatisierten elektronischen Datenverarbeitung 11

I. Die Entstehung und historische Entwicklung 11

II. Die Grundlagen der automatisierten elektronischen Datenverarbeitung . 24

1. Die physikalisch-technischen Grundlagen 24
a) Die allgemeinen physikalischen Grundlagen 24
b) Das elektrodynamische und elektronenphysikalische Prinzip . . . 28
c) Die Bauelemente der elektronischen Datenverarbeitung 29
ca) Die Hochvakuum-Elektronenröhren 29
cb) Die gasgefüllten Röhren 44
cc) Die elektronischen Halbleiter-Bauelemente 47
1. Die physikalischen Grundlagen 47
2. Die Halbleiterdioden 51
3. Der Transistor 53
cd) Die magnetischen Materialien als Bauelemente der elektronischen Datenverarbeitung 59
1. Die physikalischen Grundlagen 59
2. Die Magnetkernringe 62
3. Magnetbänder, Magnettrommeln, Magnetplatten 65
ce) Die ferroelektrischen Bauelemente 67
cf) Die kinematischen elektronischen Bauelemente 69

2. Die logischen Grundlagen 71

3. Die mathematischen Grundlagen 77
a) Die Zahlensysteme 77
aa) Die Bedeutung der Zahlensysteme für die automatisierte elektronische Datenverarbeitung 77
ab) Die dual-dezimalen Codes 83
1. Allgemeines 83
2. Der „2-4-2-1-Code“ 86
3. Der „Dreier-Excess-Code“ 90
4. Der dual-dezimale Code mit direkter Zuordnung („8-4-2-1-Code“) 91
ac) Der „Biquinär-Code“ 93
ad) Der „Zwei-aus-fünf-Code“ 95
ae) Die direkte Dezimalverschlüsselung („Eins-aus-zehn-Code“) . . 96
b) Die Beziehungen zwischen der Mathematik und der ökonomischen Datenverarbeitung 97

III. Das Zusammenwirken der Organe im Prozess der automatisierten elektronischen Datenverarbeitung 106

1. Das Steuerwerk 106
a) Zweck und Aufgaben 106
b) Der Maschinenschlüssel 107

Seite

c) Der Befehl 111
d) Der Befehlsdecoder 114
da) Der bistabile Multivibrator 114
db) Die Gatterschaltungen 122
dc) Die Decoderschaltung 126
e) Die Schaltung des Steuerwerks 127

2. Das Vergleichswerk 130
a) Die Bedeutung des logistischen Datenvergleichs 130
b) Die Durchführung des logistischen Datenvergleichs im Vergleichswerk 143

3. Das Rechenwerk 145
a) Die Grundlagen der binären Ziffernrechnung des elektronischen Rechenwerks 145
aa) Die Zahlendarstellung und der Zahlenbereich 145
ab) Das Rechnen mit festem Komma 151
1. Die Addition und die Subtraktion 151
2. Die Multiplikation 154
3. Die Division 158
b) Die Register (Extraktion, Insertion, Substitution, Verschiebung, Normalisierung) 162
c) Das Addierwerk 165

4. Der Speicher 170

5. Das Gesamtsystem 174

B. Das Verfahren der automatisierten elektronischen Datenverarbeitung als Mittel zur Ordnung und Bestimmung der betriebswirtschaftlichen Prozesse 179

I. Die Grundtatbestände der ökonomischen Datenverarbeitung 180
1. Die Finaldetermination der ökonomischen Fakten und Prozesse . . . 180
2. Betriebsaufgabe und Marktaufgabe 184
3. Der Betrieb als finaldeterminiertes System funktionaler Beziehungen 188
a) Der Transformations- und Wertbildungsprozeß 188
b) Zweck und Aufgaben der betriebswirtschaftlichen Datenverarbeitung 198
ba) Die betriebswirtschaftlichen Mittel 199
bb) Die betriebswirtschaftlichen Funktionen 200
1. Die leitenden und die ausführenden Funktionen 200
2. Funktionssektoren und Funktionskreise 201
bc) Die Realisierung der Prinzipien der Unmittelbarkeit und der Koordination im „zusammengesetzten" Betrieb 212

II. Die automatisierte elektronische Datenverarbeitung im Dienste der Unternehmensleitung 216
1. Der Plankalkül als Grundlage für die Determination der betriebswirtschaftlichen Prozesse 216
a) Die Beziehungen zwischen dem Plankalkül und den Daten der Vergangenheit 216
b) Das betriebswirtschaftliche Wertebezugssystem als Grundlage des Plankalküls 218
2. Der Weg vom Plankalkül zur endgültigen Determination der betriebswirtschaftlichen Fakten und Prozesse (die Betriebswertrechnung) . . 220
3. Die Verwirklichung des Identitätsprinzips durch den Einsatz der automatisierten elektronischen Datenverarbeitung und der elektronischen Kommunikation 223

Literaturverzeichnis 232
Namen- und Sachregister 234

A. Das Wesen der automatisierten elektronischen Datenverarbeitung

I. Die Entstehung und historische Entwicklung

1. Das Wort „Datum“ entstammt der lateinischen Sprache und kann seinem etymologischen Ursprung nach mit dem Wort „gegeben“ übersetzt werden. Als „gegeben“ bezeichnen wir alles, was wir durch die Reflektion unserer Sinne wahrnehmen. Im wissenschaftlichen Sprachgebrauch ist das Wort Datum daher mit der Wahrnehmung im Sinne eines apperzeptiven (bewußten) Vorstellungsverlaufs identisch, der im logischen Begreifen, Urteilen und Schließen seinen Ausdruck findet.

Jede Verarbeitung von Daten erfolgt damit notwendig auf der Grundlage der apriorischen Prinzipien der Logik und kann daher ganz allgemein mit einem Denkprozeß verglichen werden, dessen Durchführung nach unseren heutigen Erkenntnissen nur dem Menschen vorbehalten ist; denn er kann als einziges Lebewesen die Prätention darauf erheben, mit den vier göttlichen Prädikaten: der Vorsehung, der Vorherbestimmung oder Zwecktätigkeit, der Freiheit und der Wertsichtigkeit ausgestattet zu sein und somit die Gabe des Denkens in des Wortes umfassender Bedeutung zu besitzen[1]). Sowohl diese Tatsache als auch der Grund, daß unsere Denkprozesse infolge der Vielschichtigkeit der realen Welt oft einen außerordentlich hohen Grad der Kompliziertheit erreichen, haben die Menschen zu allen Zeiten immer wieder veranlaßt, Hilfsmittel zu ersinnen und zu realisieren, um sich diese Denkarbeit zu erleichtern. Zu dem Streben, die menschliche Muskelkraft durch die mechanisierten Kräfte der Natur zu ersetzen, trat daher schon frühzeitig das Bemühen, auch den Denkprozeß oder Teile desselben zu mechanisieren.

Man kann daher die erste mechanische Vorrichtung zur Durchführung von Additionen und Subtraktionen, die der französische Philosoph und Mathematiker Blaise Pascal in der ersten Hälfte des 17. Jahrhunderts ent-

[1]) Nicolai Hartmann: „Einführung in die Philosophie“, 4. Aufl., Hannover 1956. S. 112 ff.

warf und bauen ließ, als die erste „Maschine" der Datenverarbeitung bezeichnen; denn sie war im Gegensatz zu einer einfachen „Vorrichtung" bereits in der Lage, eine zusammenhängende Folge logischer Operationen selbständig durchzuführen[1]). Daß es sich hierbei um eine Maschine zur mechanischen Durchführung der ersten beiden Grundrechnungsarten handelte, kann darauf zurückgeführt werden, daß die apriorischen Prinzipien der Mathematik die besten Voraussetzungen für eine Mechanisierung bieten[2]). Die Menschheit hat dann im Laufe der folgenden Jahrhunderte, insbesondere aber in den letzten 50 Jahren, auf diesem Gebiet eine stürmische Entwicklung erlebt. Sie führte, ausgehend von Pascals Rechenmaschine, über Vierspezies-Rechenmaschinen, schreibende Rechen- und rechnende Schreibmaschinen, elektromechanische Kombinationen schreibender Rechenmaschinen (Buchungsautomaten, Statistikmaschinen) zum elektro-mechanischen Lochkartenverfahren und von diesem schließlich zur automatisierten elektronischen Steuerung spezieller Datenverarbeitungsvorgänge[3]) und dem höchsten bisher erreichten Ziel: der automatisierten elektronischen Datenverarbeitung.

Der Bau von Anlagen der automatisierten elektronischen Datenverarbeitung trat erst in jüngster Zeit in das Stadium der Realisierung, nachdem es gelungen war, die logisch-mathematischen und physikalisch-technischen Voraussetzungen zu ihrer Herstellung zu schaffen. Bei ihnen handelt es sich, wie Bense[4]) dazu ausführt, „nicht mehr nur darum — wie in der klassischen, traditionellen Technik, die, physikalisch gesehen, ursprünglich und wesentlich vor allem auf mechanischen Vorstellungen beruht —, Energie zu erzeugen und Arbeit zu leisten", sondern vor allem darum, vorwiegend auf der Grundlage elektrodynamischer und elektronenphysikalischer Einsichten diese Leistungsprozesse selbständig zu steuern.

Wir müssen demzufolge zwischen Maschinenorganen mit steuernden bzw. regelnden und solchen mit ausübenden, den unmittelbaren Leistungsprozeß bewirkenden Funktionen unterscheiden. An die Stelle des Menschen, der die Maschine bisher lenkte, treten nun die automatisierten Steuerungs-

---

[1]) Couffignal bezeichnet „mit dem Namen ‚Maschine' jede Kombination von unbelebten oder ausnahmsweise sogar belebten Teilen, die fähig ist, den Menschen in der Ausführung einer vom Menschen geplanten Gesamtheit von Operationen zu ersetzen". Louis Couffignal: „Denkmaschinen", Stuttgart 1955, S. 15.

[2]) s. hierzu auch S. 77ff.

[3]) Hierzu sind auch die elektromechanischen und elektronischen Steuerungen der Kommunikation (Fernsprecher, Fernschreiber) zu rechnen.

[4]) Max Bense im Vorwort zu L. Couffignals Buch: „Denkmaschinen", Stuttgart 1955, S. 7.

organe, die nach Maßgabe des vorgegebenen Ablaufplans die Lenkungsfunktionen ausüben, so daß sich der gesamte Arbeitsablauf in derMaschine nunmehr völlig selbsttätig vollzieht. Betrachtet man diesen automatisierten Lenkungsprozeß unabhängig von der direkten Leistungserzeugung nur in bezug auf die Durchführung logischer und mathematischer Kalküle, so haben wir das eigentliche Phänomen der automatisierten Datenverarbeitung vor uns. Bei dieser werden jedoch im Gegensatz zur automatisierten Lenkung eines Produktionsprozesses unter dem Begriff „automatisierte Lenkung" *alle* diejenigen Fakten zusammengefaßt, die den Ablauf einer geplanten, aber *nicht* in allen Einzelheiten festgelegten Gesamtheit von Operationen ohne Inanspruchnahme menschlicher Hilfe bewirken. Der Tatbestand: nicht in allen Einzelheiten festgelegt, drückt dabei aus, daß der Ablaufplan unbekannte Faktoren enthält, die von der Maschine mit Hilfe ihrer, die logischen und mathematischen Funktionen ausübenden Organe selbständig ermittelt und anschließend im gesamten Datenzusammenhang verarbeitet werden.

Eine Maschine, die diese Eigenschaften besitzt, muß aber naturgemäß in weit höherem Maße logische Entscheidungen treffen oder, wie Couffignal[1]) es ausgedrückt hat, „denken" können, als die automatisierten Steuervorrichtungen eines speziellen mechanisierten Leistungsprozesses. Denken können heißt aber in diesem Zusammenhang, daß sie in der Lage sein muß, die Daten ihrer Qualität und Quantität nach zu unterscheiden, die Beziehungen zwischen den so fixierten einzelnen Tatbeständen herzustellen und auf der Grundlage des Resultats dieser Beziehungen (Schlüsse) nach Maßgabe des Verarbeitungsplans oder Programms die notwendigen logischen Entscheidungen zu fällen. Dies setzt aber voraus, daß die Maschine die zu verarbeitenden Daten lesen (erfassen, registrieren), vergleichen, auswählen und verknüpfen kann, und daß sie ferner in der Lage ist, jede beliebige Rechnung durchzuführen und die Ergebnisse der Datenverarbeitung anzuzeigen und niederzuschreiben. Daraus folgt aber, daß die logischen Entscheidungen in der automatisierten elektronischen Datenverarbeitung durch logisch-mathematische Urteile und Schlüsse (Logistik) zustande kommen. Diese Eigenschaften des Verfahrens stellen gegenüber den bisherigen Möglichkeiten der mechanischen oder elektromechanischen Datenverarbeitungsmaschinen (Buchungsautomaten, Lochkartenverfahren) einen so eminenten Fortschritt dar, daß man mit Bense[2]) ohne Übertreibung von

[1]) L. Couffignal, a. a. O., S. 12ff.
[2]) M. Bense, a. a. O., S. 8.

einer „neuen Stufe der technischen Welt“ und damit von einem Zeitalter neuer wirtschaftlicher und gesellschaftlicher Lebensformen sprechen kann.

Wie kam es nun zu dieser Entwicklung und welche besonderen Ereignisse können als ihre entscheidenden Kriterien herausgestellt werden?

2. Wenn Couffignal das Rechnen als die Operation des menschlichen Geistes bezeichnet, mit der man am leichtesten den Syllogismus, d. h. die Technik, Schlüsse zu ziehen, erlernt[1]), so hat er damit nicht nur auf einen sehr wichtigen und allgemein bedeutsamen Zusammenhang hingewiesen[2]), sondern auch gleichzeitig das eigentliche Grundphänomen der automatisierten elektronischen Datenverarbeitung aufgezeigt: den auf mathematischer und physikalisch-technischer Grundlage automatisierten Syllogismus (Logistik) oder die Programmsteuerung.

Wie bereits ausgeführt wurde, beruht jede Form der Datenverarbeitung auf den allgemeinen logischen Denkgesetzen. Der Inhalt oder der Gegenstand der Datenverarbeitung, auf den die logischen Denkgesetze im ökonomischen Bereich angewandt werden, ist finaldeterminiert, d. h. zweckbestimmt, und komplex, d. h. personen-sachbezogen. Erkenntnisgegenstand ist also weder das Individuum noch die Sache (Güter, Leistungen), sondern sind die Beziehungen, die sich unter dem Aspekt des ökonomischen Bedarfsdeckungsprinzips (Zweckbestimmung) zwischen den Personen und den Gütern (Leistungen) ergeben[3]). Damit ist aber der Gegenstand der ökonomischen Datenverarbeitung eindeutig der Erkenntniskategorie der Relation zuzuordnen, und wir können daher, ausgehend von den Urteilsarten, zwischen qualitativen und quantitativen Beziehungen unterscheiden.

Während die quantitativen Beziehungen auf den apriorischen Prinzipien beruhen, d. h. auf den logischen Denkgesetzen und den Anschauungsformen von Raum und Zeit, sind die qualitativen Beziehungen des ökonomischen

[1]) L. Couffignal, a. a. O., S. 11ff.

[2]) s. hierzu auch E. Schmalenbach im Vorwort seines Buches: „Selbstkostenrechnung und Preispolitik“, 6. Aufl., Leipzig 1934.

[3]) H. Nicklisch: „Die Betriebswirtschaft“, 7. Aufl. des Buches „Wirtschaftliche Betriebslehre“, Stuttgart 1929, S. 34: „In dem Teil ‚Allgemeines‘ ist als Sinn des Betriebslebens das Überbrücken des Raumes zwischen den Bedürfnissen und ihrer Befriedigung verstanden. Die Betriebe sind als Form dieser Überbrückung bezeichnet. Dadurch ist das Problem der Betriebswirtschaft bereits eindeutig gekennzeichnet. Das ganze Leben des Betriebes, einschließlich seiner Formgebung, ist danach ein Beziehungsproblem, und zwar sind die Größen, zu denen andere in Beziehung zu setzen sind, die Bedürfnisse, und jene anderen, die zu ihnen in Beziehung gesetzt werden müssen, sind Sachen oder Rechte oder Leistungen, deren Besitz geeignet ist, die Bedürfnisbefriedigung zu sichern. Alle Dinge sind hier nur soweit von Interesse, als sie Eignung zur Befriedigung haben. Diese aber gehört zum Begriff vom Wert, dessen Sinn nur aus Beziehungen verschiedener Größen zueinander abgeleitet werden kann.“

Erkenntnisgegenstandes sowohl durch die apriorischen als auch aposteriorischen Prinzipien, d. h. die Erkenntnisprinzipien, die sich nur auf die Erfahrung beziehen, gekennzeichnet. Da aber unser Erfahrungswissen über den ökonomischen Erkenntnisgegenstand infolge seiner Personen-Sachbezogenheit einen außerordentlich vielschichtigen, komplexen Charakter hat, kann es nicht auf allgemein erkennbare, apriorische Gesetzmäßigkeiten zurückgeführt werden. Daraus folgt aber, daß die Prinzipien der Zahl nicht zugleich die Prinzipien aller Dinge sind[1]) oder die Elemente der Zahl nicht zugleich auch die Elemente des ökonomischen Erkenntnisgegenstandes sein können, d. h. eine Identität zwischen qualitativen und quantitativen Beziehungen auf der Grundlage der „durchgehenden" mathematischen Gesetze ist nicht gegeben[2]).

Trotz dieser Tatsache haben die qualitativen und quantitativen Beziehungen aber in den logischen Denkgesetzen eine gemeinsame Grundlage. Auf dieser beruht daher auch das System der automatisierten elektronischen Datenverarbeitung, das auf dieser gemeinsamen Basis sowohl quantitative als auch *qualitative* Probleme lösen kann. Zu diesem Zweck verfügt das Verfahren über ein Organ, das jeweils die logischen Prinzipien aufnimmt, die ein bestimmtes Datenverarbeitungsproblem determinieren, und das die Masse der Daten nach Maßgabe dieser Prinzipien verarbeitet: die elektronische Programmsteuerung oder das elektronische Leitwerk. Zur Unterscheidung und Auswahl der Daten nach qualitativen bzw. quantitativen Merkmalen sowie zur Durchführung arithmetischer Operationen verfügt es ferner über ein elektronisches Vergleichs- und Rechenwerk in Verbindung mit einem elektronischen „Gedächtnis" (Speicher), das die Daten vor, während und nach der Verarbeitung aufnehmen kann.

Diese drei Elemente kennzeichnen in charakteristischer Weise das Wesen der automatisierten elektronischen Datenverarbeitung, die als bisher einziges Verfahren in der Lage ist, auf der Grundlage eines Programms oder Ablaufplans durch logistische Vergleiche selbständig logische Entscheidungen zu fällen und die entsprechenden Operationen auszuführen, so daß sie als das erste universelle System der automatisierten Datenverarbeitung bezeichnet werden kann.

---

[1]) Nicolai Hartmann, a. a. O., S. 90.

[2]) Die These von der Identität war bereits von Pythagoräern (5. Jahrh. v. Chr.) formuliert und später von Aristoteles überliefert worden. Sie wurde insbesondere durch die Ergebnisse der Forschung auf dem Gebiet der Ontologie widerlegt. S. hierzu auch W. Bierfelder: „Wege und Irrwege mathematischen Denkens in Wirtschaftstheorie und Unternehmenspolitik", Nürnberg 1958.

Die konventionellen Verfahren der Datenverarbeitung besitzen demgegenüber keine universelle Programmsteuerung, d.h. ein Organ, das selbständig alle logistischen Operationen durchführen kann. Ihnen allen ist vielmehr gemeinsam, daß sie bestimmte mathematische Prinzipien in der Form mechanischer oder elektromechanischer Funktionen auf den Datenverarbeitungsprozeß übertragen. Da es aber nicht möglich ist, die auf diese Weise quantifizierbaren Beziehungen willkürlich aus den übrigen qualitativen Zusammenhängen herauszulösen, ohne nicht auch diese im gleichen Zuge zu verarbeiten, kann es sich hier nur um diskontinuierliche, jeweils nur einzelne Teilabschnitte eines geschlossenen Datenverarbeitungsproblems durchführende Verfahren handeln. Typisch für eine solche Form der Datenverarbeitung ist das Lochkartenverfahren, das aus einzelnen, unabhängig voneinander arbeitenden Aggregaten besteht, in denen jeweils spezielle Funktionen automatisiert sind: der Rechenlocher für die Durchführung der vier Grundrechnungsarten, die Sortiermaschine für die numerische Auswahl oder Sortierung, der Mischer für die Ein- und Aussortierung von Lochkarten in einen bzw. aus einem numerisch geordneten Kartenstapel, die Tabelliermaschine für die Schreibung, wobei sie nach entsprechender Schaltung bestimmte Lochkarteninhalte zusammenfassen oder auslassen und Zahlen addieren, subtrahieren bzw. saldieren kann.

Hier besteht also keine Verselbständigung oder Automatisierung des Gesamtprozesses der Datenverarbeitung, sondern nur seiner einzelnen Teile. Daraus folgt aber, daß die zur Durchführung eines solchen Prozesses notwendige verbindende Tätigkeit zwischen den einzelnen automatisierten Funktionen des Verfahrens und die Zusammenfügung aller Teilergebnisse zum Gesamtresultat Aufgabe des Menschen ist.

3. Die ersten Versuche, mit mechanischen Bauelementen eine programmgesteuerte Rechenmaschine zu entwickeln, unternahm der Engländer Charles Babbage. Der Entwurf zum Bau seiner „Analytical Engine“ stammt aus dem Jahre 1833, und seine Versuche, seine Pläne zu realisieren, dauerten über 30 Jahre. Trotz enormer Aufwendungen[1]) gelang es ihm aber nicht, sein Ziel zu erreichen. Seine Maschine verfügte über ein algebraisches Rechenwerk, das die vier Grundrechnungsarten durchführen konnte, und über ein „Gedächtnis“, das eine Aufnahmefähigkeit von 1000 Zahlen besaß. Das „Gedächtnis“ war mit dem Rechenwerk der Maschine verbunden und konnte sowohl die zu verarbeitenden Daten als auch die Resultate der

[1]) Couffignal, a. a. O., S. 39, erwähnt, daß Babbage etwa 250000 Pfund Sterling aufgewandt habe, bis er seine teilweise gelungenen Versuche schließlich abbrach.

Operationen aufnehmen. Die Steuerung der Maschine erfolgte mit Hilfe eines Pappbandes, in dem die Operationsbefehle durch Lochungen markiert waren. Die Maschine Babbages besaß also bereits drei der wesentlichsten Elemente der heutigen Maschinen der automatisierten elektronischen Datenverarbeitung: die Programmsteuerung, das Rechenwerk und das Gedächtnis. Bedauerlicherweise war Babbages Planung aber den naturwissenschaftlichen Erkenntnissen und technischen Möglichkeiten seiner Zeit um 100 Jahre voraus. Auch LÉON BOLLÉE, der in den neunziger Jahren des vergangenen Jahrhunderts versuchte, Babbages Werk fortzusetzen, gelang es nicht, die Maschine in der geplanten Form zu vollenden.

Diese beiden Versuche blieben bis in die jüngste Vergangenheit die einzigen, die bekannt geworden sind. Erst in den dreißiger Jahren wurde das Problem der automatisierten Datenverarbeitung erneut in Angriff genommen. In Frankreich war es das INSTITUT BLAISE PASCAL (Couffignal) in Paris, das sich in den Jahren von 1930 bis 1936 eingehend mit der Planung universaler Rechenmaschinen beschäftigte[1]). Auch nach diesen Plänen sollte das Verfahren auf der Grundlage der drei Elemente verwirklicht werden, die bereits den Versuchen Babbages zugrunde lagen.

In Deutschland begann KONRAD ZUSE 1935 mit der Planung einer programmgesteuerten Rechenmaschine. Aus kleinsten Anfängen heraus entwickelte er in jahrelanger Arbeit seine erste programmgesteuerte Rechenmaschine, die „Z 1", der dann schon bald die verbesserte Maschine vom Typ „Z 2" folgte. Auch in seinen Konstruktionen finden sich die drei Elemente: Programmsteuerung, Rechenwerk und Gedächtnis wieder. Im Jahre 1939 erhielt er den Auftrag, für die Deutsche Versuchsanstalt für Luftfahrt eine programmgesteuerte Rechenmaschine zu bauen. Der Versuch gelang, und so entstand die „Z 3", eine der ersten programmgesteuerten Relais-Rechenmaschinen, die auch schwierige mathematische Operationen durchführen konnte. Sie arbeitete nach dem reinen Dualsystem und war mit 2600 elektromagnetischen Relais ausgerüstet. Sie wurde im Jahre 1941 von der Deutschen Versuchsanstalt für Luftfahrt in Dienst gestellt.

HOWARD H. AIKEN von der Havard University in Cambridge, Mass., USA, den Couffignal als den bedeutendsten Konstrukeur von programmgesteuerten digitalen elektronischen Rechenanlagen bezeichnete, blieb es vorbehalten, das Problem der elektronischen Programmsteuerung und Rechnung in der bis dahin umfassendsten Weise zu lösen. Er entwickelte in den Jahren von 1938 bis 1942 die wissenschaftlichen Grundlagen, nach

[1]) L. Couffignal, a. a. O., S. 39.

denen der „AUTOMATIC SEQUENCE CONTROLLED CALCULATOR", kurz als „MARK I" bezeichnet, mit Unterstützung der INTERNATIONAL BUSINESS MACHINES CORP. (IBM) gebaut und im Jahre 1944 fertiggestellt wurde. Die „MARK I" arbeitet auf der Grundlage eines dual-dezimalen Code, und ihr aus mechanischen Zählwerken bestehendes „Gedächtnis" kann 72 Zahlen mit je 23 Stellen aufnehmen. Sie ist, ebenso wie die „Z 3" und die in den USA in den Jahren 1941 und 1943 fertiggestellten Relaisrechner („RELAY CALCULATOR") der BELL TELEPHONE LABORATORIES, ausschließlich mit elektromechanischen Schaltgliedern (3000 Relais) ausgerüstet und infolge der physischen Schwerfälligkeit dieser Schaltglieder hinsichtlich der Operationszeiten noch erheblichen Beschränkungen unterworfen. Während die neuesten programmgesteuerten elektronischen Rechenanlagen bereits Millionen von Operationen in der Sekunde bewältigen, kann die „MARK I" nur ein Dutzend in der Sekunde durchführen[1]). Trotzdem war sie mit dieser Geschwindigkeit allen anderen zu jener Zeit benutzten Rechenmaschinen (Buchungsmaschinen, Lochkartenmaschinen) weit überlegen.

Auf dieser Grundlage wurde mit dem bereits ein Jahr später (1945) fertiggestellten „ELECTRONIC NUMERICAL INTEGRATOR AND CALCULATOR" (ENIAC) ein weiterer ganz bedeutsamer Fortschritt erzielt. Der von der „MOOR SCHOOL OF ELECTRICAL ENGINEERING" der University of Pennsylvania in Philadelphia unter der Leitung von J. PRESPER ECKERT, JOHN MAUCHLY und HERMANN H. GOLDSTINE gebaute „ENIAC" war die erste weitgehend mit *elektronischen* Schaltelementen (18000 Elektronenröhren!) ausgerüstete programmgesteuerte Rechenanlage. Mit einer Geschwindigkeit von einigen hundert Operationen in der Sekunde ist sie gegenüber der „MARK I" mit 10—15 Operationen in der Sekunde schon in eine ganz andere Größenordnung einzureihen. Damit war aber für die weitere Entwicklung die Entscheidung zugunsten der Verwendung elektronischer Bauelemente gefallen. Ähnlich wie die „MARK I" arbeitet auch der „ENIAC" nach einem dual-dezimalen Code. Sein ‚Gedächtnis' besteht aus „Flip-Flop"-Röhrenkombinationen[2]), liegt aber mit einem Fassungsvermögen von 20 zehnstelligen Zahlen wesentlich unter der Speicherkapazität der „MARK I".

---

[1]) Trotzdem hat die Maschine den für heutige Verhältnisse unwahrscheinlich großen Umfang von 17 m Länge und 2,50 m Höhe.

[2]) Eine „Flip-Flop"-Röhrenkombination besteht aus vier Doppeltrioden (Elektronenröhren), in denen Ziffern und sonstige Symbole (Sinnzeichen) durch bestimmte elektrische Zustände dargestellt werden. S. auch S. 118ff.

Die elektronische Weiterentwicklung der automatisierten Datenverarbeitung wurde daher durch die Notwendigkeit bestimmt, die Speicherkapazität der Maschinen zu erhöhen. Dies zeigt sich mit besonderer Deutlichkeit beim Einsatz der Maschinen zur Lösung ökonomischer Probleme. Während bei der Lösung naturwissenschaftlich-technischer Aufgaben in der Regel mit wenigen Ausgangsdaten eine große Zahl verschiedener Rechenoperationen durchzuführen sind, müssen zur Durchführung ökonomischer Aufgaben neben der Bewältigung einer großen Zahl logischer und rechnerischer Operationen in fast allen Fällen noch eine Vielzahl von Anfangs- und Enddaten erfaßt, geordnet und laufend gespeichert werden.

Die Erhöhung der Speicherkapazität hat aber wiederum einen größeren zeitlichen Aufwand zur Durchführung der einzelnen Operationen zur Folge; denn jedes im Speicher erfaßte Datum muß ja vor seiner Verarbeitung zunächst von den Steuerorganen der Maschine im Speicher festgestellt bzw. gesucht werden, damit es vom Speicher in das Vergleichs- oder Rechenwerk übertragen werden kann. Je größer aber der Speicher ist, um so größer ist naturgemäß auch diese sogenannte ‚Suchzeit'. In technischer Hinsicht kann diese Schwierigkeit nach den Ergebnissen der neueren Entwicklung allerdings bis zu einem gewissen Grade als überwunden gelten; denn bei den heute bereits vielfach in Anwendung befindlichen Speicherverfahren werden die Daten z. B. durch bestimmte elektrische Zustände von Magnetkernringen, die koordinatenförmig auf einer Matrix angeordnet sind, dargestellt bzw. gespeichert, so daß jeder Speicherplatz direkt ‚beschrieben' und ‚abgelesen' werden kann und damit die ‚Suchzeit' entfällt[1]).

Die erfolgreich abgeschlossenen Versuche führten insbesondere in den USA zu einem umfangreichen Schrifttum, an dem neben H. H. Aiken vor allem auch John von Neumann vom ‚Institute for Advanced Study' der Princeton University in Princeton (New Jersey) und H. H. Goldstine beteiligt waren[2]), zur Entwicklung zahlreicher elektrischer und elektronischer Schaltelemente[3]) und insbesondere zur Konstruktion zahlreicher weiterer programmgesteuerter digitaler elektronischer Rechenanlagen. Dabei ergaben sich zwar hinsichtlich der Schalttecnnik und der Verwendung elektronischer Bauelemente zum Teil weitgehende Unterschiede zwischen den einzelnen Maschinentypen, nicht jedoch in bezug auf die eigentliche Struktur

---

[1]) Auch andere elektronische Bauelemente (Elektronenröhren, Transistoren) können in dieser Form zu Speicherzwecken verwandt werden.
S. auch S. 114ff., 174ff.

[2]) s. S. 18.

[3]) s. S. 29ff.

des Verfahrens. Bei allen Neukonstruktionen finden wir ebenfalls die elementare Gliederung: Programmsteuerung, Vergleichs-/Rechenwerk und ‚Gedächtnis' (Speicher) wieder, so wie sie im Prinzip bereits der „ANALYTICAL ENGINE" Babbages zugrunde lag.

So entwickelte Aiken die „MARK II", die 1948 fertiggestellt wurde, sowie die „MARK III' (Fertigstellung 1950) und die „MARK IV" (Fertigstellung 1952). Während die „MARK II" noch ausschließlich mit elektromechanischen Schaltgliedern arbeitet, sind die „MARK III" und die „MARK IV" neben Relais auch mit Elektronenröhren sowie Magnettrommeln und -bändern ausgerüstet[1]).

Die International Business Machines Corp. (IBM) nahm ihre erste mit 12500 Röhren und 20000 Relais ausgerüstete Großanlage „SELECTIV SEQUENCE ELECTRONIC CALCULATOR" ebenfalls 1948 in New York in Betrieb.

Eckert und Mauchly entwickelten nach dem „ENIAC" für spezielle naturwissenschaftlich-technische Aufgaben den 1949 fertiggestellten „BINAC" sowie als Mehrzweckanlage das elektronische „UNIVERSAL AUTOMATIC COMPUTER-SYSTEM" (UNIVAC).

Nach diesen Erfolgen setzte die Weiterentwicklung in den USA auf breiter Front ein. Zu den zahlreichen neuen Anlagen, die seit dieser Zeit entstanden, gehören z. B.:

die „BENDIX G-15" und die „BENDIX G-20" von der BENDIX AVIATION CORPORATION,

die „DATATRON 205, 220 und 251", die „ELECTRODATA 101" und die „BURROUGHS B 5000" der BURROUGHS CORPORATION,

die „DATAMATIC 800 und 1000" der DATAMATIC CORPORATION (HONEYWELL),

die „IBM 650", „IBM 305 RAMAC",

die „ELECTRONIC DATA PROCESSING MACHINES (EDPM) 701—705, 709, 7070, 7080, 7090, 1401, 1620, 1410" und „IBM-STRETCH" von der INTERNATIONAL BUSINESS MACHINES CORPORATION,

die „LIBRATOL 500" von der LIBRASCOPE CORPORATION (ROYAL PRECISION),

die „ALWAC III E und 800" von der LOGISTICS RESEARCH,

die „MONROBOT III, V und VI" und die „MONROBOT MU" von der MONROE CALCULATING MACHINE CORPORATION,

---

[1]) s. S. 29ff. und 58ff.

die „Elliott 402 E, F, 405, 803 und 315“ von der National Elliott,

die „Transac S 1000 und 2000“ von der Philco Corporation.

die „Bizmac 1 und 2“, die „Rca 310, 501 und 601“ von der Radio Corporation of America,

die „Univac Fac Tronic I und II“ (Uft), der „Univac File Computer“ (Ufc), „Univac Calculating Tabulator“ (Uct), die „Univac Fac Tronic III“ (Uft), „Univac Scientific 1101—1103 und 1105“, die von der Firma Remington Rand aus dem Univac-System (Eckert, Mauchly) weiterentwickelt wurden,

die „Lgp 30“ von der Royal Mcbee Corporation,

die „Rpc 4000 und 9000“ von der Royal Precision Corporation,

die „Elecom 100, 120 und 125“ von der Underwood Corporation.

Auch in Deutschland setzte Konrad Zuse trotz ungewöhnlich schwieriger Bedingungen seine Arbeiten fort. Die nach der „Z 3“ in Angriff genommene und kurz vor Kriegsende fertiggestellte Relaismaschine „Z 4“ wurde 1945 von der Eidgenössischen Technischen Hochschule in Zürich übernommen. Sodann baute er mit weiteren Verbesserungen seine „Z 5“, die auch noch mit elektromechanischen Schaltgliedern ausgerüstet und 1950 fertiggestellt wurde. Sie wurde zur Durchführung wissenschaftlicher Berechnungen von der Firma Leitz in Wetzlar erworben. In den darauffolgenden Jahren widmete sich Zuse dann ebenfalls der Entwicklung elektronischer Anlagen. Seit 1958 stellt die Zuse K.G. in Bad Hersfeld (Hessen) die programmgesteuerten elektronischen Rechenanlagen der Typen „Z 11, 22, 23 und 31“ her.

Im Max-Planck-Institut in Göttingen entstand im Jahre 1952 zur Durchführung naturwissenschaftlicher Berechnungen die erste in Deutschland hergestellte programmgesteuerte elektronische Rechenmaschine vom Typ „G 1“.

Auch im Institut für angewandte Mathematik an der Technischen Hochschule Darmstadt entstanden unter der Leitung von A. Walther zahlreiche Beiträge zum Problem der automatisierten Datenverarbeitung sowie der elektronische Analogrechner[1]) vom Typ „IPM-OTT“.

Neben den auch in Deutschland vertriebenen Serienmaschinen der Firmen IBM und Remington Rand erscheinen noch weitere Anlagen — u. a. auch deutscher Firmen— auf dem Markt, so der „Siemens-Digital-

---

[1]) s. hierzu S. 23f.

RECHNER 2002", die „ER 56" der Standard Elektrik Lorenz AG. in Stuttgart-Zuffenhausen. In der Entwicklung befindet sich noch die „TR 4" der Telefunken GmbH.

In England wurde die an den Universitäten Havard (Aiken), Princeton (v. Neumann, Goldstine), Philadelphia (University of Pennsylvania: Eckert, Mauchly) in den USA begonnene Entwicklung von den Universitäten CAMBRIDGE und MANCHESTER aufgenommen. In Cambridge wurde unter der Leitung von M. V. WILKES für die Zwecke der naturwissenschaftlichen Forschung der „ELECTRONIC DELAY STORAGE AUTOMATIC CALCULATOR" (EDSAC) entwickelt und 1949 in Betrieb genommen. Auch die University of Manchester stellte unter der Leitung von F. C. WILLIAMS 1949 eine „UNIVERSAL HIGH SPEED DIGITAL COMPUTING MACHINE" fertig. In dieser Anlage ist auch das von Williams entwickelte Speicherverfahren unter Verwendung einer Kathodenstrahlröhre, auch als „WILLIAMS TUBE" bezeichnet, realisiert worden[1]). Mit der Entwicklung und dem Bau elektronischer Anlagen der automatisierten Datenverarbeitung befassen sich ferner die Unternehmen FERRANTI mit den Anlagen „PEGASUS" und „MERCURY" sowie mit der bereits für ökonomische Zwecke gebauten Maschine vom Typ „PERSEUS", die BRITISH TABULATING MACHINE Co. (jetzt ICT-INTERNATIONAL COMPUTER AND TABULATOR) mit den Typen „555", „1201", „1202", „1301" und der „HOLLERITH TYPE 1400", die POWERS SAMAS ACCOUNTING MACHINES (jetzt ICT) mit dem „PROGRAM-CONTROLLED COMPUTER" (PCC).

In Frankreich baute zunächst das „INSTITUT BLAISE PASCAL" in Paris nach seinen bereits in den Jahren von 1930 bis 1936 aufgestellten Plänen[2]) eine universelle Rechenmaschine. Außerdem baut die COMPAGNIE DES MACHINES BULL, Paris, die „BULL 300" und kündigte im Jahre 1959 die automatisierte elektronische Datenverarbeitungsanlage vom Typ „GAMMA 60" an.

Auch in den Niederlanden wurde 1958 von der N. V. ELECTROLOGICA in Den Haag die sehr moderne und zweckmäßige Entwicklung der „X 1", einer automatisierten elektronischen Datenverarbeitungsanlage, abgeschlossen. Die Anlage arbeitet mit Zusatzgeräten von Ferranti, Creed, IBM und BULL.

Die Anzahl der programmgesteuerten elektronischen Rechenanlagen, die im Zuge dieser wahrhaft stürmischen Entwicklung in den letzten Jahren

---

[1]) S. auch S. 40ff.
[2]) S. auch S. 17.

geplant oder gebaut worden sind, hat mittlerweile einen solchen Umfang angenommen, daß im Rahmen dieser Arbeit nur ein ganz allgemeiner Überblick gegeben werden kann. Dennoch erscheint es zweckmäßig, bereits an dieser Stelle auf zwei Aggregate hinzuweisen, deren Funktionen insbesondere für die zukünftige Entwicklung der elektronischen Programmsteuerung im Bereich der betriebswirtschaftlichen Datenverarbeitung von großer Bedeutung sein werden. Es handelt sich hier um die Lese- und Schreibfunktion des Verfahrens, die noch bei allen bisher in Betrieb befindlichen Anlagen im wesentlichen durch elektromechanische Organe ausgeübt werden, so daß hinsichtlich ihrer Kapazität gegenüber der eigentlichen elektronischen Datenverarbeitung noch eine sehr große Diskrepanz besteht[1]).

Sowohl die automatische elektronische Lesemaschine vom Typ „ELECTRONINC READING AUTOMATON" (ERA) der Solartron Electronic Group als auch der elektronische Schnelldrucker „SC 500 HIGH-SPEED ELECTRONIC PRINTER" von Stromberg/Carlson und der Haloid Xerox Inc. arbeiten beispielsweise nicht mehr nach dem mechanischen, sondern nach dem elektronischen Prinzip und entsprechen damit in weit höherem Maße den elektronischen Geschwindigkeiten der eigentlichen Datenverarbeitung, was insbesondere für den Schnelldrucker gilt, der mit einer Geschwindigkeit von 10000 Buchstaben, Ziffern oder Sinnzeichen in der Sekunde arbeitet[2]). Die elektronische Lesemaschine „ERA" bewältigt 300 gedruckte Zahlen in der Sekunde. Auch aus dieser Tatsache ist zu ersehen, daß die mechanischen Organe des Verfahrens gegenüber den elektronischen immer stärker in den Hintergrund treten. Dies trifft auch auf die Entwicklung zur Umwandlung gesprochener in geschriebene Worte zu (USA, Japan).

Bei den hier zu erörternden Anlagen der automatisierten Datenverarbeitung handelt es sich um solche Maschinen, die die Daten in alpha-numerischer Form oder als Sinnzeichen erfassen, sie in elektrische Impulse umwandeln, in dieser Form verarbeiten und die Resultate durch die Niederschrift wiederum in alpha-numerische Zeichen transformieren. Man nennt diese automatisierten Datenverarbeitungsanlagen digitale Maschinen. Daneben gibt es solche Aggregate, die die Daten nicht in elektrische Zähl- oder Sinnimpulse, sondern in bestimmte elektrische Einheiten umwandeln, z. B. in Voltgrößen. Schaltet man z. B. zwei Stromquellen hintereinander, so addieren sich ihre Spannungspegel, und das Ergebnis zeigt sich durch einen

[1]) Dies trifft auch für das photoelektrische Lese- und das Magnetbandverfahren zu, obwohl mit diesen weit höhere Operationsgeschwindigkeiten erzielt werden. S. dazu auch S. 58ff., 174ff.

[2]) „Elektronische Rechenanlagen", Heft 1, München/Wien, Februar 1959, S. 40.

entsprechenden Ausschlag am Voltmeter; oder das Ergebnis der rechnerischen Operationen mit elektrischen Einheiten wird am Oszillographen oder bei elektronischen Anlagen durch entsprechende Diagramme auf dem Leuchtschirm einer Kathodenstrahlröhre sichtbar gemacht.

Diese für die Lösung zahlreicher naturwissenschaftlich-technischer Probleme notwendigen Anlagen der Datenverarbeitung liefern die Resultate also nicht unmittelbar in der Form niedergeschriebener Zahlen, Buchstaben oder Sinnzeichen, sondern in graphischer Form. Man bezeichnet diese Aggregate im Gegensatz zu den digitalen Anlagen als Analogiegeräte oder Analogrechner, weil sie ein Problem mit Hilfe physikalischer Vorgänge lösen, „die auf denselben mathematischen Formeln und Gleichungen beruhen wie das Problem selbst, diesem also mathematisch analog sind. Hervorzuheben ist, daß diese beiden Gerätesorten sich nicht konkurrenzieren, sondern sich gegenseitig ergänzen sollen. Man kann zum Beispiel lineare Gleichungen auflösen, indem man abwechselnd Näherungswerte mit Hilfe der digitalen Maschine in die Gleichungen einsetzt und diese dann durch ein Analogiegerät verbessert“[1]).

II. Die Grundlagen der automatisierten elektronischen Datenverarbeitung

1. Die physikalisch-technischen Grundlagen

a) Die allgemeinen physikalischen Grundlagen

Wie schon aus den einleitenden Ausführungen über die Entstehung und die bisherige Entwicklung des Verfahrens hervorgeht, war es nur auf der Grundlage der elektrodynamischen und der elektronenphysikalischen Erkenntnisse der letzten Jahrzehnte möglich, den Prozeß der Datenverarbeitung zu automatisieren.

Solange das mechanische Denken vorherrschte, standen der Verwirklichung dieser Idee praktisch nicht zu überwindende Hindernisse im Weg. Dies beruht vor allem auf der außerordentlichen Vielfalt der Organe und Funktionen sowie auf dem verwickelten System ihres Zusammenwirkens in einer automatisierten Datenverarbeitung. Selbst wenn die technischen Voraussetzungen zum Bau der hierzu benötigten, ungewöhnlich komplizierten Mechaniken zu erfüllen wären, so würde der wirtschaftliche Nutzen wahrscheinlich im krassen Gegensatz zum erforderlichen Aufwand stehen, ganz

---

[1]) H. Rutishauser, A. Speiser und E. Stiefel: „Programmgesteuerte digitale Rechengeräte (elektronische Rechenmaschinen)“, Basel 1951, S. 7.

davon abgesehen, daß die unvermeidliche Trägheit dieser Mechaniken zu keinem nennenswerten Zeitgewinn gegenüber den nichtautomatisierten Verfahren führen würde. Nachdem schon die elektrodynamischen Prinzipien durch ihre Anwendung auf mechanische Datenverarbeitungsanlagen zu einer großen Leistungssteigerung dieser Verfahren geführt hatten, ist es nunmehr durch die elektronische Programmsteuerung möglich, den Prozeß der Datenverarbeitung weitgehend zu automatisieren.

Das charakteristische Kriterium der Elektrodynamik ist die Erscheinung der Ausbreitungsgeschwindigkeit des elektrischen Feldes, die nach den Untersuchungen Maxwells[1]) in einem Vakuum der Lichtgeschwindigkeit äquivalent ist, d. h. 300000 km/sek beträgt. Auch in elektrischen Leitern ist die Ausbreitungsgeschwindigkeit — im Gegensatz zur Strömungsgeschwindigkeit der Elektronen[2]) — annähernd mit der Lichtgeschwindigkeit identisch. Ein Spannungsstoß (Impuls), der durch die Verbindung zweier elektrischer Leiter mit unterschiedlichen Potentialen ausgelöst wird, breitet sich also etwa mit Lichtgeschwindigkeit aus. Dieser auf dem elektrodynamischen Grundgesetz beruhende Vorgang wurde für die Weiterentwicklung der maschinellen Datenverarbeitung in dem Augenblick von größter Bedeutung, als man erkannte, daß die elektrische Spannung nicht nur mittelbar — als Energiequelle zum Antrieb mechanischer Aggregate — sondern auch unmittelbar selbst zur Datendarstellung und -verarbeitung benutzt werden kann.

Die mittelbare Funktion, die die elektrische Energie z. B. beim Lochkartenverfahren ausübt, wird durch die Anwendung der elektrodynamischen und elektronischen Grundsätze bei der automatisierten Datenverarbeitung in eine unmittelbare Funktion umgewandelt. An die Stelle der Lochkarte, mit deren Hilfe die elektrischen Impulse nur zum Zwecke der Einstellung und Bewegung der mechanischen Zähl- oder Schreibwerke nach Maßgabe des Lochkarteninhalts ausgelöst werden, treten nun zur Datendarstellung

---

[1]) W. H. Westphal: „Physik“, 12. Aufl., Berlin 1947, S. 417ff.

[2]) „Wird an einen Leiter eine Spannung angelegt, so breitet sich längs des Leiters das die Elektronen antreibende elektrische Feld etwa mit Lichtgeschwindigkeit aus. Der Strom in einem Leiter setzt also praktisch sofort beim Einschalten in *allen* Teilen des Leiters ein. Die Geschwindigkeit der Elektronen *im* Leiter dagegen, die eigentliche ‚Strömungsgeschwindigkeit‘, ist — entgegen einem weit verbreiteten Irrtum — sehr klein. (Ebenso pflanzt sich das ‚Einsetzen‘ einer Flüssigkeitsströmung in einem mit Flüssigkeit gefüllten Rohr — die die Strömung einleitende Druckwelle — mit der Geschwindigkeit des Schalls in der Flüssigkeit fort, während die ‚Strömungsgeschwindigkeit‘ durch ganz andere Ursachen bedingt und viel kleiner ist.) In einem Kupferdraht von 1 mm^2 Querschnitt beträgt die Strömungsgeschwindigkeit bei einem Strom von 1 Ampere rund 0,01 cm/sek.“ W. H. Westphal, a. a. O., S. 295ff.

und -verarbeitung unmittelbar elektrische Impulse, Potentiale bzw. statische Spannungen in elektronischen Bauelementen (Elektronenröhren, Transistoren, Germanium-Dioden, Ferractoren) und elektromagnetische Zustände[1]).

Für die elektronische Darstellung und Verarbeitung von Daten (Informationen) erweist es sich dabei als zweckmäßig, jeweils zwei diskrete physikalische Zustände zu benutzen, z. B.

a) ein positives und negatives Potential gegenüber einem festgesetzten Nullpotential,
b) einen vorhandenen oder fehlenden Impuls (zu einem bestimmten Zeitpunkt),
c) die Magnetisierung von magnetischen Schichten (Magnetkerne, -bänder, -platten) in positiver oder negativer Richtung.

Eine auffallende Besonderheit der automatisierten elektronischen Datenverarbeitung besteht also darin, daß sie zur Darstellung von Buchstaben und Ziffern zwei verschiedene elektrische Zustände benutzt (Binärsystem).

Die ersten programmgesteuerten digitalen Rechenanlagen waren noch mit elektromechanischen Schaltgliedern (Relais) ausgerüstet (Zuse, Bell, Aiken). Da diese aber infolge ihrer mechanischen Trägheit im Verhältnis zu den hohen Impulsgeschwindigkeiten nur äußerst langsam reagieren, waren diese Verfahren bei der großen Zahl der benötigten Schaltglieder gegenüber den heutigen Anlagen mit elektronischen Schaltelementen noch außerordentlich langsam. Aus diesem Grunde ging man von den elektromechanischen Schaltgliedern zu den damals schon seit geraumer Zeit bekannten elektronischen Schaltelementen[2]) (Elektronen-, Ionenröhren, elektronische Halbleiter-Bauelemente) über, da diese weitgehend trägheitslos reagieren und damit den elektrodynamischen Bedingungen hinsichtlich der Ausbreitungsgeschwindigkeit elektrischer Impulse weitgehend entsprechen. Die erste Anlage, die weitgehend mit elektronischen Schaltelementen ausgerüstet wurde, war der von Eckert, Mauchly und Goldstine entwickelte „ENIAC", der schon fast hundertmal so schnell wie die von Aiken stammende Relaisanlage „MARK I" arbeitet.

Die elektronenphysikalischen Erkenntnisse der letzten Jahrzehnte, denen wir diesen Fortschritt verdanken, sind das Ergebnis der naturwissenschaftlichen Erforschung des Mikrokosmos (Atomphysik) und bilden

---

[1]) S. hierzu S. 29ff. u. S. 58ff.
[2]) S. hierzu auch S. 29ff., 44ff. u. 47ff.

daher nicht nur die Grundlage des speziellen Wissenszweiges, den wir heute als „Elektronik" bezeichnen. Elektronen sind die kleinsten negativen Elementarquanten und im Gegensatz zu der noch zu Beginn dieses Jahrhunderts vertretenen Auffassung keine selbständigen Elektrizitätsatome, sondern Atombestandteile. Sie bilden als Gegengewicht zu dem positiven, aus Protonen und Neutronen bestehenden Atomkern die sogenannte (negative) Atomhülle. Wie nun bestimmte Erscheinungen (Kathodenstrahlen, Funken, Bogenlicht) und die Entdeckung der Elektronenröhre durch de Forest, von Lieben und Reiß (1906) gezeigt haben, sind die Elektronen aber keineswegs an bestimmte Atome gebunden, sondern können sich sowohl innerhalb als auch außerhalb der Atomstruktur der Materie frei bewegen.

Die ‚freien' Elektronen sind ganz allgemein mit dem elektrischen Strom identisch, soweit sie außer ihrer kinetischen Energie[1]) durch eine entsprechende elektromotorische Kraft (Spannung) zum Strömen angeregt werden[2]). Die Elektronik befaßt sich mit diesen „freien" Elektronen jedoch nur insoweit, als diese in elektronischen Schalt- und Verstärkerelementen, z. B. in luftleeren oder gasgefüllten Röhren (Elektronen-, Ionenröhren), in den Grenzschichten von Halbleiter-Bauelementen wie Germanium-Dioden und Transistoren oder in Verbindung mit magnetischen Materialien (Ferritkerne usw.), auftreten. In diesen erfolgt die Steuerung der Elektronen nicht mehr mechanisch, sondern elektronisch und damit weitgehend trägheitslos, so daß die mit elektronischen Bauelementen ausgerüsteten Schaltkreise auch auf die geringsten Einwirkungen mit einer unmittelbaren Veränderungen ihres Potentials reagieren. Dieser Vorgang, der sich nahezu mit Lichtgeschwindigkeit vollzieht, ist aber für die Automatisierung der Datenverarbeitung von ausschlaggebender Bedeutung; denn die Impulse können sich in einem Schaltsystem nur dann mit Lichtgeschwindigkeit ausbreiten, wenn auch die einzelnen Schaltelemente mit der gleichen

---

[1]) „Jeder Atomkern besitzt wegen seiner elektrischen Ladung in seiner Umgebung ein radialsymmetrisches elektrisches Kraftfeld. Ein Elektron, das sich in diesem Kraftfeld befindet, hat je nach seiner Entfernung vom Kern eine ganz bestimmte potentielle Energie, ähnlich wie ein Stein im Schwerefeld der Erde eine von der Höhe abhängige Energie der Lage hat. Außerdem besitzt das Elektron auf Grund seiner Bewegung kinetische Energie." O. Höfling, Bonn 1956, S. 48.

[2]) Neben den freien Elektronen existieren in der Materie die sogenannten Valenz- oder Wertigkeitselektronen. Sie sind den Atomen der einzelnen Elemente in einem bestimmten Verhältnis fest zugeordnet und bilden, indem sie sich paarweise mit den Valenzelektronen der Nachbaratome verbinden, das Atomgitter der Materie. Sie können sich daher im Gegensatz zu den ‚freien' Elektronen auch nicht ‚frei' in der Materie bewegen. Eine Ausnahme hiervon ergibt sich jedoch bei den Halbleiterelementen, wenn sich Atome verschiedener Wertigkeit miteinander verbinden. S. hierzu auch S. 47ff.

Schnelligkeit reagieren. Dieses Reaktionsvermögen besitzen aber nur elektronisch gesteuerte Schaltelemente.

b) Das elektrodynamische und elektronenphysikalische Prinzip

Ein elektrischer Impuls ist eine Potentialvariation (Spannungsstoß), die durch die kurzzeitige Verbindung zweier Leiter mit unterschiedlichen „Elektronenbesetzungen" zustande kommt, wobei die elektronische Wellenbewegung immer in Richtung von der stärker zur schwächer besetzten Stelle hin erfolgt, nämlich vom elektronenreichen negativen Pol (Kathode) zum elektronenarmen positiven Pol (Anode)[1]. Er wird durch die Merkmale der Amplitude, der Länge und der Periode gekennzeichnet. Als Amplitude bezeichnet man die Differenz zwischen den Potentialen der verbundenen Leiter, die graphisch durch die sogenannte Anstiegskurve dargestellt wird. Die Länge des Impulses ist mit der Zeitspanne zwischen dem beendeten Spannungsanstieg (Anfang) und dem Zeitpunkt des Spannungsabfalls (Ende) identisch, und die Impulsperiode ist der Zeitraum zwischen dem Anfang eines Impulses und dem Anfang des Folgeimpulses. Als Impulsfolgefrequenz bezeichnet man ferner den reziproken Wert der Impulsperiode. Die beiden letzten Begriffe sind mit den beim Wechselstrom gebräuchlichen synonym; die Impulsfolgefrequenz wird daher ebenfalls in Hertz gemessen. Außerdem unterscheidet man zwischen Impulsfolgen, die durch einen regelmäßigen, und solchen, die durch einen unregelmäßigen Zeitabstand zwischen den einzelnen Impulsen gekennzeichnet sind (periodische und aperiodische Impulsfolgen). Die Ausbreitung eines Impulses beginnt in dem Zeitpunkt, in dem der Kontakt zwischen den Leitern geschlossen wird. Im Augenblick seiner Öffnung befindet sich die Amplitude dann in einer Entfernung, die

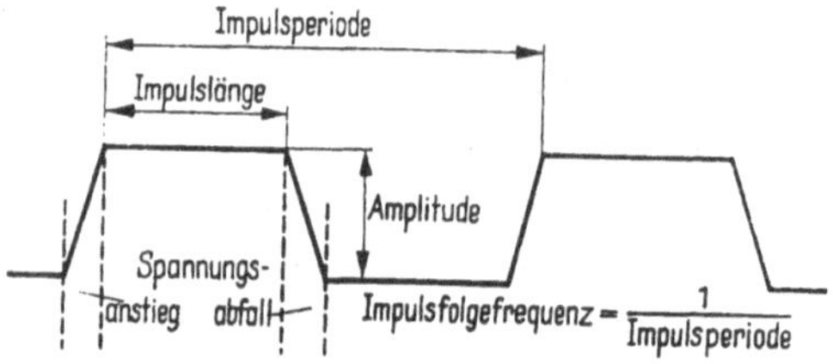

Abb. 1

[1] „Der elektronenreiche Körper wird als negativer Pol, Minuspol oder Kathode bezeichnet, während man den elektronenarmen Körper positiven Pol, Pluspol oder Anode nennt. Da sich die verschiedenartigen Elektronenbesetzungen ausgleichen wollen, fließt der Elektronenstrom stets von der Kathode zur Anode. Aus historischen Gründen, die auf einer damaligen falschen Vorstellung basieren, arbeitet man jedoch auch heute noch in der Praxis mit der umgekehrten Stromrichtung; man sagt daher, der Strom fließt von der Anode zur Kathode." H. Richter: „Neue Schule der Radiotechnik und Elektronik", Band 1, Stuttgart 1958, S. 31.

der Ausbreitungsgeschwindigkeit einer elektrischen Welle äquivalent ist, d. h. 300000 km/sek. multipliziert mit der Schließzeit des Kontaktes.

Das technische Problem der automatisierten elektronischen Datenverarbeitung lag nun neben der Datendarstellung und -verarbeitung durch binäre Impulsfolgen[1]) vorwiegend in der Impulserhaltung bzw. -speicherung.

Es wurde schon darauf hingewiesen, daß zur Automatisierung von Datenverarbeitungsprozessen auch elektromechanische Schaltglieder (Relais) verwandt werden können, daß es mit deren Hilfe aber infolge ihrer mechanischen Trägheit auch nicht annähernd möglich ist, die Impulsgeschwindigkeit von etwa 300000 km/sek auch auf den Prozeß der Datenverarbeitung zu übertragen. Auch in bezug auf die Impulsspeicherung sind entsprechende Relaisstromkreise verwendbar; aber auch in diesem Falle ist es bei höheren Geschwindigkeiten bzw. Frequenzen — z. B. bei 300000 Perioden in der Sekunde (= 300 kHz) — völlig unmöglich, einen solchen mechanischen Kontakt in der Zeitspanne zwischen zwei Impulsen zu schließen und zu öffnen; denn selbst die schnellsten Relais haben noch Reaktionszeiten von etwa $^{3}/_{1000}$ Sekunde, die sich je nach der Zahl der in einer Schaltung benötigten Relais noch entsprechend vervielfachen. Infolgedessen müssen solche Schaltelemente verwandt werden, die hinsichtlich ihrer ‚Ansprechdauer' weitgehend der Ausbreitungsgeschwindigkeit entsprechen, nämlich elektronische Bauelemente.

Allein die Würdigung dieses Tatbestandes kennzeichnet die eminente Bedeutung, die der Weiterentwicklung der Datenverarbeitung vom elektromechanischen zum elektronischen Verfahren beizumessen ist. Zum richtigen Verständnis der weiteren Ausführungen ist es daher notwendig, zunächst die physikalisch-technischen Grundlagen zu erörtern, auf denen diese Entwicklung beruht.

c) Die Bauelemente der elektronischen Datenverarbeitung

ca) Die Hochvakuum-Elektronenröhren

1. Eine Hochvakuum-Elektronenröhre (Elektronenrelais oder Kathodenröhre) ist ein luftleerer, zylinderförmiger Glaskörper, in dem ein elektrisch erhitzter Glühfaden (Kathode) Elektronenschwärme aussendet (Edinsoneffekt), die von einem sich ebenfalls in diesem Vakuum befindlichen, positiv geladenen kleinen Metallplättchen (Anode) angezogen werden. Dabei ist die Kathode am negativen und die Anode am positiven Pol einer Stromquelle angeschlossen, so daß ein geschlossener Stromkreis, der

[1]) s. hierzu S. 29ff.

sogenannte Anodenstromkreis, zustande kommt. Eine Elektronenröhre dieser Beschaffenheit wird als Diode oder Zweipolröhre bezeichnet, da sie mit zwei Elektroden (Kathode und Anode) ausgestattet ist.

Während die elektrische Erhitzung der Kathode über einen besonderen Heizbatterie-Stromkreis erfolgt, wird der Elektronenstrom zwischen der Kathode und der Anode durch das zwischen diesen beiden Elektroden bestehende Spannungsfeld (Anodenstromkreis) bewirkt[1]), das in Richtung auf die Anode ein Spannungsgefälle aufweist. Dieses Spannungsgefälle ist um so stärker, je höher die Anodenspannung gegenüber der Kathode ist. Um die Elektronenemission aus der Kathode schon mit einer möglichst kleinen Heizspannung herbeiführen zu können, ist es üblich, die in der Regel aus Wolfram bestehende Kathode mit einer Bariumverbindung zu überziehen[2]) und damit für den Elektronenausstoß zu ‚aktivieren'; denn Wolfram hat in Verbindung mit Barium die Eigenschaft, die Elektronen bereits mit der relativ niedrigen Austrittsgeschwindigkeit[3]) von 750 km/sek zu emittieren.

Das Spannungsgefälle und die Austrittsgeschwindigkeit bestimmen aber

---

[1]) Es gelangen zwar durch die Heizung der Kathode auch dann Elektronen zur Anode, wenn zwischen den beiden Elektroden keine Spannung vorhanden ist, dieser Strom ist aber nur sehr gering und steht in keinem Verhältnis zur Leistung der Röhre, wenn die Anodenspannung wirksam wird. Man bezeichnet diesen Strom daher auch als „Anlaufstrom". Ein ganz geringer Elektronenstrom zwischen den beiden Elektroden ist auch dann vorhanden, wenn die Kathode nicht geheizt wird, aber die Anodenspannung gegenüber der Kathode wirksam ist.

[2]) Man unterscheidet zwischen einer direkten — wie oben beschrieben — und einer indirekten Kathodenheizung. Bei der indirekten Heizung ist die eigentliche Kathode vom Heizfaden, dem sogenannten Brenner, getrennt. Ob Röhren der einen oder der anderen Art bevorzugt werden, hängt ganz von ihrem Verwendungszweck ab. Die direkte Heizung hat gegenüber der indirekten Heizung den Vorzug gleicher Leistung bei geringerem Verbrauch; dagegen hat die indirekte gegenüber der direkten Heizung schaltungstechnische Vorzüge. Sie kann insbesondere mit Gleich- und Wechselstrom betrieben werden.

[3]) „Zwischen den Molekülen eines Metalls trifft man freie, dauernd in Bewegung befindliche Elektronen an. Ihre Geschwindigkeit ist eine Funktion der ihnen anhaftenden kinetischen Energie, die wiederum durch die Metalltemperatur festgelegt ist. Je nach Temperatur müssen die Elektronen, um austreten zu können, eine Mindestgeschwindigkeit haben, die wiederum von der Beschaffenheit des Metalls abhängt. Jedem Metall ist eine Elektronen-Mindestgeschwindigkeit v_0 zugeordnet, die konstant ist und *Austrittsgeschwindigkeit* genannt wird. Für Wolfram gilt z. B. $v_0 = 1260$ km/sec. Haben die in Wolfram befindlichen Elektronen diese oder eine höhere Geschwindigkeit, so können sie den Stoff verlassen. Bei niederen Temperaturen sind das nur diejenigen, die eine große Geschwindigkeit haben. Bei Erhöhung der Kathodentemperatur wird die Elektronentemperatur immer größer, so daß sich zunehmend immer mehr Elektronen an der Emission beteiligen können. Allerdings kann man die Elektronengeschwindigkeit nicht so steigern, daß *alle* Elektronen emittiert werden. Das würde sehr hohe Temperaturen und damit eine schnelle Zerstörung der Kathode bedeuten." H. Richter, a. a. O., S. 164ff.

die Geschwindigkeit der Elektronen im luftleeren Raum der Röhre. Bei Konstanz der Austrittsgeschwindigkeit ist sie daher um so höher, je größer die Anodenspannung gegenüber der Kathode ist. Bei einer Anodenspannung von 280 Volt beträgt die Elektronengeschwindigkeit nach der Berechnungsformel bereits rund 10000 km/sec[1]). Sie erhöht sich bei einer Spannung von 2500 Volt auf rd. 30000 km/sec und würde theoretisch bei einer Spannung von 250kV (Kilovolt) mit rund 300000km/sec die Höhe der Lichtgeschwindigkeit erreichen. Bezieht man die Elektronengeschwindigkeiten aber auf die minimalen Abmessungen einer Elektronenröhre, so würden die Elektronen beispielsweise bei einer Spannung von 280 Volt und einem Elektrodenabstand von 1 cm ihren Weg von der Kathode zur Anode bereits in einer Zeit von etwa 1^{-9} Sekunden, d. h. mit dem tausendsten Bruchteil einer Mikrosekunde (millionstel Sekunde) zurücklegen. Obwohl sich diese mikrokosmischen Vorgänge dem menschlichen Vorstellungsvermögen entziehen, erscheint kaum eine andere Tatsache als diese besser geeignet, den gewaltigen Unterschied zwischen einem elektronischen und mechanischen Schaltelement zu demonstrieren.

Infolgedessen kann z. B. ein Stromkreis mit Hilfe einer als Elektronenrelais (Stromkreisschalter) benutzten Elektronenröhre im millionsten Bruchteil einer Sekunde, möglicherweise bereits im Bruchteil einer Mikrosekunde geschlossen werden. Zur Bewirkung der gleichen Funktion benötigt das beste elektromagnetische Relais dagegen das Dreißigtausendfache dieser Zeit. Bedenkt man aber, welche gewaltige Zahl voneinander abhängiger Schaltkreise zu installieren sind, um ein reibungslos funktionierendes System einer *automatisierten* Datenverarbeitung aufzubauen[2]), so ergibt sich schon alleine bei einer Verwendung von Röhrendioden als elektronische Schalter ein enormer Zeitgewinn. Die Diode hat aber nicht nur als Elektronenrelais, sondern auch für zahlreiche andere Schaltungen des Verfahrens große Bedeutung. Die einzelnen Verwendungsformen der Diode beruhen dabei auf der Tatsache, daß die spezifische Struktur der Diode weitgehend den besonderen Bedingungen der automatisierten elektronischen Datenverarbeitung entspricht (logische Schaltungen).

---

[1]) Die Elektronengeschwindigkeit im Vakuum ergibt sich aus der Gleichung:

$$\text{Elektronengeschwindigkeit } v_{el} = 595 \sqrt{U_a} \text{ km/sec}$$

wobei U_a = Anodenspannung ist.

[2]) Der von Prof. Howard H. Aiken unter der Bezeichnung „MARK II" entwickelte programmgesteuerte Elektronenrechner, der vorwiegend der naturwissenschaftlich-technischen Forschung dient, ist z. B. noch mit 11000 Relais ausgerüstet. H. H. Aiken: „Description of a Relay Calculator (MARK II), Band 24 der ‚Annals of the Computation Laboratory of Havard University', Cambridge, Mass., USA, 1949.

Grundsätzlich können die Elektronen in der Diode nur von der Kathode zur Anode fließen; denn bei einer durch die Umpolung der Stromquelle bewirkten Umkehrung der Stromrichtung können die von der Kathode emittierten Elektronen das nun entgegengesetzt verlaufende Spannungsgefälle zwischen den beiden Elektroden nicht überwinden. Da sich gleichartige elektrische Ladungen gegenseitig abstoßen, werden die Elektronen von der in diesem Falle ebenfalls negativen Anode zurückgestoßen und fallen daher auf die Kathode zurück[1]). Dadurch kommt ein Elektronenstrom in umgekehrter Richtung nicht zustande, und der Anodenstromkreis ist unterbrochen. Infolgedessen wirkt die Diode wie ein elektrisches Ventil. Dies äußert sich z. B. darin, daß sie einen Wechselstrom nur mit seinen positiven Halbwellen oder Impulsen weiterleiten kann; denn die negativen Halbwellen, d. h. die jeweils in umgekehrter Richtung fließenden Ströme, können das dann ebenfalls entgegengesetzt verlaufende Spannungsgefälle in der Diode nicht überwinden und werden dadurch unwirksam gemacht[2]). Infolgedessen erscheinen am Ausgang der Schaltung nur positive Halbwellen oder Impulse. Dieser Vorgang nimmt aber insbesondere bei der Durchführung der elektronischen Vergleichs- und Rechenprozesse eine dominierende Stellung ein[3]). Weitere Aufgaben dieser Art fallen der Diode bei den elektronischen Torschaltungen zu, mit deren Hilfe bei der Durchführung von Steuer-, Vergleichs-, Rechen- und Speicheroperationen die Impulsfolgen der Befehle und Operanden den Steuer-, Vergleichs-, Rechen- und Speichereinheiten in genauer Höhe und Zusammensetzung zugeleitet oder entnommen werden[3]). Da man bei diesen Schaltungen neben der Diode aber auch noch Röhren anderer Konstruktion verwendet (Trioden, Pentoden), ist es zur Erläuterung des Zusammenhangs notwendig, zunächst auf diese einzugehen.

2. Die Tatsache, daß die ‚freien' Elektronen im Röhrenvakuum ganz hervorragende Dienste zur Bewältigung der verschiedensten Schaltaufgaben zu leisten vermögen, führte im Verlauf der Entwicklung zu Versuchen, die freigesetzten Elektronen nicht nur mit Hilfe der Kathode und der Anode — wie im Falle der Diode —, sondern darüber hinaus durch den Einbau weiterer Elektroden zu beeinflussen.

---

[1]) Dort bildet sich eine sogenannte „Raumladung" in der Röhre; s. hierzu auch S. 36, Anmerkung 2.

[2]) Dieser Eigenschaft wegen wird die Diode auch als „Gleichrichterröhre" bezeichnet. Als solche hat sie eine große Bedeutung für die Umwandlung von Wechselstrom in Gleichstrom, für die Trennung von Gleich- und Wechselströmen usw.

[3]) s. hierzu auch S. 125.

Zunächst geschah dies in der Weise, daß zwischen der Kathode und der Anode ein sogenanntes Steuergitter in die Röhre eingebaut wurde. Wie schon aus dem Namen hervorgeht, hat das Steuergitter die Aufgabe, die von der Kathode emittierten Elektronen auf ihrem Weg zur Anode zu steuern. Zu diesem Zweck wird das Steuergitter ebenfalls an eine Stromquelle angeschlossen, so daß es gegenüber den beiden anderen Elektroden der Röhre (Kathode und Anode) eine Spannung bzw. ein Spannungsgefälle aufweist, das sich dem ursprünglichen Spannungsgefälle zwischen der Anode und der Kathode überlagert. Aus der Diode ist damit durch den Einbau der dritten Elektrode eine Triode oder Dreipolröhre entstanden.

Ist die Spannung des Steuergitters negativ, so bildet sich zwischen dem Gitter und der Kathode in Richtung auf die letztere ein Spannungsgefälle, das dem ursprünglichen Kathoden-Anoden-Spannungsgefälle entgegengesetzt ist[1]). Infolgedessen wird die Wirkung des ursprünglichen Spannungsgefälles zwischen der Kathode und dem Steuergitter herabgesetzt, und es gelingt daher nur relativ wenigen Elektronen, durch die Lücken des Gitternetzes zur Anode zu gelangen. Da zwischen dem Steuergitter und der Anode das überlagernde mit dem ursprünglichen Spannungsgefälle in gleicher Richtung verläuft, werden die Elektronen hinter dem Gitter nicht mehr behindert. Dies hat zur Folge, daß der Wert des Elektronenstroms zwischen der Kathode und der Anode um so mehr sinkt, je höher die Gitterspannung gegenüber der Kathode wird. Der Elektronenstrom wird gänzlich unterbrochen, wenn die negative Gitterspannung gegenüber der Kathode so hoch ist, daß das ursprüngliche Spannungsgefälle im Bereich zwischen der Kathode und dem Steuergitter durch das in entgegengesetzter Richtung verlaufende, überlagernde Spannungsgefälle aufgehoben oder sogar negativ wird[2]).

---

[1]) Entgegengesetzt verlaufende Spannungsgefälle heben sich im Verhältnis ihrer Potentiale zueinander nach den Kirchhoffschen Gesetzen auf.

[2]) Da das Steuergitter zwischen der Kathode und der Anode angebracht ist, kann es unmittelbar auf die von der Kathode emittierten Elektronen einwirken, während die Anodenspannung den Elektronenstrom nur durch die Lücken des Steuergitters hindurch beeinflussen kann. Die Beschaffenheit und die Lage des Steuergitters in der Röhre sind demgemäß wichtige Kriterien zur Bestimmung ihres Steuerungseffektes. Die Verstärkerwirkung der Triode ist z. B. um so größer, je enger das Steuergitter ist und je näher es sich an der Kathode befindet. In diesem Falle kann bereits eine ganz geringfügige Erhöhung der negativen Gitterspannung eine sehr starke Drosselung des Elektronenstroms und damit einen sehr großen Anstieg der Anodenspannung herbeiführen; denn je mehr der Elektronenstrom zur Anode unterbunden wird, um so höher steigt die positive Spannung der Anode gegenüber der Kathode (positive Spannung = Elektronenmangel). Man spricht in diesem Zusammenhang von der „Steilheit" der Kurve, die das im Koordinatensystem dargestellte Verhältnis der Anodenstrom-

Die Triode arbeitet nun in der Weise, daß durch die Steuerung des Elektronenstroms mit einer der Röhre über das Steuergitter zugeleiteten Steuerwechselspannung der Anodenstrom im Rhythmus dieser Steuerspannung moduliert wird. Da die freien Elektronen im Röhrenvakuum auf die geringste Steuerung durch das Gitter trägheitslos und damit unmittelbar reagieren, kann der ‚rohe' Anodengleichstrom auf diese Weise in beliebige Impulsfolgefrequenzen umgewandelt werden[1]). Dabei ist insbesondere die Tatsache von großer Bedeutung, daß sich die Steuerung der Elektronen praktisch ohne Leistungsverzehr vollzieht; denn das Gitter selbst nimmt bei eigener negativer Spannung gegenüber der Kathode keine emittierten Elektronen auf, so daß auch kein Gitterstrom fließt[2]).

Wie sich schon aus dem Begriff der „Steilheit" (= Anodenstromänderung : Gitterspannungsänderung oder $I_a : U_g$), des „Durchgriffs" (= Gitterspannungsänderung : Anodenspannungsänderung oder $U_g : U_a$) und des „Verstärkungsfaktors"[3]) (= Anodenspannungsänderung : Gitterspannungsänderung oder $U_a : U_g$) ergibt, lassen sich entsprechend dem Verwendungszweck der Triode — z. B als Stromkreisschalter (Relais), Torschalter, Schaltelement für die Bedingungsschaltung, für die Impulserzeugung, -formung, Frequenzuntersetzung — eine Fülle verschiedener Trioden konstruieren. Für jeden dieser Zwecke läßt sich dabei ein sogenannter optimaler „Arbeitspunkt" für die Röhre bestimmen, d. h. das Verhältnis der Anoden-

---

änderung zur Gitterspannungsänderung wiedergibt. Eine große „Steilheit" bedeutet demgemäß, daß bereits ganz geringe Gitterspannungsänderungen hohe Anodenstromänderungen hervorrufen und daß die Wirkung des „Durchgriffs" der Anodenspannung — durch das Gitter — zur Kathode hin, d. h. das Verhältnis der Gitterspannungsänderung zur Anodenspannungsänderung, sehr gering ist. Den reziproken Wert dieses Verhältnisses bezeichnet man daher als „Verstärkerfaktor". Ein geringer „Durchgriff" ist daher auch mit einem hohen „Verstärkungsfaktor" und einer großen „Steilheit" identisch. Andererseits verursacht ein weitmaschiges Steuergitter einen großen „Durchgriff" bzw. eine geringe „Steilheit" in der Kurve der Anodenstromänderung, so daß die Röhre in diesem Falle nur einen kleinen „Verstärkungsfaktor" aufweist.

[1]) Von gewissen Einschränkungen abgesehen, die durch die Konstruktion und das Material der Röhren bedingt sind.

[2]) Um dies zu erreichen, ist es allerdings notwendig, daß neben der zu steuernden Anodengleichspannung auch gleichzeitig eine negative Gittergleichspannung wirksam wird. Diese sogenannte negative „Vorspannung" des Gitters gegenüber der Kathode muß so hoch sein, daß sie auch bei den höchsten positiven Impulsen der Steuerwechselspannung der Kathode gegenüber noch negativ bleibt, da sonst ein Teil der emittierten Elektronen vom Steuergitter aufgenommen würde, wodurch sich ein unerwünschter Gitterstrom bzw. Leistungsverzehr ergäbe.

[3]) Neben diesen Röhrenkriterien muß bei der Bestimmung des Verwendungszweckes auch auf den Innenwiderstand (R_i) der Röhre (= Anodenspannungsänderung : Anodenstromänderung) und die Steuerspannung (= Gitterspannung + Durchgriff × Anodenspannung) geachtet werden.

gleichspannung zur Gittervorspannung wird so gewählt, daß der angestrebte Zweck mit einem Minimum an Leistungsverzehr erreicht wird.

Dabei stehen für die automatisierte elektronische Datenverarbeitung insbesondere die Schaltzeiten der einzelnen Röhrentypen im Vordergrund. Die jeweilige Schaltzeit einer Röhre, die zur Herstellung einer der beiden stabilen Zustände notwendig ist, die zur elektronischen Datendarstellung und -verarbeitung verwandt werden, hängt von der Geschwindigkeit ab, mit der der Elektronenstrom durch die Gittersteuerung unterbrochen (Röhre gesperrt) oder wiederhergestellt wird (Röhre stromführend). Dabei müssen neben der Schaltschnelligkeit vor allen Dingen die Betriebssicherheit und die Wirtschaftlichkeit der Röhren gewährleistet sein[1]).

---

[1]) Zur Erreichung einer hohen Schaltgeschwindigkeit sollen die Röhren daher unter Beachtung der Prinzipien der Betriebssicherheit und der Wirtschaftlichkeit nach Möglichkeit folgende Eigenschaften besitzen:

1. Die Sperrung der Röhre soll bereits mit einer kleinen Gitterspannung gewährleistet sein;
2. die Röhre soll sich durch eine große „Steilheit" bzw. einen kleinen „Durchgriff" auszeichnen;
3. bei einem gegebenen Arbeitswiderstand oder Anodenspannungssprung soll die Röhre kleine Elektrodenkapazitäten, einen kleinen Innen-Leistungswiderstand und einen großen Anodenstrom aufweisen.

Die Betriebssicherheit der Röhren ist weitgehend bedingt durch geringe Toleranzen der Sperrspannung am Steuergitter, des Anodenstroms bei einer Gitterspannung von 0 und durch eine geringe Neigung zur sogenannten „Zwischenschichtbildung" an der Kathode.

Die engen Toleranzen werden durch eine richtige Dimensionierung der Elektroden, ihres Abstandes und durch die richtige Bemessung der Steuerspannung gewährleistet. Als Zwischenschicht wird die Bildung einer bariumarmen Schicht zwischen dem Kathodenröhrchen und der die Elektronenemission aktivierenden Oxydschicht (Barium) bezeichnet. Bei der elektronischen Datenverarbeitung wird ihre Bildung in den Röhren solcher Schaltungen begünstigt, die während des Betriebs längere Zeit stromlos bleiben, und führt in solchen Fällen zu einer beträchtlichen Herabsetzung der Betriebssicherheit und Lebensdauer. Zur elektronischen Datenverarbeitung müssen daher Röhren mit „zwischenschichtarmen" Spezialkathoden benutzt werden (z. B. Kathoden mit einer Unterlage aus passivem Nickel mit einem sehr geringen Siliziumgehalt).

Die Wirtschaftlichkeit der Röhren in bezug auf ihre Verwendung als Bauelemente der elektronischen Datenverarbeitung hängt neben den bereits bei der Behandlung der Schaltgeschwindigkeit und der Betriebssicherheit genannten Faktoren ferner von dem Verhältnis zwischen dem Anodenstrom und der Heizleistung sowie vom Raumbedarf der Röhren ab. Während jenes ein Optimum erreichen soll, ist dieser so gering wie möglich zu halten.

Die normale Lebensdauer einer Elektronenröhre hängt verständlicherweise weitgehend von den Betriebsbedingungen ab, d. h. von der Einhaltung der vorgeschriebenen Heizdatentoleranzen und der spezifischen Belastung der Kathode; sie liegt aber bei den in den elektronischen Datenverarbeitungsanlagen arbeitenden sogenannten „Langlebensdauerröhren" bei über 10000 Betriebsstunden. S. hierzu auch G. Haas: „Grundlagen und Bauelemente elektronischer Ziffern-Rechenmaschinen", Teil II, S. 126ff., erschienen in der Zeitschrift: „Valvo Berichte", Band IV, Heft 4, Oktober 1958.

Infolge der Vielfalt der Anwendungsmöglichkeiten elektronischer Schaltelemente beschränkte man sich im Verlaufe der Entwicklung nicht nur auf die Verbesserung allgemein brauchbarer Röhrentypen, sondern trachtete danach, die Röhrenkriterien auch weitgehend den einzelnen Verwendungszwecken anzupassen. Sowohl zur allgemeinen Leistungsverbesserung (geringer Verbrauch, kleinere Kapazitäten bei größerer Leistungsfähigkeit) als auch zur speziellen Anpassung wurden daher aus der Triode die sogenannten Mehrgitterröhren entwickelt, die neben dem vorstehend behandelten Steuergitter mit weiteren Gitterelektroden zur Steuerung des Elektronenstromes zwischen der Kathode und der Anode ausgestattet sind.

3. So entstanden z. B. die Tetroden (Vierpolröhren), die Pentoden (Fünfpolröhren), die Hexoden (Sechspolröhren), die Heptoden (Siebenpolröhren), die Oktoden (Achtpolröhren) und die Enneoden (Neunpolröhren). Neben einer Vielzahl spezieller Effekte, die die Mehrgitterröhren insbesondere in der Rundfunktechnik unentbehrlich machen, führt der Einbau mehrerer Gitter im allgemeinen zu einem wesentlich höheren Innenwiderstand, zu einer starken Verkleinerung der Elektrodenkapazitäten[1]) und damit zu wesentlich günstigeren Bedingungen hinsichtlich der sogenannten Stromverteilung innerhalb der Röhre. Dabei dient ein sogenanntes ‚Raumladegitter‘ mit positivem Potential zur Erhöhung der Röhrensteilheit (stärkere Erhöhung oder Verminderung des Anodenstroms bei einer Gitterspannungsänderung) und das sogenannte Brems- oder Fanggitter zur Unterbindung der Auswirkungen, die durch die Sekundäremission von Elektronen aus der Anode infolge der höheren Steilheit bzw. Elektronengeschwindigkeit entstehen.

Während das Raumladegitter die Aufgabe hat, die elektronische ‚Raumladung‘ an der Kathode aufzulockern[2]) und damit die Elektronenemission der Kathode und den Elektronenstrom zur Anode zu beschleunigen, hat das Brems- oder Fanggitter die Funktion, die durch den stärkeren Elek-

---

[1]) Das Verhältnis der Röhrenelektroden zueinander entspricht in der Wirkung einer Reihenschaltung von Kondensatoren mit der entsprechenden Anzahl von Gliedern, wobei die resultierende Kapazität der Reihe kleiner als ihre kleinste Einzelkapazität ist. S. hierzu auch S. 70ff.

[2]) Die Elektronenemission und das bestehende Spannungsverhältnis bewirken nicht, daß sämtliche emittierten Elektronen bei geöffnetem Gitter sofort zur Anode fliegen. Vielmehr bilden diese infolge des relativ großen Abstandes zwischen den beiden Elektroden zunächst einen „Elektronenwall“ um die Kathode, den man als elektronische „Raumladung“ bezeichnet. Alle emittierten Elektronen müssen daher zunächst diese „Raumladung“ überwinden, um zur Anode zu gelangen. Eine Auflockerung dieser Raumladung bewirkt daher eine Beschleunigung und Verstärkung des Elektronenstromes zwischen der Kathode und der Anode.

tronenaufprall auf die Anode freigesetzten Sekundärelektronen der Anode zu dieser zurückzustoßen. Zu diesem Zweck ist sie mit einem negativen Potential ausgestattet und liegt der Anode direkt gegenüber. Infolgedessen genügt bei diesen Röhren schon eine relativ kleine Anodenspannung, um bei der Öffnung der Röhre einen kräftigen Anodenstrom zu erzeugen.

Für die elektronische Datenverarbeitung hat neben der Pentode mit zwei Steuergittern und einem Bremsgitter auch die Heptode mit zwei Steuergittern, zwei Schirmgittern[1]) und einem Bremsgitter Bedeutung erlangt, da sie sich wegen des Vorhandenseins zweier Steuergitter gut für die Bedingungs- oder Koinzidenzschaltungen zur Realisierung der logischen Grundverknüpfungen[2]) eignet.

4. Neben den bisher beschriebenen Röhren haben insbesondere die sogenannten Verbundröhren als Bauelemente der automatisierten elektronischen Datenverarbeitung Bedeutung erlangt. Bei ihnen handelt es sich um solche Elektronenröhren, die jeweils aus zwei oder mehreren Röhrensystemen bestehen. Die hierdurch erzielte Verkleinerung führt zu einer erheblichen Materialersparnis sowie zu einer beträchtlichen Herabsetzung des Raumbedarfs für die einzelnen Schaltungen. Da infolge der Zusammenlegung in vielen Verbundröhren nur noch eine Kathode benötigt wird, können sie darüber hinaus bei gleichem Wirkungsgrad mit wesentlich geringerer Heizleistung betrieben werden.

In der automatisierten elektronischen Datenverarbeitung ist die Doppeltriode das bevorzugte Bauelement unter den Verbundröhren. Sie eignet sich insbesondere für den Aufbau sogenannter elektronischer Kippschaltungen, d. h. solcher Schaltungen, die durch die Zuführung von Impulsen bestimmter Polarität (positiv oder negativ) und Größe von zwei stabilen Zuständen mit unterschiedlichen Potentialen jeweils aus dem einen in den anderen dieser Zustände ‚umgekippt‘ werden können. Sie sind in der Regel mit zwei Eingängen und zwei Ausgängen ausgestattet. Man bezeichnet diese Schaltungen als Kipp-, Trigger-, Flip-Flop-Schaltungen oder Multivibratoren. Sie sind dadurch gekennzeichnet, daß die eine Triode der Doppelröhre jeweils aktiv oder stromführend ist, während die andere Triode inaktiv oder gesperrt ist. Infolgedessen ist das Potential an der gesperrten Röhre hoch, an der geöffneten Röhre hingegen niedrig, so daß beide Ausgänge nach jeweils zwei Kippvorgängen entsprechende Impulse abgeben. Kippschaltungen dieser Art bilden die eigentlichen

[1]) Sie dienen zur Abschirmung der Anode und verringern ihren ‚Durchgriff‘.
[2]) s. hierzu auch S. 74ff.

Grundelemente der digitalen elektronischen Rechnung sowie zahlreicher anderer Funktionen der automatisierten elektronischen Datenverarbeitung (Frequenzteilung bzw. -untersetzung, Impulsverzögerung, Impulsformung bzw. -erneuerung usw.).

Dient der Multivibrator z. B. als Bedingungs- oder Koinzidenzschaltung, so gibt er nur dann an einem seiner Ausgänge einen Impuls bestimmter Größe und Polarität ab, wenn an seinen Eingängen gleichzeitig zwei Impulse ebenfalls bestimmter Größe und Polarität ein Umkippen der Trioden bewirkt haben (Konjunktion). Bezeichnen wir diese genau bestimmten Eingangsimpulse mit *a* und *b*, so kommt es also nur dann zur Bewirkung des Kippvorganges, wenn *a* und *b* an den Eingängen der Schaltung zeitlich genau zusammenfallen oder koinzidieren (sog. Gatterwirkung, siehe auch Anmerkung 2). Bei der Disjunktion würde die Schaltung auch dann reagieren, wenn *a oder b* oder *a und b* an den Eingängen wirksam würden[1]).

Bei der Zahlendarstellung, der Zählung oder Rechnung nach einem dual-dezimalen (binären) Code dient einer der beiden stabilen Zustände zur Darstellung der 0, der andere zur Darstellung der 1. Wäre z. B. das linke System gesperrt (hohe Spannung) und das rechte System geöffnet (niedrige Spannung), so würde dies der 0, der umgekehrte Zustand der Schaltung hingegen der 1 entsprechen. Die durch solche Kippvorgänge an den beiden Ausgängen hervorgerufenen positiven oder negativen Impulse (Potentialvariationen oder Spannungsveränderungen) können nunmehr über weitere Kippschaltungen Verzögerungsglieder und Gatter[2]) mit anderen Impulsen und Steuerspannungen zusammengeführt werden, wodurch dann der eigentliche Rechenprozeß bewirkt wird[3]). Da bei einer dual-dezimalen Zahlendarstellung und Rechnung für jede Ziffer eine Kombination von vier Doppeltrioden oder Multivibratoren — die sogenannte Tetrade — erforderlich ist, kann ein Eingangsimpuls sowohl ein einmaliges als auch mehrmaliges Umkippen der Doppeltrioden einer Tetrade bewirken, je nachdem, welcher dual-dezimale Code in der Schaltung realisiert worden ist[4]).

Die Rechnung nach dem reinen Dezimalsystem erfolgt auf der Grundlage der Zählung, wobei man zur Darstellung jeder Stelle einer Dezimalzahl

---

[1]) s. hierzu auch S. 74ff.

[2]) Als Gatter bezeichnet man logische Schaltungen mit mehreren Eingängen und einem Ausgang. Sie werden im allgemeinen aus elektronischen Bauelementen (Dioden, Trioden, Transistoren), Widerständen und Kondensatoren aufgebaut.

[3]) s. hierzu auch S. 114ff.

[4]) s. hierzu auch S. 77ff.

eine aus zehn Doppeltrioden bestehende Zählringschaltung benutzt[1]). Im Gegensatz zur dual-dezimalen Rechnung werden hier die zu zählenden Impulsfolgen gleichzeitig an alle Eingänge der zehn Multivibratoren geleitet, da sie hinsichtlich ihrer Größe und Polarität so beschaffen sind, daß sie nur den stabilen Zustand einer auf „1" stehenden Doppeltriode auf „0" „umkippen" können. Der dadurch ausgelöste Ausgangsimpuls dieses bistabilen Elements bewirkt aber wiederum das ‚Umkippen' der nächsten Doppeltriode von „0" auf „1". Dabei ist die Dimensionierung der Schaltelemente bzw. die Größe der Impulse so bemessen, daß nur jeweils eins von zehn bistabilen Elementen sich in dem Zustand „1" befinden kann.

Eine Impulsverzögerung kann sowohl über Laufzeitketten (z. B. eine Schaltung von Induktivitäten und Kapazitäten[2]) als auch Kippschaltungen ausgelöst werden. Bei der Benutzung von Kippschaltungen bedient man sich in der Regel sogenannter monostabiler Multivibratoren, die nach einer bestimmten Verzögerungszeit ohne einen weiteren Auslöseimpuls automatisch in den ursprünglichen stabilen Zustand zurückkippen. Der hierbei ausgelöste Ausgangsimpuls wird sodann in eine Differenzierschaltung[3]) geleitet und von dieser in die ursprüngliche — unverzögerte — Impulsform zurückverwandelt. Der monostabile Multivibrator kann darüber hinaus auch zur Impulserneuerung oder -regeneration deformierter Impulse benutzt werden. Der durch eine Verzögerungsstrecke verzerrte Impuls dient hier zur Auslösung eines monostabilen Multivibrators, der durch eine entsprechende Dimensionierung der Schaltung beim Zurückkippen in den stabilen Zustand am Ausgang wiederum den ursprünglichen Impuls liefert[4]). Ferner dient der monostabile Multivibrator auch als Impulsformer. Hierbei stellt er, ähnlich wie bei der Impulserneuerung, aus bisher anderweitig benutzten Impulsen neue Impulsformen für andere Operationen her. Dies trifft insbesondere für die Durchführung von Rechenoperationen zu, bei denen infolge der unerläßlichen Genauigkeit auf eine besonders exakte Impulsformung geachtet werden muß.

---

[1]) Häufig werden hierzu auch nur sechs bistabile Elemente benötigt (biquinärer Code). S. hierzu auch S. 93ff.

[2]) Spulen und Kondensatoren (elektrische Speicher), s. hierzu auch S. 70, Anmerkung 2) und 4).

[3]) Eine Differenzierschaltung kann sich z. B. aus einem Kondensator und einem Wirkwiderstand oder einem induktiven Widerstand (Spule) zusammensetzen (sog. Hochpaß), wobei deren Zeitkonstante kleiner als die des verzögerten Impulses sein muß. Dieser wird dadurch wieder zu seiner ursprünglichen Form gestrafft. S. hierzu S. 70, Anmerkungen 2), 3) u. 4).

[4]) s. hierzu auch S. 69ff.

5. Als Hochvakuumröhren mit Sondereinrichtungen (Gitter- und Spezialelektroden) haben ferner die Kathodenstrahlröhre, das Selectron[1]) und das Trochotron für die elektronische Zählung und Rechnung Bedeutung erlangt.

Eine Kathodenstrahlröhre besteht normalerweise ebenfalls aus einer Kathode, einer Anode sowie aus dem sogenannten Wehneltzylinder. Der Wehneltzylinder hat dieselbe Funktion wie das Steuergitter einer normalen Elektronenröhre, d. h. er beeinflußt je nach der Höhe seiner Spannung gegenüber der Kathode die Stärke des Elektronenflusses. Da er die Kathode zylinderförmig umgibt und nur in der Mitte über der Kathode eine kleine Öffnung besitzt, wird der Elektronenstrom im Querschnitt von vornherein durch diese Öffnung begrenzt. Unterstützt wird dieser Vorgang ferner durch eine nachgeordnete elektronenoptische Linse, die an einer positiven Spannung liegt und eine starke Bündelung des Elektronenstroms zu einem Elektronenstrahl bewirkt. Für die elektronische Zählung bzw. Rechnung kann dieser Elektronenstrahl nunmehr durch das folgende, ebenfalls an einer positiven Spannung liegende Elektrodenpaar — die sogenannten Ablenkplatten — in Verbindung mit einer weiteren nachgeordneten Gitterelektrode (Schlitzelektrode) sowie der anschließend folgenden Anode in ganz bestimmter Weise gelenkt werden[2]). Da die Ablenkplatten links und rechts der Strahlrichtung senkrecht im Röhrenkolben angebracht sind, wird durch eine Variation ihres Potentials sozusagen die ‚Grobeinstellung' des Elektronenstrahls bewirkt. Die ‚Feineinstellung' erfolgt sodann durch die ebenfalls an einer positiven Spannung liegende Schlitzelektrode (G_4) und durch die Anode (a_2). Die ‚Grobeinstellung' und die ‚Feineinstellung' erfolgt allerdings nicht getrennt, sondern uno actu. Zu diesem Zweck ist die rechte Ablenkplatte (D') mit der Anode (a_2) verbunden, während der linken Ablenkplatte (D) die Zählimpulse zugeleitet werden. Die Schlitzelektrode (G_4) und die Anode (a_2) sind zur Darstellung der einzelnen Ziffern einer Dekade mit Öffnungen versehen, denen von rechts nach links die Ziffern von 0—9 zugeordnet sind. Vor dem Beginn einer Zählung trifft der Elektronenstrahl auf Grund des ungeschmälerten Potentials der rechten Ablenkplatte (D') und der Anode (a_2) durch die für die Null vorgesehene Öffnung der Schlitzelektrode (G_4) und

---

[1]) Erstmals von Rajchmann beschrieben, s. auch Rutishauser, Speiser, Stiefel, a. a. O. S. 88.

[2]) Die Kathodenstrahl-Zählröhre unterscheidet sich von den üblichen Kathodenstrahlröhren durch die für die Zählung notwendigen Spezialelektroden und durch die besondere Anordnung derselben im Röhrenkolben.

der Anode (a_2) auf den im obersten Teil des Glaskolbens angebrachten Leuchtschirm (*L*). Dabei wandelt der ebenfalls am positiven Anodenpotential liegende und aus einer fluoreszierenden Masse bestehende Leuchtschirm (*L*) durch die Bildung von Leuchtflecken einen Teil der Bewegungsenergie des Elektronenstrahls in Lichtenergie um. Da der Leuchtschirm mit einer nach außen sichtbaren Zehnerskala entsprechend der den Öffnungen der Schlitzelektrode zugeordneten Zahlen versehen ist, kann somit unmittelbar die Null abgelesen werden. Jeder nunmehr der linken Ablenk-

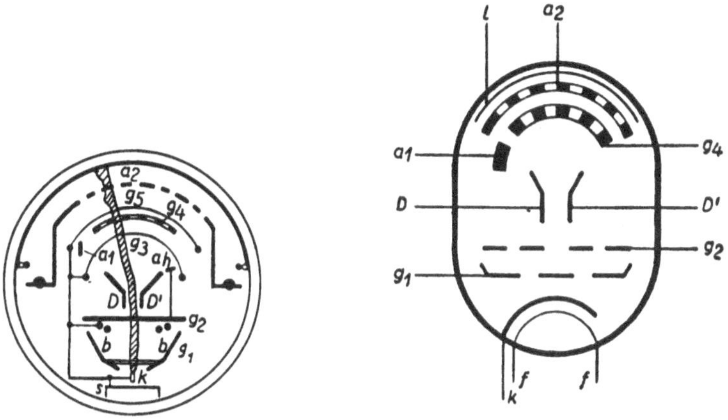

Abb. 2: Schematischer Aufbau und Schaltsymbol einer Kathodenstrahl-Zählröhre vom Typ Valvo E 1 T

platte (*D*) zugeleitete positive Impuls verändert das Potential der rechten Ablenkplatte (*D'*) und der Anode (a_2) in der Weise, daß der Strahl jeweils um eine Position nach links rückt und dadurch auf dem Leuchtschirm die nächsthöhere Zahl anzeigt. Durch den zehnten Impuls auf die Ablenkplatte (*D*) gelangt der Elektronenstrahl in den Wirkungsbereich der sogenannten Rückstellanode (a_1), die sich in der Zeichnung links unterhalb der Schlitzelektrode (G_4) befindet. Der dadurch am Außenwiderstand der Rückstellanode (a_1) erzeugte negative Impuls wird in einer Kippschaltung verstärkt und gelangt dann auf das negativ vorgespannte erste Steuergitter (G_1) der Zählröhre zurück. Dort bewirkt er die Unterdrückung des Elektronenstrahls, womit gleichzeitig ein Anstieg des Potentials an der Anode (a_2) und damit an der rechten Ablenkplatte (*D'*) verbunden ist, so daß der Elektronenstrahl nach dem Abklingen des negativen Impulses am Gitter (G_1) wiederum eine Null am Leuchtschirm anzeigt.

Gleichzeitig mit dem negativen Impuls geht vom Kathodenwiderstand der Kippschaltung auch ein positiver Impuls zur Ablenkplatte *D* der Röhre der nächsten Zählstufe, wodurch diese auf 1 gestellt wird.

Wie die bisherige Entwicklung gezeigt hat, sind die Verwendungsmöglichkeiten der Kathodenstrahlröhre außerordentlich zahlreich[1]). So wurde sie z. B. von Williams in etwas abgewandelter Form zur Speicherung benutzt. Seine als „Williams Tube" bezeichnete Speicherröhre ist bereits in einigen großen elektronischen Datenverarbeitungsanlagen verwandt worden[2]).

Eine große Bedeutung scheint die Kathodenstrahlröhre auch für das elektronische Schreiben zu gewinnen, das in Anbetracht der elektronischen Geschwindigkeiten der automatisierten Datenverarbeitung die im Verhältnis dazu außerordentlich langsamen elektromechanischen Schreibaggregate wahrscheinlich in Zukunft ablösen wird. Wie bereits erwähnt[3]), besitzt der von Stromberg-Carlson und Haloid Xerox Inc. entwickelte elektronische Schnelldrucker „SC 5000 HIGH-SPEED ELECTRONIC PRINTER" eine Druckgeschwindigkeit von 10000 Buchstaben oder Ziffern in der Sekunde bzw. 600000 Zeichen in der Minute. Der Drucker enthält eine Kathodenstrahlröhre, auf deren Leuchtschirm die einzelnen Zeichen mit Hilfe des Kathodenstrahls sowie geeigneter Lenk- und Formgebungselemente projiziert werden. Zu diesem Zweck wird der Elektronenstrahl durch das Ablenksystem auf jeweils eine der 64 ausgestanzten Zeichen einer Typenmatrix gerichtet, wodurch er die Form dieses Zeichens annimmt. Durch ein zweites, dieser Matrix nachgeordnetes Ablenksystem kann der so transformierte Strahl auf einen beliebigen Punkt des Leuchtschirms gerichtet werden. Hier kommt es erneut zu der bereits beschriebenen Umwandlung der Bewegungsenergien des Strahls in Lichtenergien des Leuchtschirms, wobei auf dem Schirm ein Leuchtzeichen entsprechend der Form des Elektronenstrahls bzw. des betreffenden Zeichens der Typenmatrix entsteht. Von dem Leuchtschirm werden die Zeichen sodann durch ein optisches Umlenkverfahren auf eine positiv geladene Aluminiumtrommel projiziert, deren Oberfläche mit einer Selenschicht bedeckt ist. Trifft ein Lichtstrahl auf die Oberfläche der Trommel, so verliert sie an dieser Stelle ihr positives Potential, wodurch ein sogenanntes ‚Ladungsbild' auf der Trommel entsteht, das durch Aufstäuben eines Spezialpuders

[1]) So z. B. in der Fernsehtechnik als Bildröhre, in der elektronischen Meßtechnik und auf vielen anderen Spezialgebieten der Elektronik.

[2]) s. hierzu auch Rutishauser, Speiser, Stiefel, a. a. O., S. 89 und 90.

[3]) s. S. 23.

sichtbar gemacht wird. Die hierdurch sichtbar gemachten Zeichen werden sodann wie bei einem einfachen Druckvorgang auf Papier übertragen, wobei der Puder nach einer entsprechenden Wärmebehandlung fest auf dem Papier haftet. In dieser Form liefert der Drucker ein Schriftbild, das der Perlschrift einer Schreibmaschine ähnelt[1]).

Das Trochotron ist ebenfalls eine Hochvakuumzählröhre mit direkter Zahlenanzeige. Auch hier kommt es zur Ausbildung eines Elektronenstrahls, der durch entsprechende Elektroden oder magnetische Felder so gelenkt wird, daß er eine spezifische Kurvenform — die sogenannte Trochoide — beschreibt. Die Elektroden werden dabei in der Weise im Röhrenkolben angeordnet, daß der Kathodenstrahl durch eine entsprechende Potentialvariation an den Elektroden in regelmäßigen Abständen auf den Leuchtschirm trifft und dabei jeweils eine entsprechende Markierung hinterläßt. Auf diese Weise kann auch das Trochotron für die elektronische Zählung benutzt werden.

Beim Selectron wird zur Zahlendarstellung und -speicherung ebenfalls der Kathoden- oder Elektronenstrahl benutzt, wobei das Verfahren im Prinzip demjenigen von Williams (Williams Tube) ähnelt. Durch eine größere Anzahl von Lenkelektroden kann der Elektronenstrahl eine große Zahl von 1—0- oder Ja-Nein-Werten auf dem Leuchtschirm bilden; denn diese Darstellung bzw. Speicherung beruht auf der Tatsache, daß eine durch einen Elektronenstrahl getroffene isolierende Schicht (Leuchtschirm) zwei stabile Zustände annimmt, und zwar sowohl denjenigen der Kathode (negativ) als auch denjenigen der Anode (positiv).

Im gegenwärtigen Entwicklungszeitraum kann die Kathodenstrahlröhre mit Frequenzen bis zu 100 kHz betrieben werden und ist damit hinsichtlich der Geschwindigkeit sowohl den Flip-Flop-Schaltungen mit Hochvakuumröhren als auch den entsprechenden Schaltungen mit elektronischen Halbleiter- oder magnetischen Bauelementen stark unterlegen. Darüber hinaus weist sie den letzteren gegenüber auch die typischen Nachteile der Hochvakuumröhre auf (größerer Verbrauch, geringere Lebensdauer). Dennoch wird sie als Bauelement der elektronischen Datenverarbeitung infolge ihrer Vielseitigkeit — wie das Beispiel der elektronischen Schreibung zeigt — von Bedeutung bleiben. Die bisherige stürmische Entwicklung der automatisierten elektronischen Datenverarbeitung hat jedenfalls gezeigt, daß die Möglichkeiten der einzelnen Bauelemente in bezug auf ihre Nutz-

---

[1]) s. auch Zeitschrift „Elektronische Rechenanlagen“, Heft 1, München 1959. S. 40f.

anwendung für die automatisierte elektronische Datenverarbeitung noch keineswegs erschöpft sind.

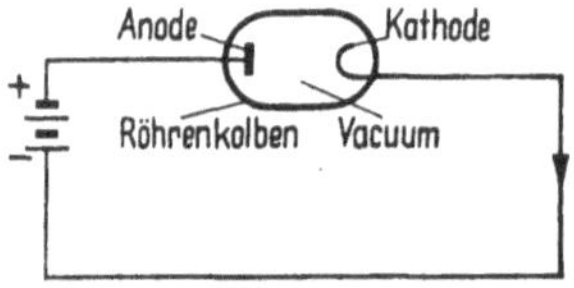

Abb. 3:
Diode mit Stromkreis

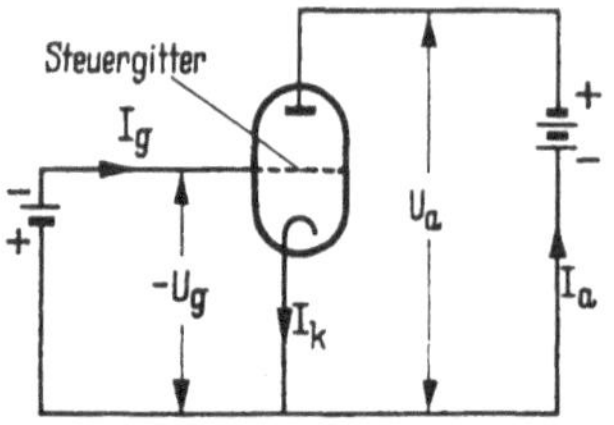

Abb. 4:
Prinzipschaltung einer Triode

I_a = Anodenstrom
I_k = Kathodenstrom
I_g = Gitterstrom
U_a = Anodenspannung
$-U_g$ = Gitterspannung

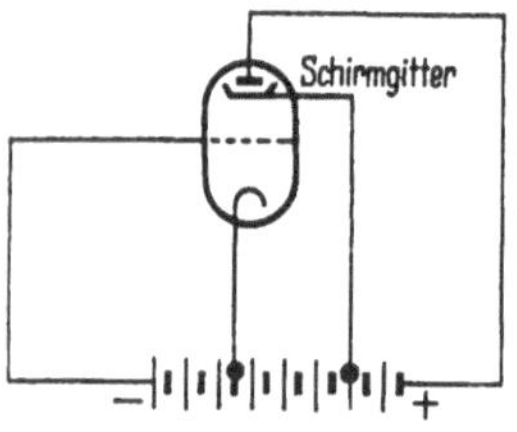

Abb. 5: Prinzipschaltung einer Tetrode (Schirmgitterröhre)

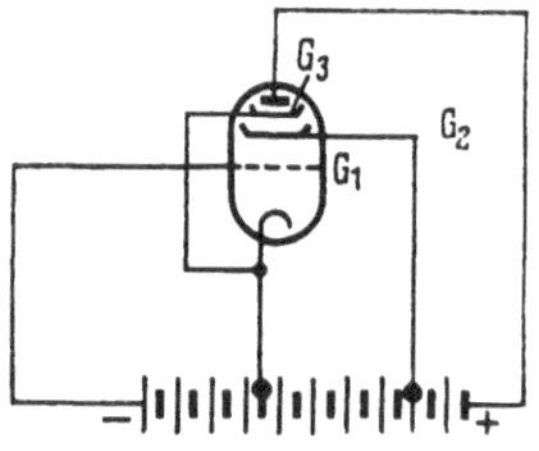

Abb. 6:
Prinzipschaltung einer Pentode

G_1 = Steuergitter
G_2 = Schirmgitter
G_3 = Brems- oder Fanggitter

(Abb. 3—6 nach H. Richter: Neue Schule der Radiotechnik und Elektronik, Band I)

cb) Die gasgefüllten Röhren (Ionenröhren)

1. Vollzieht sich die Elektronenemission an der Kathode nicht im Vakuum, sondern in einer gasgefüllten Röhre, so kommt bei niedriger Spannung infolge des Gasdruckes nur ein ganz geringer Elektronenstrom zwischen der Kathode und der Anode zustande. Bei einer Erhöhung der Spannung wird die Elektronengeschwindigkeit jedoch so groß, daß die Elektronen beim Aufprall auf die Gasatome weitgehend vernichtet werden, d. h. die Gasatome nehmen die Bewegungsenergie der Elektronen als potentielle Energie auf und verändern damit ihren ursprünglichen Zustand[1]). Infolge

[1]) „Das Atom ist jetzt angeregt, das Atomelektron wird aus seiner stationären Bahn auf eine weiter außen liegende Bahn gehoben (s. auch S. 47f. dieser Arbeit). Nach weniger als ein 100millionstel Sekunde springt das Elektron wieder auf seine innere Bahn zurück, und weil die innere Bahn energieärmer als jede weitere außenliegende Bahn ist, muß das zurückspringende Atomelektron seine aufgenommene Energie als Strahlung abgeben. Es kommt zu einer Lichtemission, deren Wellenlänge

dieses Vorgangs sowie durch andere Einflüsse (Temperaturerhöhung des Gases usw.) werden aber aus der Hülle der Gasatome wiederum Elektronen abgespalten, so daß aus dem neutralen Gasatom zwei Ladungsträger mit unterschiedlicher Polarität geschaffen werden:

1. das abgespaltene *negative* Elektron und
2. der Atomrest oder das *positive Ion*.

Da der Anteil der letzteren überwiegt, bezeichnet man den ganzen Prozeß als Ionisation.

Erreicht die Spannung zwischen der Kathode und der Anode eine solche Höhe, daß die emittierten Elektronen infolge der großen Austrittsgeschwindigkeit bzw. Bewegungsenergie die gesamte Gasfüllung der Röhre in einem Zuge ionisiert, so handelt es sich um eine sogenannte Stoßionisation[1]). Während die Hochvakuumröhre zur Erzielung eines ausreichenden Elektronenstroms grundsätzlich mit geheizter Kathode betrieben werden muß, kann die gasgefüllte Röhre infolge der Ionisation der Gasatome auch ohne jede Heizleistung mit einer sogenannten ‚kalten Kathode' arbeiten und ist daher sofort nach dem Einschalten der Anodenspannung betriebsbereit. Dies ist ihr größter Vorteil gegenüber der Hochvakuumröhre. Im Gegensatz zur Hochvakuumröhre ist ferner der Innenwiderstand der Ionenröhre zuerst sehr hoch, später jedoch infolge der fortschreitenden Ionisation wesentlich geringer als der der Vakuumröhre. Aus diesem Grunde liefert die Ionenröhre bereits bei sehr kleinen Spannungen relativ hohe Ströme, und ihre Anodenverlustleistung ist wesentlich geringer als diejenige der Hochvakuumröhren. Soweit sie darüber hinaus mit kalter Kathode arbeitet, wird sie nur im gezündeten Zustand belastet und nutzt daher in weit geringerem Maße ab als Hochvakuumröhren. Sehr wichtig ist ferner ihre

---

adäquat dem abgegebenen Energiebetrag ist. Die Lichtemission ist also eine Folge des angeregten Atomzustandes, und die Anregungsenergie (Elektronenvolt) ist in der Form einer Spannung zugeführt worden." Zeitschrift „Ionen und Elektronen", Heft 2 (Februar), Düsseldorf 1959, S. 21.

[1]) Diese Stoßionisation wirkt wie eine Kettenreaktion, die sich mit großer Geschwindigkeit ausbreitet und die Ladungsträger (vorwiegend Ionen, aber auch Elektronen) in Richtung auf die Kathode (bzw. Anode) in Bewegung setzt. Dabei kommt es zu einer sogenannten Gasentladung, die sich nach außen durch eine Glimmlichterscheinung bemerkbar macht. Die Spannung, die diesen Prozeß auslöst, wird als Zündspannung bezeichnet. Sie liegt im Mittel etwa zwischen 50 und 100 Volt und wird in diesen Grenzen weitgehend von der Art des Gases und der Beschaffenheit des Elektrodenmaterials bestimmt. Als Gase kommen nach Maßgabe des Verwendungszwecks der Röhre die verschiedensten Edelgase (Helium, Neon, Krypton) sowie zweiatomige Gase (Stickstoff, Wasserstoff) und bestimmte Metalldämpfe (z. B. Quecksilberdampf) in Betracht. S. hierzu auch H. Richter, a. a. O., Bd. 2, S. 216.

Eigenschaft, daß sie im Zündbereich (Brennspannung) weitgehend unabhängig von der Zünd- bzw. Anodenspannung ist und sich infolgedessen auch vorzüglich als Spannungsstabilisator in sogenannten ,Haltestromkreisen'[1]) eignet. Ein weiterer Vorteil ist auch ihre geringe Größe.

Ihr größter Nachteil gegenüber den Hochvakuumröhren besteht darin, daß die Ionen infolge ihrer im Verhältnis zu den Elektronen weit größeren Masse auch eine entsprechende elektrische Trägheit besitzen, so daß die mit Ionenröhren ausgestatteten Kippschaltungen bei der relativ niedrigen Grenzfrequenz von etwa 2 kHz eine weit größere Ansprech- oder Reaktionszeit haben als Schaltungen mit Hochvakuumröhren, deren Grenzfrequenz mit etwa 20 Megahertz (MHz) rund 10000mal höher liegt.

2. Ähnlich wie bei den Hochvakuumröhren unterscheidet man auch bei den gasgefüllten Röhren solche mit zwei oder mit mehreren Elektroden. Von den zahlreichen Formen der gasgefüllten Röhren hat sich für die Zwecke der Datenverarbeitung insbesondere die Glimm-Relaisröhre und das Thyratron bewährt. Beide eignen sich weitgehend zur Lösung gleicher Aufgaben, unterscheiden sich aber darin, daß die Glimm-Relaisröhre mit einer kalten Kathode und einem Starter, das Thyratron hingegen mit einer geheizten Kathode und mit einem Gitter analog dem Steuergitter der Hochvakuumröhre ausgerüstet ist. Während der Starter der Glimm-Relaisröhre zur Herbeiführung und Beschleunigung der Elektronenemission aus der kalten Kathode an einer positiven Spannung liegt, ist das Gitter der Thyratronröhre mit einem negativen Potential ausgestattet, um nach dem

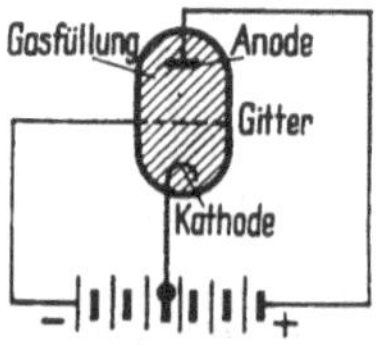

Abb. 7a: Prinzipschaltung eines Thyratrons

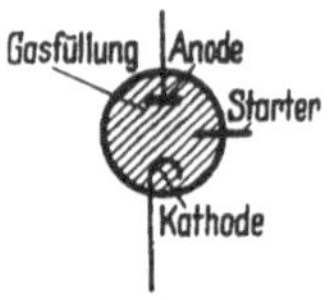

Abb. 7b: Glimmrelais-Röhre

Absinken der Anodenspannung unter die sogenannte Löschspannung die Anode gegenüber der geheizten Kathode abzuschirmen und dadurch die Entionisation bzw. die endgültige Löschung zu gewährleisten.

[1]) Der „Haltestromkreis" kommt durch die Auslösung der Ionisation zustande, die den Röhrenstrom ja anschließend unabhängig von der Zündspannung (Auslöseimpuls) und der Anodenspannung aufrecht erhält.

In der Schalttechnik der automatisierten elektronischen Datenverarbeitung finden die beiden stabilen Zustände

a) der gelöschten Röhre mit hoher Anodenspannung und einem Anodenstrom = 0 und

b) der gezündeten Röhre mit einer niedrigen Anodenspannung und einem Anodenstrom bestimmter Größe

Verwendung.

cc) Die elektronischen Halbleiter-Bauelemente

1. Die physikalischen Grundlagen. Die elektrische Leitfähigkeit eines Stoffes hängt primär von seiner atomaren Struktur (Stoff bzw. Stoffverbindung), sekundär von seinen Umgebungseinflüssen (Energieabgabe und -zufuhr)[1]) ab. Generell kann gesagt werden, daß die Leitfähigkeit eines Stoffes um so besser ist, je größer die Anzahl der Elektronen ist, die sich ‚frei' zwischen seinen atomaren Bindungen bewegen können. Da jedes Element durch die Anzahl der Elektronen bestimmt wird, die sich infolge ihrer kinetischen Energie um den Atomkern bewegen und damit das Gleichgewicht zwischen dem positiven Atomkern und der negativen Atomhülle (Elektronen) herstellen, ist das Atom im Gleichgewichtszustand nach außen elektrisch neutral. Wandernde Elektronen müssen daher zwangsläufig eine vorübergehende Veränderung des atomaren Gleichgewichtszustandes des betreffenden Stoffes und damit eine Veränderung seiner elektrischen Eigenschaften herbeiführen[2]); denn sie bewirken, daß das Atom nach außen elektrisch ‚aktiv' wird, d. h. der Stoff wird leitend.

Die Elektronen bewegen sich nun aber nicht regellos, sondern in ganz bestimmten, festen Bahnen um den Atomkern, wobei die einzelnen Bahnen Energiestufen vergleichbar sind, auf denen sich die Elektronen infolge des atomaren Gleichgewichts ohne Energieverluste — d. h. ohne eine laufende Energiezufuhr von außen — bewegen. Diese einzelnen Energiestufen bezeichnet man als ‚Elektronenschalen', die je nach der Struktur des Stoffes jeweils nur eine begrenzte Anzahl von Elektronen aufnehmen können. Die dem Atomkern am nächsten liegende Elektronenschale stellt dabei die niedrigste Energiestufe dar. Ihre Elektronen sind daher am festesten an den Atomkern gebunden. Die Elektronen der äußersten Schale besitzen die höchste kinetische Energie, die es ihnen sozusagen erlaubt, sich

---

[1]) Z. B. Temperaturveränderungen (Schallschwingungen, Lichtstrahlungen).

[2]) s. hierzu auch S. 44, Anmerkung 1.

am weitesten vom Atomkern zu entfernen, d. h. sie haben die lockerste Verbindung zum Atomkern. Die Theorie besagt nun, daß diese Bindung um so schwächer ist, je weniger Elektronen sich auf der äußersten Schale eines Atoms befinden. Die auf dieser äußersten Schale befindlichen sogenannten Valenz- oder Wertigkeitselektronen haben die Aufgabe, die Bindung der Atome untereinander herzustellen und diese damit zu einem Atomverband zusammenzuschließen. Sie bilden das sogenannte Atomgitter. Sind sämtliche Elektronen innerhalb eines solchen Atomgitters gebunden, so kann in dem betreffenden Stoff in diesem Zustand kein elektrischer Strom fließen. Er hat demgemäß die elektrischen Eigenschaften eines Isolators oder Nichtleiters. Stoffe, deren Atome die Eigenschaft haben, ihre locker gebundenen Elektronen abzugeben — z. B. Metalle —, werden ganz allgemein als elektrische Leiter bezeichnet.

Zu den Leitern und Nichtleitern oder Isolatoren gesellen sich als dritte Gruppe noch die sogenannten Halbleiter, wie Germanium, Silizium, Selen. Da sie im Verhältnis zu den elektrischen Leitern nur unter bestimmten Bedingungen eine ganz beschränkte Anzahl freier Elektronen besitzen, können sie weder in die Gruppe der Leiter, noch der Nichtleiter eingeordnet werden. Ihre spezifische Eigenschaft besteht vielmehr darin, daß sie unter bestimmten Voraussetzungen einmal die Eigenschaft elektrischer Leiter, zum anderen aber die von Nichtleitern annehmen können. Da sich diese Elemente bei einer Temperatur um den absoluten Nullpunkt (= —273° Celsius = 0° Kelvin) wie Isolatoren verhalten, können sie in diesem Zustand in die Gruppe der Nichtleiter eingeordnet werden. Wird diesen Stoffen jedoch in der Form von Temperaturerhöhungen (Strahlungen, Schallschwingungen) oder in anderer Weise Energie zugeführt, so bewirkt diese in den Stoffen eine Aufhebung einzelner Bindungen des Atomgitters und damit eine Freisetzung von Elektronen. Aus einem Stoff, der bei einer Temperatur um den absoluten Nullpunkt die elektrische Eigenschaft eines Isolators besitzt, entsteht hierdurch zwar noch kein elektrischer Leiter, aber ein elektrischer ‚Halbleiter'. Da diese Leitfähigkeit aber für die Zwecke der Elektronik noch nicht ausreichend ist, hat man ein Spezialverfahren entwickelt, um sie auf andere Weise entscheidend zu verbessern.

Zu diesem Zweck werden z. B. einem vierwertigen Germaniumelement hohen Reinheitsgrades (Halbmetall mit vier Valenzelektronen) ganz minimale Quanten eines dreiwertigen Elements (z. B. Aluminium) zugeführt, wobei auf etwa 1 Million Germaniumatome ein Fremdatom entfällt. Da das Aluminiumatom nur drei Valenzelektronen besitzt, können sich diese auch nur mit drei Valenzelektronen der nächstgelegenen *vierwertigen* Germaniumatome zu einer Paar- bzw. Gitterbildung vereinigen. Das verbleibende vierte Valenzelektron eines der vier beteiligten Germaniumatome kann infolgedessen keine Bindung eingehen und ionisiert daher das Aluminiumatom negativ[1]). Während nun auf der einen Seite das Aluminiumatom einen *Überschuß* an negativen Ladungsträgern aufweist (negatives Ion), ist auf der anderen Seite durch das Fehlen eines Valenzelektronenpaars im Atomgitter des Germaniums eine *Lücke* entstanden, die — analog dem Vorgang bei der Ionisation — einer *positiven* Elementarladung äquivalent ist (positives Potential = Elektronenmangel). Dieses positive Potential, das seiner Eigenschaft wegen als *positives ‚Loch-' oder ‚Defektelektron'* bezeichnet wird und in dieser Form *nur innerhalb* von Halbleiterelementen vorkommt, führt aber zu einer außerordentlichen Erhöhung der Leitfähigkeit des Germaniums; denn jedes andere Valenzelektron eines Germaniumatoms, das diese oder eine andere Lücke schließt, hinterläßt an seinem Platz erneut ein positives Loch- oder Defektelektron. Die dreiwertigen Aluminiumatome, die sich verstreut im Verband des vierwertigen Germaniums befinden, ‚stören' dessen Gitteraufbau demgemäß so stark, daß sich die Elektronen auf dem Wege über die *positiven* Ladungen ungehindert durch das Gitter bewegen können[2]). Eine Germaniumverbindung dieser Eigenschaft wird daher auch als ‚positiver Störstellenleiter' bezeichnet.

Bei der Zuführung eines fünfwertigen Störstellenelements verhält es sich demgemäß umgekehrt. In diesem Falle brauchen die Germaniumatome kein Elektron abzugeben, sondern erhalten ein zusätzliches Elektron, weshalb die fünfwertigen Störstellenelemente hier auch als Donatoren (Schenker) bezeichnet werden. In diesem Falle bilden sich daher vorwiegend negative Überschußelektronen, so daß man hier von negativen Störstellenleitern spricht.

---

[1]) Elemente dieser Art werden daher als ‚Akzeptoren' bezeichnet.

[2]) „Wird beim Aufbrechen einer Bindung ein Elektron entfernt, so entsteht dort ein „Loch" oder „Defektelektron". Infolge des Fehlens der negativen Elektronenladung wirkt das Loch wie eine positive Elementarladung. Die sehr geringe Entfernung zwischen benachbarten Atomen ermöglicht nun einem Elektron aus der Nachbarbindung leicht in die entstandene Lücke nachzurücken, wobei die Feldstärke infolge ihrer Wirkung auf die negative Ladung des Elektrons das Nachrücken entgegen der Feldrichtung (d. h. in Richtung auf die positiven Ladungen bzw. vom negativen zum positiven Pol — Anmerkung des Verfassers —) begünstigt. Dieser Prozeß kann sich beliebig oft wiederholen, und man kann diesen Vorgang des Nachrückens der Elektronen auch so auffassen, als sei das positive Loch unter der Wirkung des Feldes von links nach rechts (d. h. in der Richtung des Feldes bzw. vom positiven zum negativen Pol — Anmerkung des Verfassers —) gewandert, wie es ein echter positiver Ladungsträger tun würde." J. Dosse: „Der Transistor", München 1959, Seite 18.

Die eigentliche elektrotechnische Bedeutung der Halbleiter-Bauelemente[1]) ergibt sich nun daraus, daß durch die Verbindung eines negativen mit einem positiven Störstellenleiter ein sogenannter Diffusionsstrom entsteht, durch den die negativen Ladungsträger (Elektronen) in den positiven und die positiven Defektelektronen in den negativen Störstellenleiter wandern, wobei sich in diesem umgekehrten Verhältnis links und rechts der Trenn-

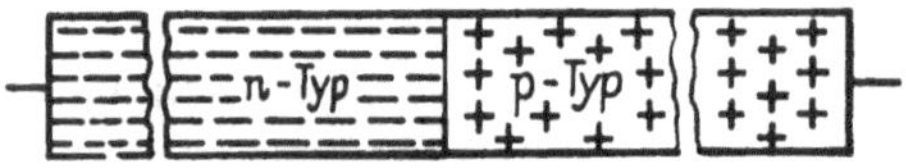

Abb. 8a: np-Verbindung

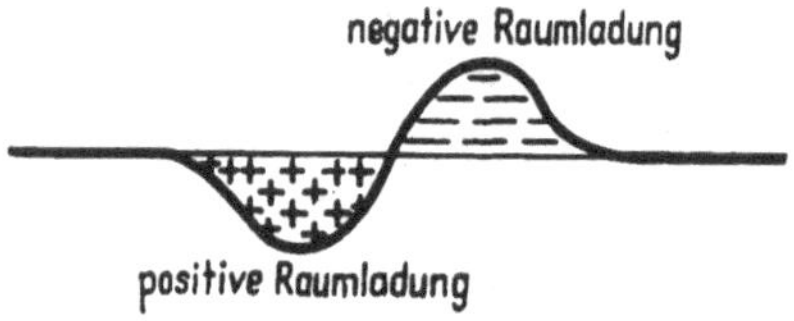

Abb. 8b: Raumladungsverteilung

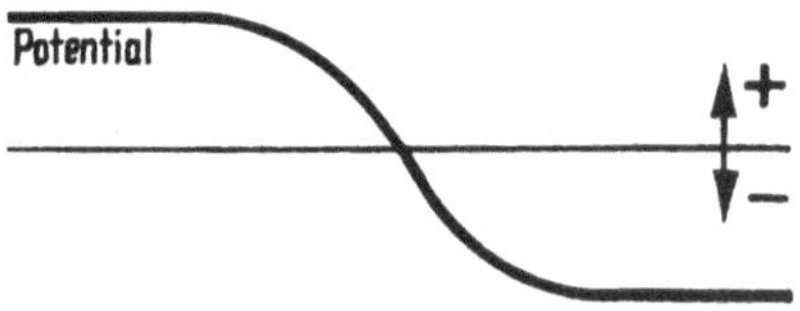

Abb. 8c: Potentialverteilung (Nach *Siemens*)

linie zwischen den beiden Leitern eine Stauung von negativen und positiven Ladungsträgern bzw. eine negative und positive Raumladung ergibt, die man als ‚Sperrschicht' bezeichnet.

Die sich nunmehr im Bereich der Sperrschicht ergebende Spannung zwischen den beiden Raumladungen ist eine ‚innere' Spannung, die sich infolge des Gleichgewichts zwischen der negativen und der positiven Raumladung gegenseitig aufhebt und daher nach außen nicht in Erscheinung tritt.

Legt man aber nunmehr an eine solche np- bzw. pn-Verbindung in der Weise eine Gleichspannung, daß der positive Pol der Stromquelle an den n-Teil, der negative Pol hingegen an den p-Teil angeschlossen wird, so kommt es nicht zu dem eben beschriebenen Diffusionsstrom. Vielmehr werden die negativen Ladungsträger nunmehr vom Pluspol, die positiven hingegen vom Minuspol der Stromquelle angezogen, so daß die Sperrschicht von Ladungsträgern entblößt wird. Es kommt infolgedessen zu einer ‚Verdickung' der Sperrschicht und damit zur Entstehung eines hochohmigen

[1]) Siehe hierzu insbesondere J. Dosse, a. a. O.

Widerstandes, d. h. die np-Verbindung unterbricht in dieser Schaltung den Stromkreis, sie arbeitet in der „Sperrichtung".

In umgekehrter Schaltung werden hingegen die positiven Ladungsträger vom positiven und die negativen Ladungsträger vom negativen Pol der Stromquelle zur Sperrschicht hingetrieben. Infolge der plötzlichen großen Ansammlung von Ladungsträgern in der Sperrschicht wird die Trennlinie zwischen dem n- und p-Teil durch diffundierende Ladungsträger überbrückt, so daß infolge des nunmehr sehr kleinen Innenwiderstandes ein kräftiger Strom in der pn-Verbindung fließt. Sie arbeitet demgemäß in der

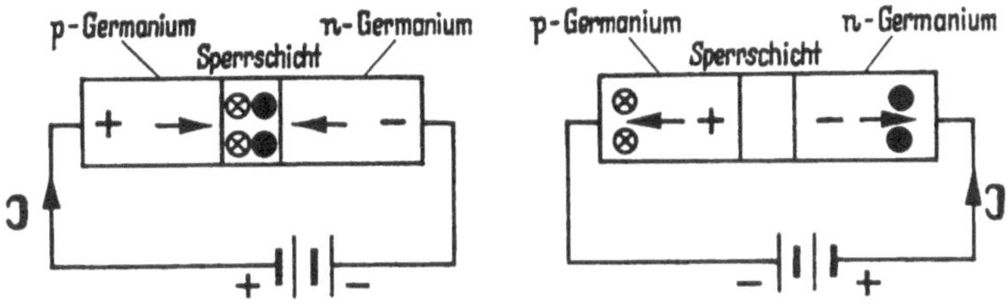

Abb. 9: pn-Verbindung mit angelegter *Durchlaßspannung* (Sperrschicht mit Ladungsträgern angereichert)

pn-Verbindung mit angelegter *Sperrspannung* (Sperrschicht von Ladungsträgern entblößt)

(Nach H. Richter, Transistor-Praxis)

„Durchlaßrichtung", wobei der Durchlaßstrom schon bei sehr kleinen Spannungen relativ hohe Werte annehmen kann.

Daraus ist aber ersichtlich, daß eine solche pn- oder np-Halbleiterverbindung ähnlich wie die bereits beschriebenen Röhrendioden wie ein elektrisches Ventil arbeitet; denn sie ist in der „Durchlaßrichtung" stromdurchlässig, in der „Sperrichtung" dagegen nahezu stromundurchlässig. Man bezeichnet sie daher analog zur Röhrendiode als Halbleiterdiode.

2. Die Halbleiterdioden. Von den verschiedenen Formen der Halbleiterdioden (Selengleichrichter, Germanium-, Silizium-, -Flächen- und -Spitzendioden) sind für die automatisierte elektronische Datenverarbeitung insbesondere die Germanium-Spitzen- und die -Golddrahtdiode von großer Bedeutung. Die Germanium-Spitzen- oder -Spitzenkontaktdiode besteht aus einer Glas- oder Keramikhülse, in der die feine Spitze eines sinusförmig gebogenen (gelockten) Metalldrähtchens auf einem Germaniumkristall ruht. Diese beiden jeweils in einer Halterung angebrachten Elektroden sind luft-

dicht eingeschmolzen, wobei die äußeren Enden dieser Halterungen mit Anschlußdrähten versehen sind (siehe Abbildung). Um nachteilige Erscheinungen bei der Benutzung zu vermeiden, muß die Luft im Inneren der Kapsel absolut trocken sein. Wird ein Kristall aus n-Germanium verwandt, so bildet sich an der Spitze des Drahtes eine dünne positive Schicht, sobalb nach der Herstellung mehrere kurze aber starke Stromstöße durch die Diode geleitet worden sind (sogenanntes Formieren der Diode).

Die modernen Germaniumdioden haben hervorragende elektrische Eigenschaften und weisen den Röhrendioden gegenüber den Vorzug größerer

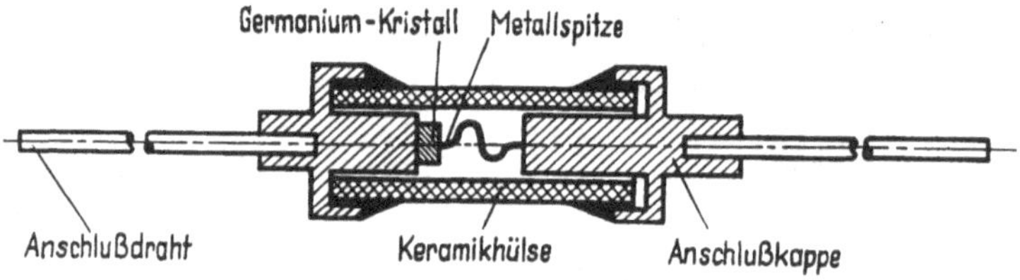

Abb. 10: Grundsätzlicher Aufbau einer Germanium-Spitzendiode
(Nach H. Richter, Transistor-Praxis)

Zuverlässigkeit, längerer Lebensdauer, geringeren Raumbedarfs und geringerer Betriebskosten auf (sie erfordern keine Heizleistung). Während ihr Innenwiderstand in der Durchlaßrichtung unter 100 Ohm liegt, beträgt er in der Sperrichtung mehrere Megohm[1]). Verwendet man als Gegenkontakt zum Germanium einen stumpf aufgeschweißten, vergoldeten Draht (Golddrahtdiode), so ergeben sich bereits bei minimalen Durchlaßspannungen relativ sehr große Ströme in der Diode, während sie in der Sperrichtung dem Strom einen höheren Widerstand entgegensetzt.

Für die elektronische Datenverarbeitung ist es dabei von besonderer Bedeutung, daß die Eigenkapazität der Spitzendioden äußerst gering ist, so daß diese auch bei sehr hohen Frequenzen verwendbar sind[2]). Die Schaltschnelligkeit — von der Sperr- in die Durchlaßrichtung und umgekehrt — ist allerdings infolge einer, wenn auch geringen Sperrträgheit der Diode, die sich trotz der winzigen Kapazitäten der Kontakte aus der jeweiligen Lade- und Entladezeit zusammensetzt, etwas geringer als die einer Röhren-

[1]) 1 Megohm = 1 Million Ohm.

[2]) Je größer die Kapazität der einzelnen Elektroden ist, um so länger dauert der jeweilige Umladevorgang von positiven zu negativen Werten bzw. umgekehrt. Eine hohe Frequenz bzw. eine große Schaltschnelligkeit bedingen daher möglichst kleine Kapazitäten.

diode. Immerhin sinkt bei der Spitzendiode ein Durchlaßstrom von 30 Milliampere (mA)[1]) bei einem Innenwiderstand der speisenden Stromquelle von 500 Ohm nach 0,5 Mikrosekunden bereits auf 380 Mikroampere[2]), um nach 3,5 Mikrosekunden auf einen Stromwert von 36 Mikroampere und damit praktisch auf den Sperrzustand abzusinken[3]). Bei der Golddrahtdiode liegen die Umschaltzeiten — bedingt durch die größeren Kontakte — nicht so günstig wie bei den Spitzenkontaktdioden.

Die ungewöhnlich vielseitigen Verwendungsmöglichkeiten der Germanium-Dioden hat sie in der automatisierten elektronischen Datenverarbeitung zu einem unentbehrlichen Bauelement gemacht. Sowohl die Spitzenkontakt- als auch die Golddraht-Diode wird in zahlreichen Schaltungen verwandt, so insbesondere bei den Bedingungs- oder Koinzidenzschaltungen (Gattern), aber auch als Hilfsmittel zur Installierung der verschiedensten anderen Schaltungen (z. B. bei der Entkoppelung zur Vermeidung störender Potentialverschiebungen).

3. Der Transistor. Infolge der mannigfaltigen Vorzüge, die die Halbleiter-Bauelemente gegenüber den Elektronenröhren besitzen, war man daher lange Zeit bemüht, die Halbleiter-Diode zu einem steuerbaren elektronischen Bauelement, d. h. zu einer Halbleiter-Triode — dem heutigen Transistor —, weiterzuentwickeln. Die Herstellung des Transistors, die Bardeen und Brattain im Jahre 1948 bei Versuchen mit Germanium-Detektoren in den Laboratorien der Bell-Telephone Comp. in den USA gelang, war daher eine Erfindung von hervorragender Bedeutung für die Elektronik und aller von ihr beeinflußten Gebiete. Die damit einsetzende Entwicklung war außerordentlich erfolgreich und führte insbesondere in den letzten Jahren zur Herstellung sehr leistungsfähiger Transistoren.

Ähnlich wie die Germanium-Diode gegenüber der Röhrendiode, so hat auch der Transistor gegenüber der Röhrentriode — neben gewissen Nachteilen — zahlreiche Vorzüge: der minimale Raumbedarf (teilweise winzige Abmessungen), die geringen Betriebsspannungen und damit die geringen Verlustleistungen, der Fortfall der Kathodenheizung und vor allen Dingen der vorzügliche Wirkungsgrad machen den Transistor insbesondere für die Schaltaufgaben der automatisierten elektronischen Datenverarbeitung zu einem elektronischen Bauelement von größter Aktualität. Gerade die neueste Entwicklung zeigt hier, daß er infolge seiner ökonomischen Vorzüge

---

[1]) 1 Milliampere = $^1/_{1000}$ Ampere.
[2]) 1 Mikroampere = $^1/_{1\,000\,000}$ Ampere.
[3]) G. Haas, a. a. O., S. 135.

auf dem besten Wege ist, die bisher verwandten Elektronenröhren weitgehend zu verdrängen[1]).

Der Transistor besteht, ebenso wie die Germanium-Diode, aus positiven und negativen Störstellenelementen. Während die Germanium-Diode aber nur aus zwei Störstellenleitern besteht — einem p- und einem n-Teil —, setzt sich der Transistor aus drei Störstellenleitern zusammen, und zwar einem positiven — dem sogenannten Emitter (Aussender) —, einem negativen — der sogenannten Basis — und einem zweiten positiven Teil — dem sogenannten Collector (Zusammenleger). Die Störstellenleiter sind in dieser Reihenfolge aneinandergefügt, wobei allerdings das mittlere n-Germanium eine sehr dünne Schicht ist. Einen Transistor dieser Beschaffenheit nennt man daher auch pnp-Transistor. Er zeichnet sich dadurch aus, daß seine leitenden Ladungsträger positive Defektelektronen sind. Tritt an die Stelle des mittleren n-Germaniums ein p-Germanium, so müssen auch die beiden äußeren positiven jeweils durch einen negativen Störstellenleiter ersetzt werden. In diesem Falle spricht man von einem npn-Transistor, wobei die Leitungsfunktion von negativen Ladungsträgern (Überschußelektronen) ausgeübt wird.

Solange ein pnp-Transistor nicht an einer Stromquelle angeschlossen ist, vollziehen sich in seinem Inneren die gleichen Vorgänge, wie sie im Falle der nicht angeschlossenen Germanium-Diode bereits beschrieben wurden; denn es handelt sich beim Transistor praktisch um zwei miteinander verbundene pn-Störstellenleiter bzw. Halbleiter-Dioden. Während sich die positiven Defektelektronen in Richtung auf den n-Teil bewegen, strömen die Elektronen infolge ihrer entgegengesetzten Polarität in Richtung auf den p-Teil. Dies hat zur Folge, daß an den Grenzen der linken und der rechten pn-Verbindung die bereits erwähnte Stauung oder Raumladung aus Elektronen und Defektelektronen entsteht, die aber infolge der der Strömungsrichtung beider Ladungsträger entgegengesetzten Diffusionsspannung aufgehoben wird und somit nach außen nicht in Erscheinung tritt.

Wird nun zwischen der Basis und dem Collector in der Weise eine Stromquelle eingeschaltet, daß am Collector die negative und an der Basis — dem n-Teil — die positive Spannung liegt, so werden infolge der um-

[1]) Demgegenüber hat die steuerbare Elektronenröhre allerdings den Vorteil einer höheren Schaltgeschwindigkeit. Ein weiterer großer Vorzug ist ihre außerordentliche Anpassungsfähigkeit an alle schaltungstechnischen Erfordernisse. Infolgedessen wird sie auch für die elektronische Datenverarbeitung in absehbarer Zeit noch nicht zu entbehren sein. S. hierzu auch S. 42ff.

gekehrten Polarität die Elektronen und die Defektelektronen aus der Umgebung der rechten Sperrschicht in Richtung auf die entsprechenden Pole der Stromquelle abgezogen, wodurch die Umgebung der Sperrschicht von Ladungsträgern entblößt und damit eine Sperrung des rechten pn-Störstellenleiters (Collector/Basis) herbeigeführt wird. Wenn nunmehr zwischen dem Emitter und der Basis (linker pn-Störstellenleiter) eine weitere Stromquelle in der Weise eingeschaltet wird, daß der positive Pol mit dem Emitter, der negative Pol hingegen mit der Basis verbunden ist, so wird in der linken pn-Verbindung ein erheblicher Strom fließen, da sich die Elektronen und die Defektelektronen infolge der Gegenpolarität der Stromquelle im Gebiet der Sperrschicht konzentrieren und infolgedessen deren sperrende Eigenschaft aufheben. In der linken pn-Verbindung kommt demgemäß ein kräftiger Strom durch die Basis und den Emitter zustande. In der Basis geraten die Defektelektronen jedoch unmittelbar in den Wirkungsbereich des Collectors, bei dem sich infolge seines Sperrzustandes in der Umgebung seiner Sperrschicht kaum positive Ladungsträger befinden und der sich daher gegenüber den positiven Defektelektronen aus dem Emitter negativ verhält. Aus diesem Grunde fließt der größte Teil der Defektelektronen aus dem Emitter durch die Basis — diffundierend — in den Collector[1]), wo die plötzliche Anreicherung mit positiven Defektelektronen nun ebenfalls einen Strom hervorruft und die bisherige Sperrung des Collectors aufhebt. Dieser Strom wird um so stärker, je dünner die n-Verbindung oder Basis zwischen dem Emitter und dem Collector ist und je mehr positive Ladungsträger infoldedessen vom Emitter in den Collector gelangen[2]).

Damit ist aber durch die Verbindung zweier Germanium-Dioden eine Germanium-Triode oder ein Transistor entstanden; denn aus der vorstehenden Darstellung ist leicht zu ersehen, daß der Collectorstrom auf diese Weise durch den Emitterstrom gesteuert werden kann[3]). Mit Hilfe dieses Steuerungseffekts können aber nunmehr insbesondere in der elektronischen Datenverarbeitung durch die elektronischen Halbleiter-Bauelemente in bedeutend einfacherer Form weitgehend die gleichen Wirkungen

---

[1]) Den Übergang von positiven und negativen Ladungsträgern (Defektelektronen und Elektronen) durch die Sperrschicht bezeichnet man als Diffusion (gegenseitige Durchdringung).

[2]) Einige der Elektronen und der Defektelektronen gehen bei diesem Prozeß allerdings durch eine Vereinigung (Rekombination) wieder eine feste Verbindung ein, so daß sie für die Collectorsteuerung verlorengehen. S. auch S. 48.

[3]) Daher rühren auch die Bezeichnungen Emitter (Stromaussender) und Collector (Stromzusammenleger oder -anreicherer).

erzielt werden wie mit Elektronenröhren. Ein solcher Transistor, der wegen der flächenförmigen Verbindung seiner einzelnen Teile als Flächentransistor bezeichnet wird, kann auch — wie bereits erwähnt — dadurch zustande kommen, daß an die Stelle des p-Germaniums für den Emitter und den Collector eine n-Verbindung verwandt und das n-Germanium der Basis durch eine p-Verbindung ersetzt wird. Ferner ist zur Erzielung des gleichen

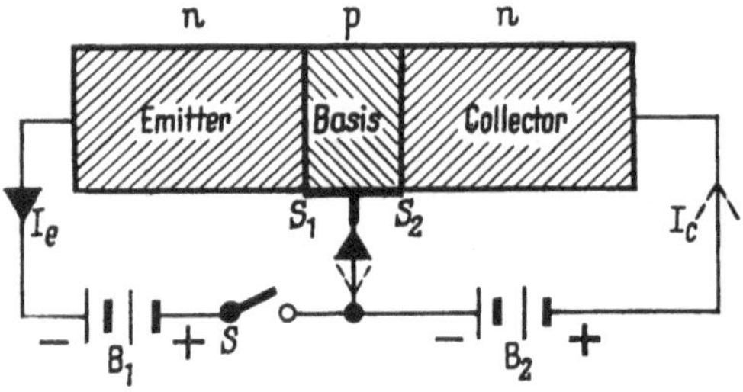

I_e = Emitterstrom
I_c = Collectorstrom
S = Schalter
S_1 = Sperrschicht Emitter/Basis
S_2 = Sperrschicht Collector/Basis

Abb. 11: Grundsätzliche Polung eines npn-Transistors
(Nach H. Richter, Transistor-Praxis)

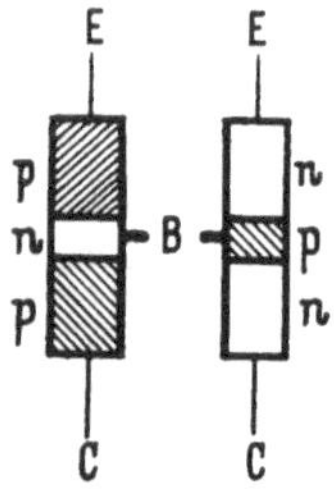

Abb. 12: Schaltsymbole für pnp- und npn-Flächentransistoren

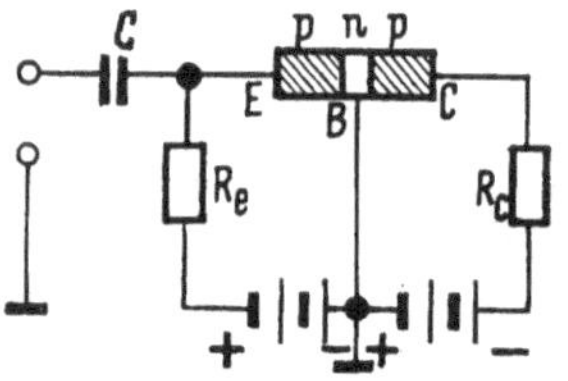

K = Kondensator
R_e = Emitterwiderstand
R_c = Collector

Abb. 13: Basisschaltung

Effekts wie beim pnp-Transistor die Umpolung der beiden Stromquellen B 1 und B 2 erforderlich, so daß am Collector nunmehr eine positive, am Emitter hingegen eine negative Spannung liegt.

Wir haben dann wiederum zwei np-Störstellenleiter vor uns, von denen der rechte mit einer Germanium-Diode in Sperrichtung, der linke dagegen mit einer solchen in Durchlaßrichtung identisch ist. Allerdings wird nunmehr die Leitungsfunktion von negativen Ladungsträgern oder Elektronen übernommen.

Neben den bereits erwähnten großen Vorzügen, die die Halbleiter-Bauelemente gegenüber den Elektronenröhren für die automatisierte elektronische Datenverarbeitung besitzen — geringer Energiebedarf bei hohem Wirkungsgrad und minimalen Verlustleistungen, minimaler Raumbedarf —, weisen die letzteren dem Transistor gegenüber ebenfalls eine Reihe von Vorzügen auf. Neben der Tatsache, daß der Transistor in der Schaltgeschwindigkeit den Hochvakuumröhren noch unterlegen ist, muß noch auf den Nachteil seines geringen Eingangswiderstandes hingewiesen werden,

Abb. 14: Ansichten von Spitzen- und Flächentransistoren verschiedener Firmen. Oberste Reihe von links nach rechts: Valvo-Spitzentransistor OC 51, Valvo-Flächentransistor OC 71, Valvo-Schalttransistor OC 76, Telefunken-Flächentransistor OC 602, Telefunken-Flächentransistor OC 604, Telefunken-Miniatur-Flächentransistor OC 623. Mittlere Reihe: TEKA-DF-Leistungstransistor GFT 2006, Telefunken-Leistungstransistor OD 604. Untere Reihe: Intermetall-Flächentransistor OC 320, Intermetall-Flächentransistor OC 34, TEKADE-Flächentransistor GFT 20, SAF-Flächentransistor OC 110

der bei seiner Verwendung noch gewisse Anpassungsschwierigkeiten verursacht; denn je geringer der Eingangswiderstand ist, um so höher muß der Stromwert sein, um ein bestimmtes Potential zu erhalten. Das ist aber gleichbedeutend mit einer hohen Leistung. Die Elektronenröhren besitzen in der Regel — insbesondere bei negativer Vorspannung des Gitters — einen sehr hohen Eingangswiderstand und können daher leistungslos gesteuert werden[1]). Da der Eingangswiderstand beim Transistor bei der vorstehend beschriebenen sogenannten Basisschaltung, bei der die Steuerung über den Emitter erfolgt und die Basis am sogenannten Schaltungsnullpunkt liegt, sehr gering ist (unter 100 Ohm), wird der Transistor im allgemeinen über

[1]) Die elektrische Leistung (N) in Watt ist das Produkt aus der Spannung (U) in Volt und dem Strom (I) in Ampere. Kommt nun infolge eines hohen Eingangswiderstandes (R) kein Strom (I) zustande, denn: Spannung (U) : Widerstand (R) = Strom (I), so ist die elektrische Leistung (N) = 0 Watt, denn: Leistung (N) = Spannung (U) × Strom (I). Eine steuernde Wechselspannung, die keinen Gitterstrom zur Folge hat, übt demgemäß ihre Funktion „leistungslos" aus.

die Basis gesteuert, da der Eingangswiderstand der Basis wesentlich höher als der des Emitters ist. Da der Schaltungsnullpunkt in diesem Falle am Emitter liegt, bezeichnet man diese Verbindung als Emitterschaltung[1]).

Der bedeutsamste Nachteil der Halbleiter-Bauelemente gegenüber den Elektronenröhren dürfte jedoch ihre Temperaturabhängigkeit sein, die sowohl in der Sperr- als auch in der Durchlaßrichtung zu Unregelmäßigkeiten in der Arbeitsweise führen kann[2]).

Trotz dieser Nachteile lassen die bisherigen Erfahrungen mit Transistoren eindeutig erkennen, daß auf dem Gebiet der Halbleitertechnik in Zukunft noch mit außerordentlich bedeutsamen Fortschritten zu rechnen ist[3]).

---

[1]) Hierbei fließen der Emitter- und der Collectorstrom in der Basisleitung in entgegengesetzter Richtung, so daß sich der Strom in der Basisleitung, dessen Wert sich aus der Differenz zwischen dem Ermitter- und dem Collectorstrom — der wegen der Übergangsverluste etwas geringer als der Emitterstrom ist — ergibt, sehr gering ist. Diese Tatsache ist aber gleichbedeutend mit einem entsprechend höheren Eingangswiderstand der Basiselektrode (etwa 800—1000 Ohm); denn der geringere Stromwert (I) entspricht hier einem größeren Widerstand (R), so daß bei einer Steuerung über die Basis eine Anpassung schon wesentlich günstiger ist. Darüber hinaus wird bei einer solchen Schaltung gleichzeitig eine wesentliche Stromverstärkung erzielt.

Verhält sich der Emitter- zum Collectorstrom z. B. im Verhältnis von 10 : 9, so ergibt sich in der Basisleitung ein Differenzstrom von 10 — 9 = 1. Wird dieser Differenzstrom nun durch die Zuführung einer steuernden Wechselspannung zur Basis auf 2 erhöht, so muß diese Gleichung mit 2 multipliziert werden, und es ergibt sich demgemäß 20 — 18 = 2; d. h. aber, daß einer Basisstromänderung von 1 eine Collectorstromänderung von 9 und somit einer neunfachen Verstärkung entspricht. S. hierzu auch H. Richter: „Transistor-Praxis", S. 56/57.

In dem Schaltbild der Emitter-Schaltung (s. Abbildung) ist die Basis (B) über den Kondensator (K) mit der steuernden Wechselspannung (U_b) verbunden. Da es sich um einen pnp-Transistor handelt, erfolgt die Sperrung durch einen positiven, die Öffnung hingegen durch einen negativen Impuls (s. S. 56 u. 125f.).

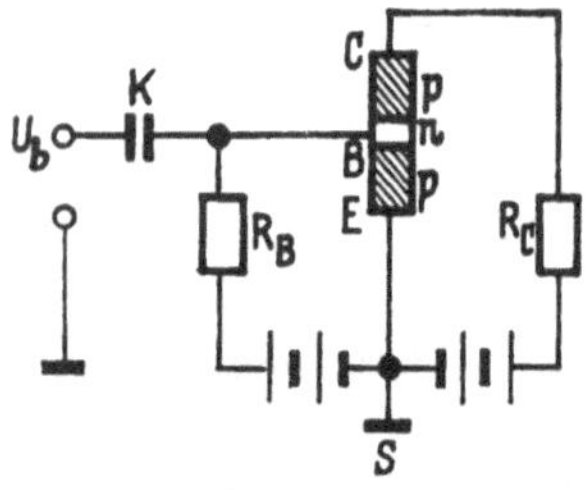

pnp = positiv-negativ-positiv
C = Collector
B = Basis
E = Emitter
RB = Basiswiderstand
RC = Collectorwiderstand
K = Kondensator (allgemein ebenfalls mit C bezeichnet)
S = Schaltungsnullpunkt

Abb. 15: Emitterschaltung *(Nach H. Richter, Transistor-Praxis, Stuttgart 1959)*

[2]) Temperaturerhöhung bedeutet Energiezufuhr. Da sich aber Elektronen bei einer größeren Energiezufuhr aus ihren atomaren Bindungen (Atomgitter) lösen können, tragen die auf diese Weise freigesetzten Elektronen zu einer Erhöhung der Leitfähigkeit eines Halbleiter-Bauelementes bei, wodurch z. B. ihre stromsperrende Eigenschaft erheblich beeinträchtigt werden kann. In der elektronischen Datenverarbeitung werden diese unerwünschten Folgen jedoch durch die Entwicklung spezieller Halbleiter-Bauelemente sowie durch schaltungstechnische Maßnahmen (Gegenkoppelung) weitgehend vermieden.

[3]) Nach neuesten Berichten sind in den USA eingekapselte Funktionsblöcke aus Halbleitermaterialien in Miniaturformat entwickelt worden, die die gleiche Leistungs-

cd) *Die magnetischen Materialien als Bauelemente der elektronischen Datenverarbeitung*

1. Die physikalischen Grundlagen. Als weitere elektronische Bauelemente, die für die automatisierte elektronische Datenverarbeitung eine große Bedeutung besitzen, sind die magnetischen Materialien zu nennen, wobei insbesondere die Materialien mit rechteckförmiger Hystereseschleife dominieren.

Man bedient sich des Elektromagnetismus in der elektronischen Datenverarbeitung in der Weise, daß man geeignete Stoffe durch positive oder negative Impulse magnetisiert und dadurch zwei unterschiedliche elektromagnetische Zustände zur Darstellung eines binären Zeichensystems schafft. Als Stoffe werden dabei für die besonderen Zwecke der elektronischen Datenverarbeitung spezielle Eisenlegierungen (MnO-MgO-Fe_2O_3, CuO-MnO-Fe_2O_3) verwandt, die auf keramischer Grundlage hergestellt und als Ferrite bezeichnet werden.

Da ein Impuls während seiner Dauer in der unmittelbaren Umgebung seines Leiters ein konzentriertes elektromagnetisches Kraftlinienfeld erzeugt, kommt es hinsichtlich des Magnetisierungseffekts, den dieses Feld auf einen in seinem Wirkungsbereich befindlichen Stoff ausübt, auf das Potential des Impulses sowie auf die Fähigkeit des Stoffes an, ein induziertes elektromagnetisches Feld aufzunehmen und aufrechtzuerhalten, ohne daß es weiter unter dem Einfluß des elektrischen Feldes steht. Diesen Effekt des nachträglichen Aufrechterhaltens eines durch einen Impuls erzeugten magnetischen Kraftlinienfeldes bezeichnet man als Hystereseerscheinung, Sättigungsremanenz oder Restinduktion. Dabei können nur solche Stoffe magnetisiert werden, die die physikalischen Eigenschaften des Molekularmagnetismus besitzen.

Eisen und Eisenlegierungen bestimmter Beschaffenheit bestehen aus einer Fülle winziger Molekularmagneten, deren Magnetfelder sich in unmagnetisiertem Zustand im Innern des Eisens schließen, so daß ihre magne-

---

fähigkeit wie die gegenwärtig gebräuchlichen kleinsten, aber im Vergleich zu diesen unverhältnismäßig großen Schaltungssysteme besitzen sollen. Die Herstellung dieser vorwiegend aus Germanium und Silicium bestehenden Miniaturblöcke soll insbesondere dadurch gekennzeichnet sein, daß die elektrischen Eigenschaften dieser Halbleiterkristalle durch Elektronenbestrahlung, Ätzung, Plattierung in der Weise verändert werden, daß sie die Funktionen der bisher einzeln hergestellten und zu Systemen zusammengefügten Bauelemente (Widerstände, Kondensatoren, Röhren, Halbleiter-Dioden, Transistoren) en bloc übernehmen können, so daß nicht nur die Größe der Systeme, sondern auch die Anzahl der bisher notwendigen Lötstellen auf ein Minimum reduziert wird.

tische Eigenschaft nach außen nicht in Erscheinung tritt. Wird das Eisen nun z. B. der Wirkung eines durch einen Impuls erzeugten elektromagnetischen Kraftlinienfeldes ausgesetzt, dann werden sie entsprechend dem Verlaufe dieses Feldes in eine bestimmte Richtung gedreht oder ‚ausgerichtet'. Dies hat zur Folge, daß sich die einzelnen Magnetfelder dieser Molekularmagneten im Innern des Eisens nicht mehr kompensieren, sondern nach außen wirksam werden. Je stärker dieses elektromagnetische Kraftlinienfeld auf das zu magnetisierende Eisen wirkt, um so mehr Molekularmagneten werden im Innern des Eisens ‚ausgerichtet'. Dieser Vorgang kann durch die Einwirkung entsprechend starker Felder bis zur Sättigung, d. h. bis zur Ausrichtung aller Molekularmagneten ausgedehnt werden[1]). Darüber hinaus ist eine weitere Verstärkung des Magnetisierungsgrades nicht zu erreichen. Je besser und schneller die Magnetisierung eines ferromagnetischen Stoffes durch die Einwirkung eines elektrischen Feldes bestimmter Stärke erreicht wird, um so höher ist seine Durchlässigkeit oder Permeabilität.

Das bei der Beendigung eines Impulses und der damit verbundenen Aufhebung des elektrischen Feldes in einem ferromagnetischen Stoff induzierte magnetische Kraftlinienfeld hängt hinsichtlich seiner Intensität und Dauerhaftigkeit allerdings weitgehend von der Beschaffenheit des betreffenden ferromagnetischen Stoffes ab. Wird die erzeugte Feldstärke mit H und die erzielte Induktion mit B bezeichnet, so ergibt sich im Koordinatensystem die nebenstehende allgemeine Abhängigkeit zwischen diesen beiden Größen, die wegen ihrer graphischen Form als Hystereseschleife bezeichnet wird.

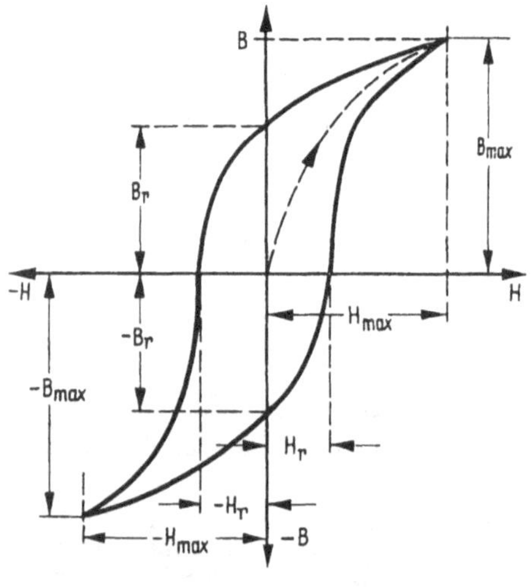

Abb. 16: Hystereseschleife

1) Ein elektromagnetisches Feld ist um so stärker, je größer die Anzahl der parallel zueinander verlaufenden elektrischen Leiter ist, die gleichzeitig von einem Strom bestimmten Wertes durchflossen werden. Das gleiche gilt, soweit dies auf die Anzahl der parallel verlaufenden Windungen (Spule) eines Leiters bezogen wird (=Amperewindungszahl).

Die Darstellung, die sich auf einen unmagnetisierten, ferromagnetischen Stoff bezieht, der mit einer langsam ansteigenden Feldstärke H bzw. $-H$ magnetisiert wird, zeigt mit fortschreitender Erhöhung der positiven Feldstärke ein Ansteigen der Induktion B bis zum Punkte B_{max} als Koordinatenschnittpunkt zwischen H_{max} und B_{max}. Wird die Feldstärke nun reduziert, so geht die Induktion bis zum völligen Verschwinden des elektromagnetischen Feldes ($H = 0$) nicht auf 0, sondern, bedingt durch die Remanenzerscheinung, auf die Restinduktion B_r zurück. Erst wenn die nunmehr einsetzende negative Induktion den Wert $-H_r$ erreicht hat, geht auch die positive Restinduktion völlig zurück ($B = 0$), um beim weiteren Ansteigen der negativen Feldstärke bis zum Wert $-H_{max}$ ihren negativen Höchstwert (entsprechend $-B_{max}$) zu erreichen. Beim sogenannten ‚Umkippen' von der negativen zur positiven Feldstärke vollzieht sich der gleiche Vorgang in umgekehrter Richtung, so daß die Induktion wiederum den Wert B_{max} erreicht usw. Es ergibt sich somit im Ablauf der Beziehungen zwischen der Feldstärke und der Induktion der vorstehende graphische Ablauf (Hystereseschleife), der in seiner Wesenheit die Grundlage für die Anwendung der magnetischen Bauelemente in der automatisierten elektronischen Datenverarbeitung bildet. Die negative oder positive Feldstärke die erforderlich ist, um den jeweiligen Zustand der positiven oder negativen Restinduktion wieder auf 0 zu reduzieren, wird als Koerzitivkraft (lat. coercere = zwingen) bezeichnet.

Wird der Zustand der positiven Sättigungsremanenz mit „Ja" oder „1" und der der negativen Sättigungsremanenz mit „Nein" oder „0" bezeichnet, so induziert die von einem positiven Impuls erzeugte Feldstärke H_m eine „1" bzw. „Ja". Wird der Grundzustand des Ferrits durch die negative Sättigungsremanenz $-B_r$ bestimmt, so genügen zur Zahlendarstellung nach dem Binärsystem positive und fehlende Impulse, da ein ausbleibender Impuls keine Veränderung der Magnetisierung hervorruft. Wird in dem Ferrit mit einer positiven Sättigungsremanenz nun zur Feststellung seines magnetischen Zustandes durch die von einem negativen Impuls erzeugte Feldstärke $-H_m$ eine negative Sättigungsremanenz $-B_r$ induziert, so wird durch das ‚Umkippen' des magnetischen Zustandes des Ferrits in einer Ausgangsleitung ein Ausgangsimpuls induziert. Weist das entsprechende Ferrit keine positive, sondern eine negative Sättigungsremanenz auf, so kommt es auch nicht zu einem Umkippen seines magnetischen Zustandes und somit zu keinem Ausgangsimpuls. Ein fehlender Impuls bedeutet aber in diesem Falle „Nein" oder „0". Infolgedessen können durch die Erzeugung elektromagnetischer Kraftfelder mit Hilfe positiver ‚Schreib‘- und negativer ‚Lese-Impulse‘ in den Ferriten positive und negative magnetische Zustände induziert werden, die als solche die binären Zeichen für „Ja“ oder „1“ bzw. „Nein“ oder „0“ darstellen und in der eben beschriebenen Form erzeugt (geschrieben), übertragen (gelesen) oder gelöscht werden können.

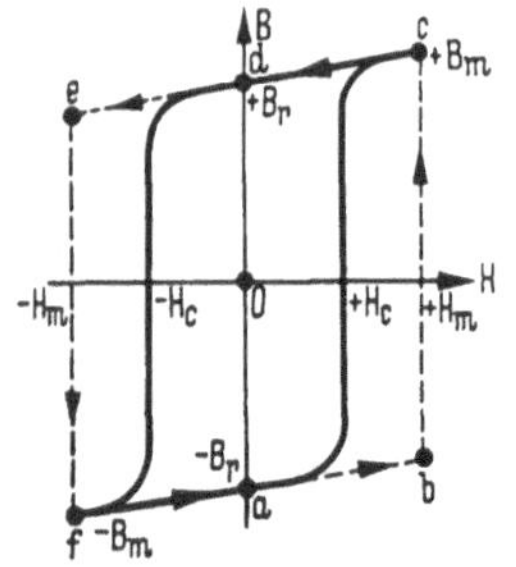

Abb. 17: Dynamischer Verlauf beim Ummagnetisieren eines Magnetkerns *(Nach G. Haas, a. a. O.)*

2. Die Magnetkernringe. In der elektronischen Datenverarbeitung können spezielle Ferrite in geeigneter geometrischer Form sowohl zu Speicher- als auch zu Schaltzwecken (Bedingungsschaltungen, Zähler) verwandt werden. Für die Speicherung werden dabei dünnwandige Ferritringe (sogenannte Magnetkerne) mit einer rechteckförmigen Hystereseschleife und einem mittleren Durchmesser von 1 bis 2 mm benutzt. Sie sind in der Regel koordinatenförmig mit gleichem Zeilen- und Spaltenabstand auf einer

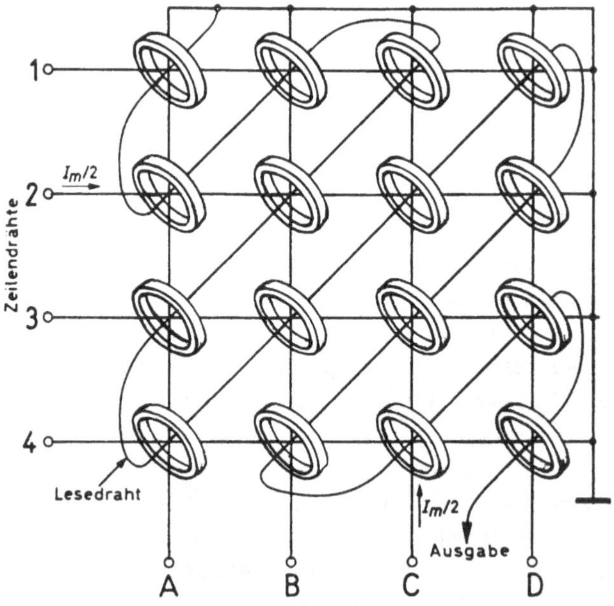

Abb. 18: Anordnung der Ringkerne auf einer Speichermatrix

Matrize angeordnet und bilden in dieser Form eine Speichereinheit, die als Magnetkernmatrix bezeichnet wird. Auf diese Weise ist jeder Magnetkernzeile ein waagerecht und jeder Magnetkernspalte ein senkrecht verlaufender elektrischer Leiter zugeordnet, die an ihren Kreuzungspunkten jeweils durch einen Ferritring bzw. Magnetkern hindurchgeführt sind, so daß durch einen entsprechenden Impuls das magnetische

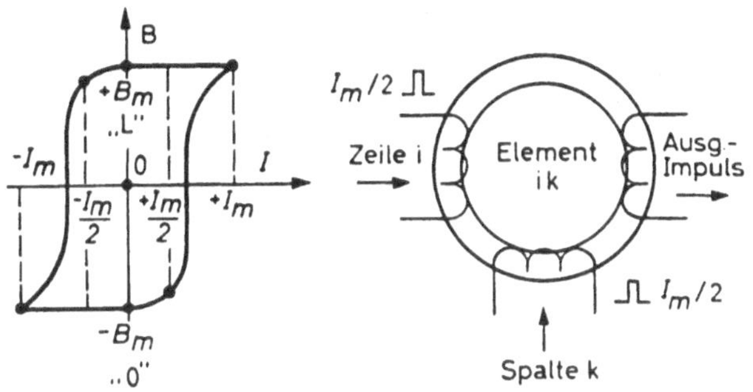

Abb. 19: Vorgang der Impulsspeicherung in einem Magnet- oder Ringkern
(Abb. 18 und 19 nach G. Haas, a. a. O.)

Kraftlinienfeld $\pm H_m$ und somit die magnetische Induktion $\pm B_r$ in einem bestimmten Magnetkern erzeugt wird. Infolgedessen kann ein Impuls von der Stärke $\pm I_m$, durch den ein Magnetkern in die seiner jeweiligen Polarität entgegengesetzte Sättigungsremanenz ‚umgekippt' werden kann, der betreffenden Speicherzelle über zwei Leitungen jeweils in der Größe $\pm I_m/2$ zugeführt werden, so daß nur beim Zusammentreffen bzw. bei einer Koinzidenz zweier Impulse $\pm I_m/2$ an einem Magnetkern ein ‚Umkippen' seines magnetischen Zustandes und damit ein Ausgangsimpuls induziert wird[1]).

Diese koordinatenförmige Anordnung der Magnetkerne hat den Vorzug, daß jeder einzelne Speicherplatz zum sofortigen Zugriff zur Verfügung steht, so daß die sogenannte ‚Suchzeit' entfällt. Sie erfüllt ihren Zweck aber nur dann, wenn die stoffliche Beschaffenheit der Magnetkerne nach der Induktion eine hohe positive oder negative Sättigungsremanenz gewährleistet; denn beim Schreiben und Lesen wirken die Impulse von der Größe $I_m/2$ ja auch auf eine große Zahl von Magnetkernen, die jeweils in der

[1]) Vorausgesetzt, daß der Impuls und die Sättigungsremanenz des entsprechenden Magnetkerns nicht gleicher Polarität sind.

gleichen Zeile bzw. Spalte liegen, so daß sie bei ungenügender Sättigungsremanenz der Magnetkerne deren jeweilige Restinduktion reduzieren und hierdurch in der Ausgangsleitung unerwünschte Störimpulse induzieren würden. Infolgedessen kann ein Matrixspeicher nur dann zuverlässig arbeiten, wenn die Hysteresekurve der verwandten Magnetkerne eine ausreichende Rechteckform aufweist[1]).

Die Speichermatrix kann sowohl für ein nacheinander erfolgendes Abfragen der einzelnen Magnetkerne (Serienbetrieb) als auch für ein gleich-

---

[1]) Bei der Entwicklung und Herstellung von Magnetkernringen waren in den vergangenen Jahren ganz erhebliche Schwierigkeiten zu überwinden. Im allgemeinen kann man ferromagnetische Stoffe mit hoher Remanenz und hoher Koerzitivkraft und solche mit kleiner Remanenz und kleiner Koerzitivkraft unterscheiden. Die Eigenschaften der ersteren zeichnen sich durch eine große magnetische Energie aus und weisen daher eine große, rechteckförmige Hystereseschleife auf (sie werden als „magnetisch harte“ Stoffe z. B. zur Herstellung starker Dauermagneten verwandt); die letzteren verfügen nur über eine kleine magnetische Energie und demgemäß auch nur über eine kleine Hystereseschleife („magnetisch weiche“ Stoffe mit hoher Permeabilität).

Für die elektronische Datenverarbeitung ist es zunächst sehr wichtig, daß die gespeicherten Daten erhalten bleiben. Dazu wäre also die Eigenschaft hoher Remanenz und Koerzitivkraft erforderlich. Da aber eine hohe Koerzitivkraft, d. h. die Kraft, die notwendig ist, um das „Umkippen“ des Kerns zu bewirken, zur Erreichung der maximalen Induktion auch gleichzeitig einen hohen Aufwand an Amperewindungen bzw. ein starkes elektromagnetisches Kraftlinienfeld erfordert, wird damit auch gleichzeitig die Steuer- und Verlustleistung entsprechend erhöht. Es handelt sich hierbei um die sogenannten Hystereseverluste (Kernerwärmung), durch die die Leitfähigkeit der Ferrite größer wird. Dies führt aber bei hohen Frequenzen zu starken Wirbelstromverlusten. Daraus folgt aber, daß für die automatisierte elektronische Datenverarbeitung wegen des schaltungstechnischen Aufwandes eine möglichst kleine Koerzitivkraft der ferromagnetischen Stoffe anzustreben ist, obwohl diese Tatsache im Gegensatz zu dem Postulat einer möglichst guten Rechteckform der Hystereseschleife steht.

Neben der Sättigungsremanenz ist weiterhin insbesondere eine kurze Umschaltzeit der Magnetkerne von großer Wichtigkeit. Auch hier ergibt sich wiederum ein ähnlicher Gegensatz: Stoffe mit kleiner Koerzitivkraft erfordern eine geringe, Stoffe mit hoher Koerzitivkraft jedoch eine relativ lange Schaltzeit.

Andererseits bedingt jedoch eine kleine Koerzitivkraft, daß das elektromagnetische Feld zur Induzierung des Magnetfeldes im Kern mit einer möglichst geringen Anzahl von Amperewindungen erzeugt werden kann. Wird dabei der mittlere Durchmesser des Rings sehr klein gehalten (für Speicherzwecke 1—2 mm), so genügt es in den meisten Fällen, wenn die beiden schon beschriebenen elektrischen Leiter, die das Magnetfeld in den Ferritringen induzieren, einfach koordinatenförmig durch diese geführt werden. Zu Schaltzwecken werden allerdings infolge der bedeutend größeren Ausgangsleistungen Ferritringe mit wesentlich größerem Innendurchmesser und demgemäß auch mit einer entsprechenden Anzahl Amperewindungen benötigt.

Aus diesen Darlegungen ist schon zu erkennen, daß sich infolge der komplizierten Beziehungen zwischen der Sättigungsremanenz bzw. der Rechteckform der Hystereseschleife, der Koerzitivkraft und der Umschaltzeit, die sich aus der spezifischen stofflichen Beschaffenheit des Ferrits herleiten, nicht alle Bedingungen optimal realisieren lassen. Für die automatisierte elektronische Datenverarbeitung mußte daher ein Bauelement entwickelt werden, das allen gestellten Forderungen möglichst weitgehend gerecht wurde.

zeitiges Ablesen der Magnetkerne einer ganzen Zeile (Parallelbetrieb) ausgerüstet sein. Als weiterer Vorzug der koordinatenförmigen Anordnung der Magnetkerne auf der Matrix ist noch hervorzuheben, daß beim Serienbetrieb nur eine einzige Abfrageleitung erforderlich ist. Diese wird diagonal zum Zeilen- und Spaltenraster der Zuführungsleitungen in der Weise durch die Ferritringe geführt, daß ihre Richtung bei jeweils zwei aufeinanderfolgenden Ferritringen einer Zeile und Spalte entgegengesetzt ist. Diese Anordnung hat den Zweck, gegenüber den durch die halben Impulse an den übrigen Magnetkernen der Zeilen und Spalten verursachten Störimpulsen einen kompensatorischen Effekt hervorzurufen (siehe Abbildungen auf Seite 62f.).

Beim Parallelbetrieb wird das Abfragen in der Weise bewirkt, daß einer ganzen Zeile ein Impuls von der Größe $-I_m$ zugeführt wird, wodurch sämtliche Kerne mit positiver Sättigungsremanenz ‚umkippen' und dabei gleichzeitig in ihrer Spaltenleitung einen Ausgangsimpuls induzieren. Eine dritte Leitung zum Abfragen oder Lesen wird also beim Parallelbetrieb nicht benötigt.

Die heute verwandten Magnetkerne zeichnen sich durch eine außerordentliche Zuverlässigkeit und eine hohe Schaltgeschwindigkeit aus, die je nach Ausführung zwischen 0,5 und 12 Mikrosekunden liegt. In Anbetracht des Umstandes, daß die Magnetkerne gegenüber den Elektronenröhren und Transistoren nur während des Umschaltens Energie verbrauchen, nicht jedoch zur Erhaltung der einmal gespeicherten Daten, daß sie ferner ihren Inhalt bei der Unterbrechung der Stromversorgung nicht verlieren[1]), eine sehr hohe räumliche Speicherdichte aufweisen, gegenüber allen anderen Bauelementen eine längere Lebensdauer besitzen[2]) und auch hinsichtlich der Schaltschnelligkeit den Transistoren gleichzusetzen sind, kann der Magnetkern mit Recht als eines der wichtigsten Bauelemente der elektronischen Datenverarbeitung bezeichnet werden. Allerdings betragen die Herstellungskosten von Magnetkernspeichern noch ein Vielfaches der im nächsten Abschnitt zu besprechenden magnetischen Speichermedien.

3. Magnetbänder, Magnettrommeln und Magnetplatten. Ein weiteres sehr bedeutsames Anwendungsgebiet ferromagnetischer Bau-

---

[1]) Dieser Tatbestand kann allerdings nur bedingt als Vorteil gelten, da andere, damit in Zusammenhang stehende Informationen während des Schreibe- oder Lesevorgangs bei einem Stromausfall im Leitungsnetz verlorengehen. S. hierzu auch S. 68 und 174ff.

[2]) Nach den bisherigen Erfahrungen kann sogar mit ziemlicher Sicherheit angenommen werden, daß sie die weitaus längste Lebensdauer besitzen.

elemente in der automatisierten elektronischen Datenverarbeitung wurde durch die Möglichkeit erschlossen, mit Hilfe des durch einen elektrischen Impuls an einem Elektromagneten (Magnetkern) erzeugten Kraftlinienfeldes in einer ferromagnetischen Schicht aus elektrolytischem Nickel oder Eisenoxyd remanente magnetische Dipole, d. h. winzige magnetische Kraftlinienfelder bestimmter Polarität, zu induzieren. Es handelt sich hier um die aus der Magnettontechnik für die elektronische Datenverarbeitung entwickelten Magnetbänder, Magnettrommeln, Magnetplattenspeicher, die sich ebenfalls durch eine große Zuverlässigkeit und darüber hinaus durch eine relativ kostengünstige Herstellung auszeichnen.

Im Gegensatz zur Speichermatrix übt der Magnetkern hier eine Übertragungs- und keine Speicherfunktion aus. Aus diesem Grunde ist er auch wesentlich größer, trägt eine entsprechende Wicklung (Magnetspule) und ist außerdem mit einem Luftspalt versehen, so daß das durch einen elektrischen Impuls erzeugte Kraftlinienfeld nun nach außen wirksam wird, wodurch der mit seinen beiden Polen (zu beiden Seiten des Luftspaltes) der magnetischen Schicht zugewandte Kern in dieser die magnetischen Felder induziert. Bei der Magnettrommel ist er zu diesem Zweck als sogenannter Magnetkopf über der rotierenden Fläche der mit der magnetisierbaren Schicht versehenen Trommel angebracht und erzeugt in phasenstarrer Beziehung zum Drehwinkel der Trommel auf dieser die remanenten magnetischen Dipole[1]). Der Magnetkopf ist jedoch nicht nur in der Lage, magnetische Felder zu induzieren, er kann sie auch in entsprechender Schaltung wiederum vom Band, der Trommel oder Platte aufnehmen und in elektrische Spannungen bzw. Impulse umwandeln. Für die automatisierte elektronische Datenverarbeitung ist dabei insbesondere eine möglichst hohe Frequenz (schnelles ‚Schreiben‘ und ‚Lesen‘) und eine möglichst hohe Speicherdichte von Wichtigkeit[2]).

Die beiden Binärsymbole können durch negative und positive Impulse bzw. Magnetfelder dargestellt werden. Darüber hinaus ist es möglich, für das Zeichen „Ja“ oder „1“ ein Magnetfeld von der doppelten Größe der

---

[1]) S. auch G. Haas, a. a. O., S. 63f.

[2]) Um diese beiden Postulate weitgehend zu erfüllen, darf die Induktivität des Magnetkopfes nicht zu hoch sein, da sonst durch den Widerstand infolge der relativ hohen Impulsfolgefrequenzen (= mehrere 100 kHz) zu große magnetische Verluste entstehen würden. Ferner ist zur schnellen und präzisen Aufnahme der Magnetfelder vom Band, von der Trommel oder Platte eine hohe Permeabilität (Durchlässigkeit) bzw. eine große Reaktionsfähigkeit der Molekularmagneten des Kernmaterials sowie ein möglichst großer Luftspalt erforderlich. Andererseits ist zur Erzielung einer hohen Speicherdichte ein eng begrenztes Streufeld der induzierten magnetischen Dipole und

Impulsspannung zu induzieren, soweit die Trommel mit einem entsprechenden Potential vormagnetisiert worden ist. Die Speicherdichte liegt im allgemeinen zwischen 100 und 1000 Bits[1]) (Magnetisierungsstellen) je cm².

Eine andere Form der magnetischen Speicherung ist z. B. von der International Business Machines Corp. (IBM) mit dem System des „Random Access Memory Accounting" (RAMAC) angewandt worden, wobei man sich eines Speichers aus Magnetplatten bzw. -scheiben bedient, die auf einer Achse übereinander angeordnet sind, auf der sie mit einer Geschwindigkeit von etwa 1200 Umdrehungen in der Minute rotieren. Die Schreib- und Leseköpfe können durch entsprechende Operationsbefehle elektromechanisch an die einzelnen Platten herangeführt werden. Das Verfahren zeichnet sich bei einer mittleren ‚Zugriffszeit' (Zeit für das Schreiben bzw. Lesen und Übertragen vom Speicher zu einem Operationsregister bzw. umgekehrt) von 0,5 Sek. durch eine große Speicherkapazität aus und eignet sich infolgedessen gut für umfangreiche und stark verzweigte Simultanabrechnungen, wobei sich ihr Einsatzbereich von größeren Bestandsveränderungsrechnungen bis zur Führung einer vollständigen doppelten Buchhaltung erstreckt[2]).

ce) *Die ferroelektrischen Bauelemente*

Auch die auf dem Prinzip des Kondensators beruhenden ferroelektrischen Bauelemente lassen sich — ähnlich wie die magnetischen — für die Zwecke der automatisierten elektronischen Datenverarbeitung verwenden.

Der Kondensator ist ein außerordentlich vielseitiges Bauelement und wird daher in der automatisierten elektronischen Datenverarbeitung in der

---

somit ein möglichst kleiner Luftspalt erforderlich. Ferner müssen hierzu Schichtmaterialien mit hoher Koerzitivkraft verwandt werden, so daß zur Induktion der Sättigungsremanenz in den zu magnetisierenden Schichten starke elektromagnetische Felder notwendig sind.

Infolge der hohen Umdrehungszahl der Magnettrommeln — sie erreichen Geschwindigkeiten bis zu 15000 U/min — ist auch bei großer mechanischer Präzision ein relativ großer Abstand des Magnetkopfes von der Magnetfläche erforderlich (0,02 mm), so daß der Magnetkopf zur Erzeugung eines entsprechend starken Magnetfeldes letztlich auch einen relativ großen Luftspalt aufweisen muß.

Hieraus ist zu ersehen, daß es auch in diesem Falle wegen der teilweise gegensätzlichen Beziehungen der einzelnen Faktoren erforderlich ist, zu einer optimalen Erfüllung des angestrebten Zweckes die günstigste Kombination aller beteiligten Fakten herauszufinden.

[1]) Abkürzung für die aus dem Englisch-Amerikanischen kommende Bezeichnung binary digit (Binärziffer).

[2]) Nach Angaben der Fa. IBM kann sie bis zu etwa 10000 Einzelvorgänge je Arbeitstag bewältigen und hat eine Speicherkapazität von max. 20 Millionen Stellen; s. hierzu auch S. 174ff. und 211ff.

mannigfaltigsten Weise benutzt. Er besteht im Prinzip aus zwei sich gegenüberstehenden und jeweils mit einer Leitung versehenen Metallplättchen, zwischen denen sich ein sogenanntes ‚Dielektrikum'[1]) befindet. Durch diese Struktur hat der Kondensator die Eigenschaft, Wechselstrom infolge des durch den Strom im Dielektrikum erzeugten, aber in seiner Richtung ständig wechselnden elektromagnetischen Feldes, jeweils von der einen auf die andere Platte zu übertragen bzw. zu induzieren, während er für Gleichstrom nicht durchlässig ist.

Dieses Prinzip macht man sich für die automatisierte elektronische Datenverarbeitung in der Weise zunutze, daß der durch eine Wechselspannung veränderliche Sättigungszustand des Dielektrikums zur Darstellung der beiden binären Symbole benutzt wird; denn der Sättigungszustand ist vor dem Polwechsel groß (= kleine Dielektrizitätskonstante), nachher jedoch klein (= große Dielektrizitätskonstante). Im Wechselspiel der durch die Impulse jeweils erregten Feldstärke $\pm E$ und der dadurch bedingten Verschiebungen im Dielektrikum D ergibt sich daher eine analoge Beziehung zu dem bei den ferromagnetischen Stoffen dargelegten Verhältnis zwischen der Feldstärke H und der Induktion B (siehe Abbildung unten und Seite 60f.).

Der Nachteil der ferroelektrischen gegenüber den ferromagnetischen Bauelementen besteht jedoch darin, daß sie die gespeicherten Daten nicht wie diese unbegrenzt aufbewahren können, sondern in der Regel nur einige Tage. Ferner weisen sie eine stärkere Temperaturabhängigkeit auf. Als Vorzüge sind geringe Impulszeiten zur Umpolarisierung (unter einer Mikrosekunde), eine hohe Speicherdichte (500 Bits je cm²) und eine geringe Stromstärke zu nennen, wobei die letztere noch geringer ist als bei den ferromagnetischen Speichern.

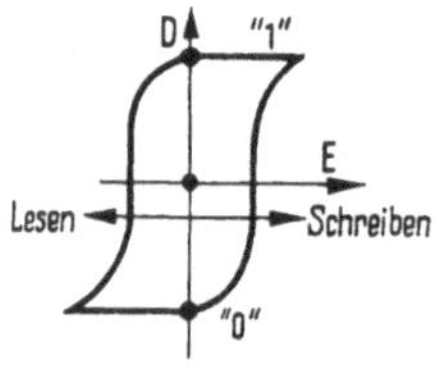

Abb. 20:
Polarisationskurve eines Ferroelektrikums

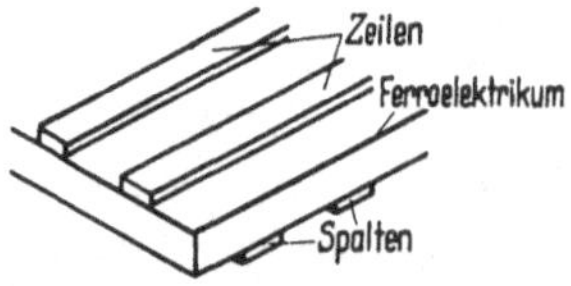

Abb. 21:
Ferroelektrische Speichermatrix

(Nach G. Haas, a. a. O.)

[1]) Dielektrikum = Nichtleiter (Isolator).

cf) *Die kinematischen elektronischen Bauelemente (Laufzeitketten)*

Weitere Bauelemente, die in der elektronischen Datenverarbeitung speziell für Speicherzwecke benutzt werden, sind die sogenannten Laufzeitketten oder -strecken. Zu dieser Gruppe gehören

a) die akustischen Laufzeitstrecken (Ultraschallspeicher), und zwar
   aa) die magnetostriktiven Laufzeitstrecken
   ab) die piezoelektrischen Laufzeitstrecken
b) die Laufzeitketten aus Induktivitäten und Kapazitäten
c) die elektrischen Verzögerungskabel.

Als akustische Laufzeitstrecken bezeichnet man Schaltungen zur Umwandlung elektrischer Impulse in mechanische Schwingungen und Wellen eines elastischen Mediums im Frequenzbereich über 20000 Hz, die als Ultraschallwellen bezeichnet[1]) und in der elektronischen Datenverarbeitung zur Verzögerung von Impulsen benutzt werden[2]). Bei allen Verfahren dieser Art ist für die automatisierte elektronische Datenverarbeitung insbesondere die Zeitdauer und die genaue zeitliche Fixierung der Verzögerung entscheidend.

Die Impulsverzögerung (-speicherung) nach dem magnetostriktiven Verfahren kommt in der Weise zustande, daß ein stab- oder röhrenförmiger Körper — es kann sich auch um Drähte handeln — aus einem Material mit ferromagnetischen Eigenschaften (z. B. Nickel) mit einem Ende in den Wirkungsbereich eines durch einen Impuls erzeugten elektromagnetischen Feldes gebracht wird, wodurch in dem ferromagnetischen Material — unabhängig vom Vorzeichen des Magnetfeldes — mechanische Längen- oder Longitudinalschwingungen erregt werden (Jouleeffekt), die sich mit Schallgeschwindigkeit fortpflanzen und eine kleine Längenänderung des Körpers zur Folge haben. Je nach der Art des Stoffes, seiner Temperatur, der Stärke seiner Vormagnetisierung, kann es sich dabei sowohl um eine Verlängerung als auch um eine Verkürzung handeln. Dieser magnetostriktive Effekt führt zu einer Veränderung der Permeabilität oder magnetischen ‚Durchlässigkeit' des Stoffes und damit zu einer Änderung des magnetischen Flusses in dem Körper, die in einer entsprechenden Ausgangsspule am anderen Ende des Körpers wiederum eine Spannung induziert, die nach einer Verstärkung und Regeneration wieder als ursprünglicher Impuls am

---

[1]) Mechanische Schwingungen und Wellen zwischen 16 und 20000 Hz liegen im Frequenzbereich des menschlichen Gehörs und werden als Schall bezeichnet.

[2]) Sie werden im Gegensatz zur Impulsverzögerung durch Impulsuntersetzung bzw. Herstellung statischer Spannungen in Elektronenröhren und Transistoren als kinetische Verzögerungs- bzw. Speicherelemente bezeichnet.

Ausgang der Schaltung erscheint. Die hiermit erreichbare Impulsverzögerung liegt in der Größenordnung von einer Mikrosekunde bis zu einer Millisekunde, kann aber durch die wiederholte Zuführung des verzögerten Impulses zum Eingang der Verzögerungsschaltung beliebig verlängert werden (sogenannte dynamische oder kinematische Speicherung).

Eine weitere Form der Impulsverzögerung bzw. -speicherung mit Hilfe des Ultraschalls kann durch die Verwendung bestimmter Kristalle (Quarz, Zinkblende) erzielt werden, die einen elektrischen Impuls ebenfalls in mechanische Schwingungen umwandeln, wobei diese dann z. B. an der entgegengesetzten Seite der Impulszuführung wiederum eine elektrische Ladung entsprechenden Potentials hervorrufen (piezoelektrischer Effekt). Auch dieser Effekt kann in der elektronischen Datenverarbeitung schaltungstechnisch sowohl zur Impulsverzögerung[1]) als auch, bei erneuter Zuführung des verzögerten Impulses zum Eingang der Verzögerungsstrecke, zur Speicherung benutzt werden. Dabei ist allerdings, wie beim magnetostriktiven Verfahren, eine ständige Impulserneuerung bzw. -verstärkung und demgemäß eine laufende Energiezufuhr erforderlich.

Bei den induktiven und kapazitiven Laufzeitketten wird die Impulsverzögerung durch die Verwendung von Spulen (Induktivitäten) und Kondensatoren (Kapazitäten) erzielt, wobei parallel zu den hintereinandergeschalteten Spulen jeweils Kondensatoren angeschlossen sind. Infolgedessen entsteht eine Laufzeitkette, die man als Tiefpaß[2]) bezeichnet. Da die Spule ein Wechselstromwiderstand ist, der sich mit steigender Frequenz verstärkt[3]), der Kondensator hingegen ein Wechselstromwiderstand, der mit steigender Frequenz abnimmt[4]), kann mit diesen beiden Bauelementen folgende Wirkung erzielt werden: Der eingehende Impuls wird zunächst

---

[1]) Z. B. bei der elektronischen Realisierung der logischen Grundverknüpfungen, den Bedingungs- oder Koinzidenzschaltungen, s. auch S. 74ff.

[2]) Als Tiefpaß wird in der Elektrotechnik die Koppelung eines Wirk- oder induktiven Widerstandes mit einem kapazitiven Widerstand (Kondensator) bezeichnet, wobei die an der Spule steigende Spannung durch den Kondensator kurzgeschlossen wird (siehe auch Anmerkung 3 und 4 dieser Seite), da dieser bei steigender Frequenz dem Wechselstrom einen immer geringer werdenden Widerstand entgegensetzt.

[3]) Infolge des durch den Wechselstrom hervorgerufenen elektromagnetischen Wechselfeldes wird in der Spule eine sogenannte Induktionsspannung hervorgerufen, die der angelegten Spannung entgegengesetzt ist (Selbstinduktion) und diese daher verringert. Die geringere Spannung bedingt aber andererseits auch einen geringeren Strom. Man bezeichnet diese Erscheinung als induktive oder positive Reaktanz (Blindwiderstand), da die Spannung dem Strom infolge dieses Vorgangs um 90° voraneilt (Phasenverschiebung).

[4]) Je häufiger zwischen den Platten eines Kondensators — im Dielektrikum — ein elektromagnetisches Wechselfeld zustande kommt, d. h. je höher die Frequenz ist, um so größer sind auch die Ladungsmengen, die von Platte zu Platte transportiert

durch den induktiven Widerstand der Spule verzögert, wobei er durch die Verzögerung des Amplitudenan- und -abstiegs[1]) aber auch gleichzeitig deformiert wird. Der parallelgeschaltete Kondensator nimmt aber bei entsprechender Dimensionierung den von der Spule abgegebenen ersten Teil der Potentialvariation (Flanke des Impulsanstiegs) infolge seines viel geringeren Wechselstromwiderstandes sehr schnell auf und gibt die gespeicherte Menge beim Impulsende (Flanke des Impulsabstiegs) auch sehr schnell wieder ab, so daß der Impuls hierdurch wieder annähernd seine ursprüngliche Form erhält. Infolgedessen ist der Impuls auch bei größeren Laufzeitketten am Ende der Verzögerung noch so weit erhalten, daß er mit Hilfe einer sogenannten Regenerierschaltung[2]) wieder seine exakte Ursprungsform erhält.

Auch dieses Prinzip wird in vielen Fällen sowohl zu Speicherzwecken als auch für andere Schaltungen verwandt. Im Falle der Speicherung wird der verzögerte und regenerierte Impuls ebenso wie beim magnetostriktiven Verfahren wieder zum Eingang der Schaltung zurückgeleitet, so daß es sich auch hier um einen dynamischen oder kinematischen Speicher handelt, in dem die gespeicherten Daten durch laufende Energiezufuhr bis zu ihrem Abruf mit elektronischer Geschwindigkeit kreisen. Bei der eigentlichen Datenverarbeitung wandern die Impulse über den jeweiligen Regenerator und über entsprechende Bedingungs- oder Koinzidenzschaltungen (Gatter) in die Register des Vergleichs- oder Rechenwerks, in denen sie mit Hilfe entsprechender Steuerimpulse in Ergebnis-Impulsfolgen umgewandelt werden.

Analog hierzu kann eine Impulsverzögerung auch mit Hilfe elektrischer Verzögerungskabel erzielt werden. Bei diesen handelt es sich um sogenannte konzentrierte Leitungen mit erhöhter Induktivität[3]).

2. Die logischen Grundlagen

Wie schon aus der einleitenden Betrachtung über die Entstehung und Entwicklung der automatisierten elektronischen Datenverarbeitung hervorging, liegt das grundlegende, den eigentlichen Charakter des Verfahrens

werden. Im Gegensatz zur Spule wird der Stromwert hierbei um so größer, je höher die Frequenz wird. Die kapazitive oder negative Reaktanz (Blindwiderstand) steht also in umgekehrtem Verhältnis zur Frequenz, d. h. je höher die Frequenz ist, um so geringer ist der Widerstand. Dementsprechend steht auch die Phasenverschiebung beim Kondensator im umgekehrten Verhältnis zu der bei der Spule, d. h. der *Strom* eilt der Spannung um 90° voraus.

[1]) S. hierzu auch S. 28f.

[2]) Diese kann z. B. aus einem monostabilen Multivibrator mit einer Doppeltriode, einer Pentode oder aus Transistoren bestehen, s. hierzu auch S. 114ff.

[3]) S. G. Haas, a. a. O., S. 47f.

bestimmende Kriterium in seiner Fähigkeit, durch logistische Vergleiche selbständig logische Entscheidungen fällen zu können.

In Analogie zum logischen Kalkül des Menschen können wir die Funktionen, die das Verfahren zur Erzielung dieses Effekts ausüben muß, wie folgt beschreiben: Zur Durchführung eines logischen Kalküls ist es zunächst notwendig, die Daten (Aussagen, Urteile, Prämissen) zu erkennen und aufzunehmen, d. h. zu lesen und im ‚Gedächtnis' zu erfassen, zu registrieren oder zu speichern. Sodann muß die Maschine die aufgenommenen Daten ihrer Qualität und Quantität nach unterscheiden und auf Grund dieser Unterscheidung diejenigen Beziehungen zwischen den erfaßten Tatbeständen oder Aussagen herstellen, die im Rahmen des gesamten Datenzusammenhanges zur Lösung der einzelnen logischen Kalküle bzw. zu den notwendigen logischen Entscheidungen und damit zur Determination des jeweiligen Problems führen.

Das Lochkartenverfahren kann mit seinen einzelnen Aggregaten zwar auch selbständig lesen, speichern, auswählen, rechnen und schreiben, d. h. selbständig logische Entscheidungen treffen, es kann aber nicht selbständig zwischen den erfaßten Tatbeständen Beziehungen herstellen und aus diesen die Schlüsse ziehen und die Entscheidungen fällen, die zur Lösung eines Problems im Rahmen eines geschlossenen logischen Zusammenhangs notwendig sind.

Dies kann eine Maschine nur dann, wenn sie, ähnlich wie der Mensch, nicht nur ‚zwecktätig', sondern auch ‚wertsichtig' ist, d. h. wenn sie a priori über bestimmte ‚Kategorien' des Urteilens und Erkennens verfügt: Ein Organ, das es ihr ermöglicht, die Qualität der erfaßten Daten im gegebenen Zusammenhang festzustellen. Daß eine Maschine nicht durch ‚Anschauung' und durch die Reproduktion des Erschauten in der ‚Einbildung' zur qualitativen Unterscheidung, zu Urteilen und Schlüssen im Sinne des menschlichen Denkprozesses kommen kann, ist selbstverständlich; denn bei den ‚Organen' der Maschine handelt es sich um materielle Gegenstände und nicht um einen beseelten Organismus, der mit geistigen Fähigkeiten ausgestattet ist. Wohl gibt es hingegen, wie die Erkenntnisse auf dem Gebiete der Kybernetik[1]) beweisen, strukturelle und funktionelle Analogien zwischen den biologischen und den physikalisch-technischen Organen der Daten-

[1]) Die Kybernetik (von 'kybernetes', der Steuermann) ist eine Wissenschaft, die sich erst in jüngster Zeit mit der Entwicklung der automatisierten elektronischen Datenverarbeitung („Denkmaschinen") herausgebildet hat. Sie ist eine vergleichende Wissenschaft, die nach Parallelen zwischen den Steuerungsorganen und -funktionen des menschlichen Gehirns und Nervensystems und den von Menschen geschaffenen

verarbeitung und Nachrichtenübermittlung — z. B. im Verhältnis zwischen der Steuerung menschlicher Handlungen durch das Nervensystem und der Steuerung technisch-materieller Leistungsprozesse durch elektrische Schaltkreise und elektronische Schaltelemente (insbesondere Transistoren) —, ohne daß man jedoch in der Lage wäre, daraus gültige Schlüsse in bezug auf die Ursachen des menschlichen Denk- und Erkenntnisprozesses zu ziehen.

Die in den Organen der Maschine realisierten ‚apriorischen' Prinzipien sind also spezifisch materieller Natur; sie bestehen aus elektrischen Schaltkreisen und elektronischen Schaltelementen und haben über die vorhandenen strukturellen und funktionellen Analogien hinaus keine näheren Beziehungen zu den apriorischen Prinzipien des menschlichen Verstandes. Dieser determiniert vielmehr in Form eines Programms oder Ablaufplans die „Urteils- und Erkenntnismöglichkeiten" der Maschine in bezug auf einen bestimmten Untersuchungsgegenstand oder -zweck jeweils im voraus.

Mit dem menschlichen Vordenken wären wir aber, so kann man hier einwenden, genau so weit, wie wir es im Falle des Lochkartenverfahrens oder des Vorplanens operativer Funktionen bei den Maschinen mit passiven Lenkungsorganen[1]) bereits gewesen sind. Dies wäre sicherlich der Fall, wenn wir nicht die auf dem Syllogismus beruhenden mathematischen Grundsätze ihrerseits wiederum auf die allgemeinen logischen Prinzipien der Datenverarbeitung angewandt hätten und wenn es weiterhin nicht möglich gewesen wäre, diesen logischen Kalkül nunmehr auch technisch in den Organen einer Maschine zu realisieren.

Betrachten wir in diesem Zusammenhang die Grundsätze der Mathematik im Hinblick auf die Möglichkeit ihrer Nutzanwendung bei der Durchführung eines logischen Kalküls, so bieten sich zunächst die Prinzipien der Zahlenordnung an. Wir sind z. B. in der Lage, die einzelnen Daten einer Untersuchung durch eine Numerierung in eine feste Ordnung zu bringen. Diese Ordnung kann einen rein formalen, aber auch einen inhaltlich bedeutsamen Charakter haben. Inhaltlich dann, wenn wir die Daten z. B. entsprechend ihrer Stellung und Bedeutung untereinander sowie zu ihrem gemeinsamen Oberbegriff in der aufsteigenden Reihenfolge der Zahlenordnung gliedern. Eine Ordnungsfolge oder ein Programm, das die Qualität jedes einzelnen Datums durch eine bestimmte numerische Einordnung in

anorganischen, physikalisch-technischen Gebilden mit analoger Struktur und Funktion sucht. Siehe z. B.: N. Wiener: „Cybernetics", New York 1949; L. Couffignal, a. a. O.; W. Wieser: „Organismen, Strukturen, Maschinen", Frankfurt 1959.

[1]) Passive Lenkungsorgane sind solche, die ihre Funktionen nur mit Hilfe des Menschen ausüben können.

den Untersuchungszusammenhang eindeutig determiniert, kann zweifellos als Grundlage für die qualitative Unterscheidung der zu verarbeitenden Daten dienen. Diese Ordnung allein ist aber zur Durchführung eines geschlossenen Datenverarbeitungsprozesses noch nicht ausreichend. Benutzen wir aber neben der Zahlenordnung die Prinzipien der Zahlenverbindung, wie sie die Mathematik in den Grundrechnungsarten zur Verfügung stellt, so sind wir ohne weiteres in der Lage, durch einfache Rechenoperationen die einzelnen Beziehungen zwischen den durch die Ordnungsfolge des Programms „bewerteten“ Daten zu ermitteln.

Die Übertragung dieser mathematischen Prinzipien auf die Organe einer Maschine bildet daher neben der physikalisch-technischen die zweite Grundvoraussetzung für die Automatisierung der Datenverarbeitung. Das Programm, das sich als kategoriales, den Prozeß determinierendes Leitschema im Speicher (‚Gedächtnis‘) der Maschine befindet, steuert durch das elektronische Leitwerk die zu verarbeitenden Daten in der festgelegten Folge in die Register des Vergleichswerks und führt durch rechnerische Vergleichsoperationen — gleich, ungleich, kleiner als, größer als, kleiner als oder gleich und größer als oder gleich — die qualitative Unterscheidung herbei. Auf Grund der getroffenen Unterscheidung stellt es sodann durch die Steuerorgane die weiteren logistischen oder rechnerischen Beziehungen zwischen den einzelnen Daten (Aussagen, Urteile) her und bewahrt die Ergebnisse dieser Beziehungen (Schlüsse, logische Entscheidungen) im Speicher auf oder setzt sie — nach Maßgabe des Programms — wiederum in den Gesamtprozeß ein. Dies kann sich z. B. so lange wiederholen, bis sich aus den sukzessiv ermittelten und sich gegenseitig wiederum beeinflussenden Teilergebnissen ein bestimmtes Resultat ergeben hat.

Dieser auf dem Prinzip des Regelkreises (Kreisschaltung, Rückkoppelung) beruhende Prozeß zeichnet sich im Gegensatz zu dem nach dem linearen Prinzip arbeitenden Lochkartenverfahren dadurch aus, daß er den Endpunkt eines logischen Kalküls wiederum mit seinem Anfangspunkt verbindet, so daß der erneut einsetzende Kreislauf oder Zyklus durch das Endglied des vorhergegangenen gesteuert wird[1]). Er entspricht somit ganz dem Charakter eines geschlossenen Finalnexus (zweckbestimmter Zusammenhang), in dem sich aus der in die Zukunft projizierten Zwecksetzung die Aufgaben herleiten und die Mittel und Funktionen zur Zweckerfüllung bestimmt werden, deren Ergebnis Anfangs- und Endpunkt wieder

[1]) S. hierzu auch den Unterschied zwischen linearer und zyklischer Programmierung auf S. 177ff. sowie W. Wieser, a. a. O., S. 15ff.

miteinander verbinden, worauf sich der ursprüngliche Ablauf (= konstante Bedingungen des Betriebsprozesses) auf der Grundlage neuer Daten wiederholen kann.

Dabei beruhen sämtliche Operationen der automatisierten elektronischen Datenverarbeitung auf den logischen Grundverknüpfungen der Negation, der Konjunktion und der Disjunktion, auf die alle Aussagen (Daten) und Aussagenverbindungen zurückgeführt werden können. Wie Hilbert-Ackermann[1]) dazu ausführen, können sämtliche Aussagen oder Daten in bestimmter Weise zu neuen Aussagen verknüpft werden. So können z. B. die beiden Aussagen: „*X* ist kleiner als 50" und: „*Y* ist von der Güte *P*" zu der Aussage: „*X* ist kleiner als 50 *und* *Y* ist von der Güte *P*" verknüpft werden. Diese als Konjunktion bezeichnete Aussagenverknüpfung gilt nach den Grundsätzen der theoretischen Logik nur dann, wenn sowohl *X* als auch *Y* richtig ist, d. h. in bezug auf die automatisierte elektronische Datenverarbeitung, wenn die beiden Daten die im Programm gesetzte Bedingung (50, P) erfüllen.

Die Verknüpfung dieser beiden Aussagen in der Form: „*X* ist kleiner als 50 *oder* *Y* ist von der Güte *P*" wird als Disjunktion bezeichnet und gilt nur dann, wenn mindestens eines der beiden Daten richtig ist.

„*Wenn* *X* kleiner als 50 ist, *so ist* *Y* von der Güte *P*" ist eine Aussage, die als Implikation bezeichnet wird. Sie ist nur dann falsch, wenn *X* richtig und *Y* falsch ist.

Die Aussage: „*X* ist kleiner als 50" ist *gleichwertig* der Aussage: „*Y* ist von der Güte *P*", gilt nur dann als richtig, wenn sowohl *X* als auch *Y* richtig oder falsch ist, wobei das Wort ‚gleichwertig' ausdrückt, daß beide Aussagen denselben Wahrheitswert haben.

„*X* ist *nicht* kleiner als 50" wird als Aussage der Negation bezeichnet. Sie ist nur dann richtig, wenn $X \geqq 50$ ist.

Alle diese Aussagen und Aussagenverknüpfungen können infolge ihrer teilweisen Äquivalenz auf zwei oder drei Formen der Grundverknüpfungen zurückgeführt werden. Es ist daher allgemein üblich, nur die Negation, die Konjunktion und Disjunktion zu verwenden und alle anderen logischen Grundverknüpfungen als äquivalente Formen aus diesen abzuleiten. Durch die technische Realisierung dieser logischen Grundverknüpfungen in den Organen einer Maschine kann diese alle Verknüpfungen oder Beziehungen zwischen den einzelnen Daten (Aussagen, Urteile) durch die vorher erfolgte

[1]) Hilbert-Ackermann: „Grundzüge der theoretischen Logik", 2. Aufl., Berlin 1938, S. 3ff.

zahlenmäßige Bewertung ihres Inhalts selbständig herstellen und durch entsprechende logistische Vergleichsoperationen und Rechnungen untersuchen.

Die Anwendung mathematischer *Prinzipien* auf die Methoden zur Untersuchung qualitativer Zusammenhänge ist keineswegs mit der Mathematisierung dieser Methoden identisch. Diese würde vielmehr eine ausschließliche Anwendung mathematischer Untersuchungs*methoden* auf qualitative Fakten und Beziehungen und damit eine absolute Gleichheit der zu untersuchenden Tatbestände voraussetzen; denn die mathematischen Methoden beruhen auf axiomatischen, durchgehenden Gesetzen und können daher nur auf Fakten gleichen und untereinander vertretbaren Inhalts angewandt werden[1]). Diese Voraussetzungen werden aber vom ökonomischen Untersuchungsgegenstand nicht erfüllt, da dieser infolge seines komplexen, personen-sachbezogenen und zweckbestimmten Inhalts ausschließlich qualitativer Natur ist[2]) und daher streng mathematischen Gesetzmäßigkeiten nicht folgt[3]).

Die mathematischen Prinzipien können daher nur auf die ihnen ebenfalls zugrunde liegenden allgemeinen logischen Denkgesetze zurückbezogen werden, ohne diese jedoch mathematisch zu determinieren. Sie dienen vielmehr nur als Hilfsmittel zur Durchführung des allgemeinen logischen Kalküls. Insofern ist die Übertragung mathematischer Formen und Prinzipien:

a) als Mittel zur Ordnung (Systematisierung) und Bewertung und

b) als Mittel zur Durchführung logistischer Vergleichsoperationen zur Untersuchung qualitativer Beziehungen bei der automatisierten elektronischen Datenverarbeitung

über die sonst immer nur beschränkte Anwendungsmöglichkeit mathematischer Untersuchungsmethoden auf qualitative Fakten hinaus auf alle denkbaren Untersuchungsobjekte nicht nur möglich, sondern unter dem Aspekt der ungewöhnlich vielschichtigen, wechselseitigen Beziehungen in der realen Welt sogar unerläßlich[4]).

---

1) „Eine bestimmte Menge *E* ist also die Zusammenfassung der Objekte, die eine gewisse Menge *E'* von *Qualitäten* besitzen: diese Menge von Qualitäten *E'* ist die *Definition* der Menge *E*. Die Elemente *e*, aus der sie gebildet wird, gehen nicht in ihre Definition ein; und das ist so verständlich, daß man die Menge gewöhnlich als *leere* Menge betrachtet." L. Couffignal, a. a. O., S. 121.

2) „In der Betriebswirtschaft ist Menge, wo immer sie auftritt, nichts als eine Eigenschaft von Eignung, besser von Wert, um den auf Eignung aufgebauten und einschließenden Begriff wieder einzufügen." H. Nicklisch: „Die Betriebswirtschaft" 7. Aufl. 1929, S. 34.

3) s. S. 97ff.

4) s. hierzu auch K. Zuse: „Über den Plankalkül" in der Zeitschrift „Elektronische Rechenanlagen", Heft 2, München 1959, S. 68.

3. Die mathematischen Grundlagen

a) Die Zahlensysteme

aa) *Die Bedeutung der Zahlensysteme für die automatisierte elektronische Datenverarbeitung*

Wie aus den bisherigen Ausführungen ersichtlich ist, haben die mathematischen Prinzipien in der automatisierten elektronischen Datenverarbeitung entsprechend dem universellen Charakter der Anwendungsmöglichkeiten des Verfahrens eine viel umfassendere Bedeutung als bei den bisher üblichen Systemen. Es ist daher zum Verständnis des Verfahrens unerläßlich, die Beziehungen zwischen den in den Organen der Maschine realisierten mathematischen sowie den logischen und physikalisch-technischen Prinzipien darzulegen.

Ein Zahlensystem ist ein System des Zählens und Messens und gleichzeitig eine Methode, große Zahlen durch wenige Zeichen (Ziffern) darzustellen. Dem geltenden Dezimalsystem liegt als Ordnungsgröße die Zahl 10 zugrunde. Es ist stufenfrömig gegliedert, und zwar in der Weise, daß je 10 Einheiten einer Stufe (Einer-, Zehner-, Hunderterstufe) zu einer Einheit der nächstfolgenden Stufe zusammengefaßt werden. Betrachtet man die Ordnungsgröße als Basis einer Potenz mit ganzzahligen Exponenten, so läßt sich die stufenförmige Gliederung auch in folgender Weise darstellen:

$$
\begin{aligned}
10^0 &= 1 \\
10^1 &= 10 \\
10^2 &= 100 \\
10^3 &= 1000
\end{aligned}
$$

In ausgeschriebener Form weisen die Dezimalzahlen jeder Stufe neben ihrer eigenen so viele Dezimalstellen auf, wie sie an untergeordneten Stufen enthalten (die Zehnerstufe z. B. 1, die Hunderterstufe 2 Stellen), so daß die einzelnen Zahlen des Systems auch durch eine Multiplikation der Grundzahlen von 0 bis 9 mit der die jeweilige Stufe kennzeichnenden Zehnerpotenz dargestellt werden können:

a) Ganze, positive Zahlen
(Potenzen mit ganzen, positiven Exponenten)

$$
\begin{aligned}
0 \times 10^0 &= 0 \\
1 \times 10^0 &= 1 \\
2 \times 10^0 &= 2
\end{aligned}
$$

$$9 \times 10^0 = 9$$
$$1 \times 10^1 + 0 \times 10^0 = 10$$
$$1 \times 10^1 + 1 \times 10^0 = 11$$
$$1 \times 10^1 + 2 \times 10^0 = 12$$
$$\ldots \quad \ldots$$
$$1 \times 10^1 + 9 \times 10^0 = 19 \text{ usw.}$$

b) Gebrochene, positive Zahlen

(Potenzen mit ganzen, negativen Exponenten)

$$1 \times 10^{-1} + 0 \times 10^{-2} = 0{,}10$$
$$1 \times 10^{-1} + 1 \times 10^{-2} = 0{,}11$$
$$1 \times 10^{-1} + 2 \times 10^{-2} = 0{,}12$$
$$\ldots \quad \ldots$$
$$2 \times 10^{-1} + 0 \times 10^{-2} = 0{,}20$$
$$\ldots \quad \ldots$$
$$3 \times 10^{-1} + 0 \times 10^{-2} = 0{,}30$$
$$\ldots \quad \ldots$$
$$9 \times 10^{-1} + 0 \times 10^{-2} = 0{,}90 \text{ usw.}$$

oder ganz allgemein durch die Formel

$$x = \sum_{-\infty}^{+\infty} x_i B^i$$

wobei B (= 10) die Basis des Zahlensystems darstellt, während die ganzen Zahlen x_i ($0 \leqq x_i < B$) mit den der Basis zugeordneten Ziffern von 0 bis 9 identisch sind. Daraus folgt, daß nicht notwendig die Zahl 10, sondern auch jede andere Zahl die Basis eines Zahlensystems bilden kann[1]), soweit sie die Bedingungen $B \geqq 2$ erfüllt.

In Hinsicht auf die automatisierte elektronische Datenverarbeitung ist die Ziffer 2 als Basis eines Zahlensystems, das man als dyadisches, duales oder binäres Zahlensystem bezeichnet, von besonderem Interesse, da in diesem die Zahlen durch zwei verschiedene Symbole dargestellt werden, so daß es sich sowohl für eine Zahlendarstellung mit Hilfe elektrischer Impulse als auch für die Darstellung logischer Entscheidungen (Ja/Nein) vorzüglich eignet. Das Dualsystem läßt sich analog dem Dezimalsystem in folgender Weise entwickeln:

---

[1]) Im Verlaufe der geschichtlichen Entwicklung haben bereits viele Zahlensysteme mit unterschiedlicher Basis Verwendung gefunden, so z. B. das Hexagesimalsystem (Basis 6 und 10), das Großhundertsystem (Basis 20) und das Duodezimalsystem (Basis 2 und 10), das nunmehr wieder im Rahmen der automatisierten elektronischen Datenverarbeitung verwandt wird (s. S. 82f.).

a) Ganze, positive Zahlen

(Potenzen mit ganzen, positiven Exponenten)

$$\boxed{0} \times 2^0 = 0$$
$$\boxed{1} \times 2^0 = 1$$
$$\boxed{1} \times 2^1 + \boxed{0} \times 2^0 = 2$$
$$\boxed{1} \times 2^1 + \boxed{1} \times 2^0 = 3$$
$$\boxed{1} \times 2^2 + \boxed{0} \times 2^1 + \boxed{0} \times 2^0 = 4$$
$$\boxed{1} \times 2^2 + \boxed{0} \times 2^1 + \boxed{1} \times 2^0 = 5$$
$$\boxed{1} \times 2^2 + \boxed{1} \times 2^1 + \boxed{0} \times 2^0 = 6$$
$$\boxed{1} \times 2^2 + \boxed{1} \times 2^1 + \boxed{1} \times 2^0 = 7$$
$$\boxed{1} \times 2^3 + \boxed{0} \times 2^2 + \boxed{0} \times 2^1 + \boxed{0} \times 2^0 = 8$$
$$\boxed{1} \times 2^3 + \boxed{0} \times 2^2 + \boxed{0} \times 2^1 + \boxed{1} \times 2^0 = 9$$
$$\boxed{1} \times 2^3 + \boxed{0} \times 2^2 + \boxed{1} \times 2^1 + \boxed{0} \times 2^0 = 10$$
$$\boxed{1} \times 2^3 + \boxed{0} \times 2^2 + \boxed{1} \times 2^1 + \boxed{1} \times 2^0 = 11$$
$$\boxed{1} \times 2^3 + \boxed{1} \times 2^2 + \boxed{0} \times 2^1 + \boxed{0} \times 2^0 = 12$$
$$\boxed{1} \times 2^3 + \boxed{1} \times 2^2 + \boxed{0} \times 2^1 + \boxed{1} \times 2^0 = 13$$
$$\boxed{1} \times 2^3 + \boxed{1} \times 2^2 + \boxed{1} \times 2^1 + \boxed{0} \times 2^0 = 14$$
$$\boxed{1} \times 2^3 + \boxed{1} \times 2^2 + \boxed{1} \times 2^1 + \boxed{1} \times 2^0 = 15$$
$$\boxed{1} \times 2^4 + \boxed{0} \times 2^3 + \boxed{0} \times 2^2 + \boxed{0} \times 2^1 + \boxed{0} \times 2^0 = 16 \text{ usw.}$$

b) Gebrochene, positive Zahlen

(Potenzen mit ganzen, negativen Exponenten)

$$\boxed{1} \times 2^{-1} + \boxed{0} \times 2^{-2} + \boxed{0} \times 2^{-3} + \boxed{0} \times 2^{-4} + \boxed{0} \times 2^{-5} = 0{,}50000$$
$$\boxed{0} \times 2^{-1} + \boxed{1} \times 2^{-2} + \boxed{0} \times 2^{-3} + \boxed{0} \times 2^{-4} + \boxed{0} \times 2^{-5} = 0{,}25000$$
$$\boxed{0} \times 2^{-1} + \boxed{0} \times 2^{-2} + \boxed{1} \times 2^{-3} + \boxed{0} \times 2^{-4} + \boxed{0} \times 2^{-5} = 0{,}12500$$
$$\boxed{0} \times 2^{-1} + \boxed{0} \times 2^{-2} + \boxed{0} \times 2^{-3} + \boxed{1} \times 2^{-4} + \boxed{0} \times 2^{-5} = 0{,}06250$$
$$\boxed{0} \times 2^{-1} + \boxed{0} \times 2^{-2} + \boxed{0} \times 2^{-3} + \boxed{0} \times 2^{-4} + \boxed{1} \times 2^{-5} = 0{,}03125 \text{ usw.}$$

Hierbei zeigt sich, daß die Vorzahl (x_i) der Basis ($B = 2$) in der Entwicklung des dualen Zahlensystems entweder „0“ oder „1“ ist; denn im

Gegensatz zu allen anderen möglichen Zahlensystemen bilden die Dualzahlen immer die reinen oder die Summe der reinen Potenzen der Basis 2.

Die Dezimalzahl 173 hat z. B. als Dualzahl folgendes Aussehen:

$$
\begin{array}{rcl}
 & \boxed{1} & \times 2^7 = 128 \\
+ & \boxed{0} & \times 2^6 = 0 \\
+ & \boxed{1} & \times 2^5 = 32 \\
+ & \boxed{0} & \times 2^4 = 0 \\
+ & \boxed{1} & \times 2^3 = 8 \\
+ & \boxed{1} & \times 2^2 = 4 \\
+ & \boxed{0} & \times 2^1 = 0 \\
+ & \boxed{1} & \times 2^0 = 1 \\
\hline
 & & 10101101 \equiv 173
\end{array}
$$

Für die gebrochene, positive Dezimalzahl 0,65625 erhalten wir demgemäß folgende Dualzahl:

$$
\begin{array}{rcl}
 & \boxed{1} & \times 2^{-1} = 0{,}50000 \\
+ & \boxed{0} & \times 2^{-2} = 0{,}00000 \\
+ & \boxed{1} & \times 2^{-3} = 0{,}12500 \\
+ & \boxed{0} & \times 2^{-4} = 0{,}00000 \\
+ & \boxed{1} & \times 2^{-5} = 0{,}03125 \\
\hline
 & & 0{,}10101 \equiv 0{,}65625
\end{array}
$$

Wie sich hieraus ergibt, entspricht die Zuordnung der Stellenwerte derjenigen des Dezimalsystems, d. h. sie verläuft in aufsteigender, kontinuierlicher Reihenfolge von rechts (niedrigste Stelle) nach links (höchste Stelle) bzw. von 2^0 nach 2^n. Während aber zur Darstellung der Zahlen nach dem Dezimalsystem insgesamt *zehn* verschiedene Symbole erforderlich sind, werden beim Dualsystem insgesamt nur *zwei* verschiedene Ziffern benötigt.

Dieses Unterscheidungsmerkmal, das unter arithmetischem Aspekt nur eine andere Form des gleichen (zahlenmäßigen) Inhalts darstellt, ist aber in bezug auf die automatisierte elektronische Datenverarbeitung von großer Bedeutung. Obwohl im ersten der angeführten Zahlenbeispiele für die duale Darstellung der Dezimalzahl 173 fast die dreifache Anzahl von Dualziffern benötigt wurde, beträgt im Gegensatz dazu der Aufwand bei der elektronischen Zifferndarstellung *nach dem Dezimalsystem etwa das Zweieinhalbfache* gegenüber dem Aufwand bei der Verwendung des Dualsystems. Dieser scheinbare Gegensatz läßt sich sehr einfach dadurch erklären, daß für die Darstellung des Dezimalsystems in einer Maschine 10, für die des Dualsystems jedoch nur 2 verschiedene Symbole erforderlich sind. Um mit Hilfe einer Maschine alle Dezimalzahlen darstellen zu können, die kleiner als 10 sind, benötigen wir ein Zählwerk mit den Ziffern von 0 bis 9. Daraus folgt aber, daß zur Darstellung jeder weiteren Stelle einer Dezimalzahl auch ein weiteres Zählwerk von 0 bis 9 notwendig ist. Demgemäß erfordert eine zweistellige Dezimalzahl in der Maschine eine Vorrichtung für 20 und eine dreistellige eine solche für 30 Ziffern. Andererseits sind zur Darstellung aller Dualzahlen, die kleiner als 10 sind, nur 4 Ziffern erforderlich; denn

$$
\begin{aligned}
0 &\equiv 0\\
1 &\equiv 1\\
10 &\equiv 2\\
11 &\equiv 3\\
100 &\equiv 4\\
101 &\equiv 5\\
110 &\equiv 6\\
111 &\equiv 7\\
1000 &\equiv 8\\
1001 &\equiv 9
\end{aligned}
$$

Bei einer Übersetzung vom Dezimal- in das Dualsystem werden daher zur maschinellen Darstellung einer dreistelligen Dezimalzahl auch nur 12 Maschinenorgane benötigt. Daraus folgt aber, daß bei der Verwendung des Dualsystems die Anzahl der Elemente für eine Zählvorrichtung gegenüber der bei der Benutzung des Dezimalsystems erforderlichen Zahl im Verhältnis von 10 : 4 herabgesetzt wird.

Aber nicht nur bei der elektronischen Zifferndarstellung, sondern auch bei den elektronischen Operationen des logistischen Vergleichs und der Rechnung weist das Dualsystem gegenüber dem Dezimalsystem wichtige Vorzüge auf[1]). Neben seinen großen Vorteilen gegenüber anderen Zahlensystemen besteht sein einziger bedeutsamer Nachteil für die automatisierte

[1]) Die Erkenntnis von der großen Bedeutung, die das Dualsystem neben dem elektronischen auch für den mechanischen Kalkül besitzt, ist sicherlich schon älteren Datums. Vielleicht muß man sie sogar auf den Zeitraum zurückdatieren, in dem Leibniz das duale Zahlensystem entwickelte und sich selbst mit dem Entwurf von Rechenmaschinen beschäftigte — im Jahre 1677 entwarf Leibniz in Form einer Staffelwalze die erste Multiplikationsmaschine —. Das Dualsystem hat allerdings im Zuge der Entwicklung mechanischer und elektromechanischer Rechenmaschinen keine Be-

elektronische Datenverarbeitung darin, daß sämtliche Daten vom Dezimal- ins Dualsystem bzw. umgekehrt übertragen werden müssen. Bei naturwissenschaftlich-mathematischen und technischen Problemen fällt dieser Nachteil nicht so sehr ins Gewicht; da selbst den umfangreichsten mathematischen Operationen in der Regel nur eine beschränkte Anzahl von Anfangsdaten zugrunde liegt und auch die Anzahl der Daten des Endergebnisses relativ gering ist, so daß bei den Übersetzungen kein nennenswerter Zeitverlust entsteht.

Ganz anders liegen die Verhältnisse jedoch im ökonomischen Bereich, wo jeweils eine sehr große Zahl von Anfangsdaten neben einer großen Zahl logistischer und arithmetischer Operationen und einer Vielzahl von Resultaten (Zwischenergebnissen) im Rahmen einer kontinuierlichen, finaldeterminierten Datenverarbeitung zu bewältigen sind. Hier kann daher eine ausschließliche Verwendung des Dualsystems bei der automatisierten elektronischen Datenverarbeitung nicht in Betracht kommen; denn die großen Vorzüge des Verfahrens würden dann auf der anderen Seite durch die Schwierigkeiten der Datenübersetzung in ihrem Werte ganz erheblich herabgesetzt.

In richtiger Erkenntnis dieser Sachlage beschritt man daher in den USA bei der Entwicklung automatisierter elektronischer Datenverarbeitungssysteme einen anderen Weg. Nachdem auch hier Prof. John von Neumann von der Princeton University zunächst die Verwendung des dualen Zahlensystems angeregt hatte[1]), wurden unabhängig voneinander mehrere Verfahren entwickelt, durch die die Dezimalzahlen in dualverschlüsselter Form in elektrische Impulse umgewandelt werden, und zwar in der Weise, daß die so konkretisierten Zahlen auch nach Maßgabe der in den Organen der Maschine realisierten Gesetze der Logistik und der Mathematik verarbeitet werden können. Es handelt sich hier also um die Entwicklung dual-dezimaler Schlüssel, die in Hinsicht auf die automatisierte elektronische Datenverarbeitung die Vorzüge beider Zahlensysteme weitgehend miteinander verbinden sollen.

---

deutung erlangt. Es wurde erst in dem Moment aktuell, als man auf dem Gebiete der maschinellen Datenverarbeitung die elektromechanischen weitgehend durch die elektronischen Prinzipien ersetzte und damit den Prozeß der Automatisierung der Datenverarbeitung einleitete. Erstmalig wurde das Dualsystem dabei in den Jahren von 1935 bis 1937 von Konrad Zuse auf die Organe einer programmgesteuerten Relais-Rechenmaschine übertragen. S. hierzu auch S. 17 und 21.

[1]) Historisch interessant ist in diesem Zusammenhang die Tatsache, daß Neuman sich bei seinem Vorschlag auf die Arbeiten stützte, die das Institut „Blaise Pascal“ in Paris bereits 1936 vorgelegt hatte. Nach Couffignal, a. a. O., S. 41.

ab) *Die dual-dezimalen Codes*

1. Neben der voneinander abweichenden Schreibweise besteht der wesentliche Unterschied zwischen dem dezimalen und dem dualen Zahlensystem darin, daß der Stellenübertrag beim Dezimalsystem jeweils beim Übergang von 9 auf 10, beim Dualsystem hingegen jeweils beim Übergang von 15 auf 16 erfolgt; denn

$$
\begin{aligned}
1010 &\equiv 10\\
1011 &\equiv 11\\
1100 &\equiv 12\\
1101 &\equiv 13\\
1110 &\equiv 14\\
1111 &\equiv 15\\
0001\ 0000 &\equiv 16\\
0001\ 0001 &\equiv 17\\
\dots\ \dots &\\
0001\ 1111 &\equiv 31\\
0010\ 0000 &\equiv 32\\
0011\ 0000 &\equiv 48 \quad \text{usw.}\\
\dots\ \dots &\\
\dots\ \dots &\\
1111\ 1111 &\equiv 255\\
0001\ 0000\ 0000 &\equiv 256 \quad \text{usw.}\\
\dots\ \dots\ \dots &\\
\dots\ \dots\ \dots &\\
1111\ 1111\ 1111 &\equiv 4095\\
0001\ 0000\ 0000\ 0000 &\equiv 4096 \quad \text{usw.}
\end{aligned}
$$

Zur Bildung eines dual-dezimalen Code ist es daher notwendig, den Stellenbetrag beider Zahlensysteme gleichzuschalten. Wird jede Dezimalzahl z. B. durch eine vierziffrige duale Zahlenkombination, die sogenannte Tetrade, dargestellt, so kann dies in der Weise geschehen, daß jeder Dezimalzahl (x) eine duale Tetrade (t) von $x + 6$ zugeordnet wird. In diesem Falle würde dann der Tetrade (t) 0110 ($\equiv 6$) das dezimale ‚Gewicht' 0, der Tetrade (t) 1111 ($\equiv 15$) das dezimale ‚Gewicht' 9 und den Tetraden (t) 0001 0000 ($\equiv 16$) das dezimale ‚Gewicht' 10 zugeordnet, so daß der Stellenübertrag in jedem Falle gleichzeitig erfolgen würde:

Duale Tetrade (t) (= $x + 6$)	Dezimalzahl (x) (= dezimales Gewicht der dualen Tetrade)	Dualzahl
0110 (6)	0	0000
0111 (7)	1	0001
1000 (8)	2	0010
1001 (9)	3	0011
1010 (10)	4	0100
1011 (11)	5	0101
1100 (12)	6	0110
1101 (13)	7	0111
1110 (14)	8	1000
1111 (15)	9	1001

Bei der Verwendung dieses Schlüssels müssen die einzelnen Tetraden des Ergebnisses (1 Tetrade = 1 Stelle) zur Ermittlung des richtigen Resultats allerdings noch durch den Abzug der Zahl 0110 (6) korrigiert

Beispiel 1

Operation		Dezimales Gewicht (x) der Tetraden	Dezimalzahl ($x + 6$) je Tetrade
Art d. Übertrags/ Korrektur	Tetraden (t) ($x + 6$)		
	1011	5	11
	+ 1010	4	10
	0001		
interner Ü.[1])	1 1		
Übertrag	0001 0101		1/5

[1]) Dieser erfolgt nur innerhalb einer Stelle und ist daher nicht mit dem sogenannten Stellen-Übertrag identisch.

Operation		Dezimales Gewicht (x) der Tetraden	Dezimalzahl ($x + 6$) je Tetrade
Art d. Übertrags/ Korrektur	Tetraden (t) ($x + 6$)		
Übertrag	0001 0101		1/5
Minuskorr.[1])	– 0000 0110	0	0/–6
	0001 0011		
interner Ü.	1		
	0001 0111		
interner Ü.	1		
	0001 1111		
interner Ü.	1		
	0000 1111	9	0/15

Beispiel 2

Operation		Dezimales Gewicht (x) der Tetraden	Dezimalzahl ($x + 6$) je Tetrade
Art d. Übertrags/ Korrektur	Tetraden (t) ($x + 6$)		
	1100	6	12
	+ 1100	6	12
	0000		
interner Ü.	1		
Stellen-Ü.	1		
Pluskorr.	+ 0110	0	6/0
	0111 1000	12	7/8

werden. Dies ergibt sich daraus, daß die beiden Summanden jeweils $x + 6$ betragen, so daß das Ergebnis $2\,(x + 6)$ lautet. Da es nach den Bedingungen dieses Code aber nur $2x + 6$ lauten darf, muß diese Korrektur vorgenommen

[1]) Die Subtraktion läßt sich bei der Rechnung mit Dualzahlen in besonders einfacher Weise durch die Addition des Subtrahendenkomplements durchführen. S. S. 151ff.

werden. Eine Ausnahme hiervon ergibt sich lediglich für die Tetraden, die einen Stellenübertrag verursachen und durch diesen Abgang automatisch berichtigt werden. Hierbei ist allerdings zu beachten, daß im Beispiel 2 zu der den Übertrag aufnehmenden nächsthöheren Stelle die Zahl 0110 (6) zu *addieren* ist, da ja auch diese Tetrade $(t) = x + 6$ sein muß.

Da aber in der automatisierten elektronischen Datenverarbeitung an die Form der dualen Zahlendarstellung und -verarbeitung ganz bestimmte Anforderungen zu stellen sind, soll ein dual-dezimaler Code nach Aiken[1]) folgenden Bedingungen genügen:

1. Verschiedenen Ziffern sollen verschiedene Tetraden zugeordnet sein, d. h. jede Tetrade soll mit einem bestimmten dezimalen Gewicht nur einmal identisch sein;
2. die größere Dezimalziffer soll auch durch die größere Dualzahl dargestellt werden;
3. wenn sich zwei Dezimalziffern x und y auf 9 ergänzen, sollen auch die zugeordneten Tetraden komplementär sein, also durch Vertauschung von 0 und 1 auseinander hervorgehen, d. h. es sollen dann die Tetraden $t(x) + t(y) = 15$ sein;
4. die geraden bzw. ungeraden Dezimalziffern sollen auch durch gerade bzw. ungerade Tetraden (oder umgekehrt) dargestellt werden, so daß die letzte Dualstelle einer Tetrade die Parität der dargestellten Ziffer bestimmt;
5. es soll jeder der vier Dualstellen einer Tetrade ein solches dezimales ‚Gewicht' zugeordnet werden, daß die gewogene Quersumme der Tetrade die dargestellte Dezimalziffer ergibt; es soll sich also die Dezimalziffer x auf diese Weise aus der Tetrade $t(x)$ berechnen lassen[2]).

Von den 56 Kombinationen dual-dezimaler Schlüssel, die den Postulaten 1. bis 3. entsprechen, verbleiben noch 4 Kombinationen, die allen 5 Bedingungen genügen. Von diesen 4 Kombinationen zeichnet sich der dual-dezimale „2-4-2-1-Code" von Aiken durch seine besondere Einfachheit aus[1]).

2. Der „2-4-2-1-Code". Der von Aiken entwickelte dual-dezimale „2-4-2-1-Code" trägt seine Bezeichnung deshalb, weil den einzelnen Dualziffern der Tetrade von links nach rechts die dezimalen Gewichte 2, 4, 2

---

[1]) S. hierzu Rutishauser, Speiser, Stiefel, a. a. O., S. 21ff.

[2]) Der vorstehend entwickelte dual-dezimale Code $(x + 6)$ erfüllt dieses Postulat z. B. nicht.

und 1 zugeordnet sind. Es sind demgemäß miteinander identisch bzw. entsprechen sich:

Duale Tetrade (t) (= x / = $x + 6$)	Dezimalzahl (x) (= dezimales Gewicht) der dualen Tetrade)	Dualzahl
0000 (0)	0	0000
0001 (1)	1	0001
0010 (2)	2	0010
0011 (3)	3	0011
0100 (4)	4	0100
1011 (11)	5	0101
1100 (12)	6	0110
1101 (13)	7	0111
1110 (14)	8	1000
1111 (15)	9	1001

Im Gegensatz zu dem als Beispiel entwickelten dual-dezimalen Schlüssel $x + 6$ hat Aiken den Dualzahlen von 0 bis 4 die ihnen adäquaten Dezimalzahlen auch als dezimale Gewichte zugeordnet, während er den Dualzahlen von 5 bis 9 die dezimalen Gewichte $x + 6$ zuteilte. Da die Bedingung, daß der Stellenübertrag gleichzeitig erfolgt, damit aber erfüllt wird, besteht kein zwingender Grund, auch den ersten 5 Dualzahlen die dezimalen Gewichte $x + 6$ zuzuordnen. Es wird vielmehr durch diese Regelung gerade erreicht, daß sich aus der gewogenen Quersumme der einzelnen Dualziffern jeder Tetrade ihr dezimales Gewicht errechnen läßt. Damit erfüllt der „2-4-2-1-Code" aber alle Postulate, die Aiken für die Bildung dual-dezimaler Schlüssel aufgestellt hat.

Dieser Vorteil muß aber auf der anderen Seite durch den Nachteil zweier konjunktiver Korrekturbedingungen gegenüber zweier einfacher beim „$x + 6$-System" erkauft werden:

1. Wenn die beiden Summanden (bzw. Minuend und Subtrahendenkomplement) < 5 sind und die Summe $\geqq 5$ ist, so muß das Ergebnis um 6 erhöht werden; denn in diesem Falle gilt die Bedingung $t = x + 6$; bei einer Summe < 5 gilt $t = x$ (s. Beispiel 1).
2. Sind die beiden Summanden (bzw. Minuend und Subtrahendenkomplement) $\geqq 5$ und die Summe < 15, so ist das Ergebnis um 6 zu vermindern; denn das Ergebnis muß $t = 2x + 6$ und nicht $t = 2(x + 6)$ lauten[1]) (s. Beispiel 2).

Beispiel 1

Operation		Dezimales Gewicht (x) der Tetraden	Dezimalzahl ($= x$ / $= x + 6$) je Tetrade
Art d. Übertrags/ Korrektur	Tetraden (t) ($= x$ / $= x + 6$)		
	0011	3	3
	+ 0100	4	4
	0111	7[2])	7
Pluskorr.	0110		6
	0001		
interner Ü.	11		
	1101	7	13

Die Korrekturen, die bei der Erfüllung aller Aikenschen Postulate vorzunehmen sind, erfordern daher bei ihrer elektronischen Realisierung gegenüber den Schlüsseln mit einfacheren Korrekturmethoden auch einen entsprechend höheren schaltungstechnischen Aufwand. Infolgedessen haben andere Codes, die gegen das eine oder andere dieser Postulate verstoßen, in der Praxis der automatisierten elektronischen Datenverarbeitung bisher eine größere Bedeutung erlangt. Dies insbesondere deshalb, weil sie trotz eines Verstoßes den eigentlichen datenverarbeitenden Effekt nicht beein-

[1]) s. auch S. 84f.

[2]) Auch in diesem Falle lassen sich wiederum alle Operationen auf der Grundlage der Addition durchführen; denn die Subtraktion kann hier ebenfalls durch die Addition des Subtrahendenkomplements durchgeführt werden.

Den den Dezimalzahlen von 5 bis 10 adäquaten Dualzahlen sind keine dezimalen Gewichte zugeordnet, da man sie bei diesem Code zur Zahlendarstellung nicht benötigt. Man bezeichnet sie daher als „pseudodezimale" Zahlen. Rutishauser usw., a. a. O., S. 24 und 25.

Beispiel 2

Operation		Dezimales Gewicht (x) der Tetraden	Dezimalzahl ($= x$ / $= x + 6$) je Tetrade
Art d. Übertrags/ Korrektur	Tetraden (t) ($= x$ / $= x + 6$)		
	1100	6	12
	+ 1101	7	13
	0001		
Stellen-Ü.	1 1		
	0001 1001		1/9
Minuskorr.	— 0110		—6
	0001 1111		
interner Ü.	11		
	0001 0011	13	1/3

trächtigen, sondern durch die erzielte Vereinfachung sogar in mancher Hinsicht fördern. Zu ihnen gehören insbesondere die in den nunmehr folgenden Abschnitten behandelten Codes.

3. Der „Dreier-Excess-Code". Beim „Dreier-Excess-Code" sind — wie der Name schon andeutet — den Dezimalzahlen die Tetraden $(t) = x + 3$ zugeordnet, so daß sich folgendes Verhältnis zwischen den Tetraden und ihren dezimalen Gewichten ergibt (s. Tab. S. 90).

Infolge des veränderten dezimalen Gewichts der Tetraden ergeben sich gegenüber den bisher behandelten dual-dezimalen Codes auch wiederum veränderte Korrekturbedingungen. Bei der Addition, auf die in diesem Falle ebenfalls alle Operationen zurückgeführt werden können, werden alle Ergebnisse (Tetraden) < 10 durch den Abzug einer 3, alle Ergebnisse $\geqq 10$ durch die Hinzufügung einer 3 in der übertragserzeugenden Stelle (Tetrade) korrigiert (s. Beisp. 1 S. 91).

Bei der Addition zweier Tetraden $(t) = 2\ (x + 3)$ zweier mehrstelliger Summanden, deren Ergebnis kleiner als 10 ist (s. Beisp. 2 S. 91), erhält die Summe ein um 3 höheres dezimales Gewicht, als es nach den Bedingungen des Systems gestattet ist. Daher muß die Tetrade (links) durch den Abzug einer 3 korrigiert werden. Bei der Addition zweier Tetraden, deren Ergebnis gleich oder größer als 10 ist (rechts), beträgt

Duale Tetrade (t) (= $x + 3$)	Dezimalzahl (x) (= dezimales Gewicht) der dualen Tetrade)	Dualzahl
0011 (3)	0	0000
0100 (4)	1	0001
0101 (5)	2	0010
0110 (6)	3	0011
0111 (7)	4	0100
1000 (8)	5	0101
1001 (9)	6	0110
1010 (10)	7	0111
1011 (11)	8	1000
1100 (12)	9	1001

der Übertrag nicht 10 (= x), sondern 16 (= $x + 6$)[1]. Infolgedessen verbleiben in der übertragerzeugenden Stelle $t = 2(x + 3) - (x + 6) = x$. Dieser Tetrade muß daher gemäß den Bedingungen des „Dreier-Excess-Code" wiederum eine 3 hinzugefügt werden ($t = x + 3$). Dies gilt auch für die übertragsempfangende Stelle, soweit in ihr *nur* der Übertrag erscheint.

Obwohl der „Dreier-Excess"- ebensowenig wie der „$x + 6$-Code" zu den vier dual-dezimalen Zahlenkombinationen gehört, die alle Aikenschen Postulate erfüllen — aus ihren Tetraden läßt sich nicht ihr dezimales Gewicht errechnen — wurde er schon in zahlreichen programmgesteuerten elektronischen Rechenanlagen realisiert. Gegenüber den anderen Zahlenschlüsseln hat er darüber hinaus den Vorzug, daß die Dualziffern einer Tetrade niemals ausschließlich durch eine 0 oder eine 1 dargestellt werden. Dies hat zur Folge, daß sich ein Ausfall elektronischer Schaltelemente sofort bemerkbar macht. Der „Dreier-Excess-Code" wurde erstmals

[1]) s. S. 84f. und 87f.

Beispiel 1

Operation		Dezimales Gewicht (x) der Tetraden	Dezimalzahl ($= x + 3$) je Tetrade
Art d. Übertrags/ Korrektur	Tetraden (t) ($= x + 3$)		
	0110	3	6
	+ 1001	6	9
	1111		15
Minuskorr.	— 0011		−3
	1100	9	12

Beispiel 2

Operation		Dezimales Gewicht (x) der Tetraden	Dezimalzahl ($= x + 3$) je Tetrade
Art d. Übertrags/ Korrektur	Tetraden (t) ($= x + 3$)		
	0101 1000	25	5/8
	+ 0101 1000	25	5/8
	1010 0000		
Stellen-Ü.	1		
Minus- u.	1011 0000		11/0
Pluskorr.	— 0011 + 0011		— 3/3
	1000 0011	50	8/3

beim sogenannten „Complex Computer" angewandt[1]). Gegenwärtig wird er insbesondere in den Univac-Systemen von Remington Rand[2]) benutzt.

4. Der dual-dezimale Code mit direkter Zuordnung („8-4-2-1-Code"). Der dual-dezimale Code mit direkter Zuordnung ist dadurch gekennzeichnet, daß die Tetraden (t) mit den ihnen entsprechenden Dezimalzahlen (x) identisch sind, so daß eine gesonderte Zuordnung dezimaler Gewichte für die einzelnen Tetraden entfällt:

[1]) Rutishauser usw., a. a. O., S. 22.
[2]) s. S. 20f.

Tetrade (t) (= x)	Dezimalzahl (x)
0000	0
0001	1
0010	2
0011	3
....	.
....	.
1001	9

Die Gleichschaltung des Übertrages zwischen den beiden Zahlensystemen wird durch die Korrektur aller Ergebnisse erreicht, die $\geqq 10$ sind. Diesen Ergebnissen wird zur Bewirkung des Tetradenübertrages eine 6 hinzugefügt[1]). Bei allen Ergebnissen unter 10 ist hingegen keine Korrektur erforderlich, da hier die Dezimalzahlen den dualen Tetraden adäquat sind ($t = x$). Es ergeben sich demgemäß:

Beispiel 1

Operation		Dezimalzahl (x) je Tetrade
Art d. Übertrags/ Korrektur	Tetraden (t) (= x)	
	0011	3
	+ 0110	6
	0101	
interner Ü.	1	
	1001	9

[1]) Infolgedessen treten die den Dezimalzahlen von 10 bis 15 adäquaten Tetraden (1010 bis 1111) praktisch nicht in Erscheinung und entsprechen somit den „Pseudodezimalen" des „2-4-2-1-Code", in dem allerdings nicht die Tetraden von 1010 (10) bis 1111 (15), sondern von 0101 (5) bis 1010 (10) ausgeklammert sind, s. S. 88, Anmerkung 2).

Beispiel 2

Operation		Dezimalzahl (x) je Tetrade
Art d. Übertrags/ Korrektur	Tetraden (t) (= x)	
	0101	5
	+ 0110	6
	0011	
interner Ü.	1	
	1011	11[1])
Pluskorr.	0110	6
	1101	
interner Ü.	1	
	1001	
Stellen-Ü.	1	
	0001 0001	1/1 (= 11)

Der Code mit direkter Zuordnung hat den Vorzug, daß seine elektronische Realisierung relativ einfach ist. Darüber hinaus bietet er die Möglichkeit, die Daten sowohl auf dual-dezimaler als auch auf rein dualer Basis zu verarbeiten. Er spielt daher beim Bau von Anlagen der automatisierten elektronischen Datenverarbeitung eine große Rolle; so arbeiten z. B. die Groß-Rechenanlagen vom Typ IBM 705[2]) und die GAMMA 60 von der Compagnie des Machines BULL mit diesem Code.

ac) *Der „Biquinär-Code“*

Beim biquinären Code werden die Dezimalzahlen im Gegensatz zu den vierstelligen Tetraden durch einen siebenstelligen Binärschlüssel übersetzt, wobei sich dieser aus einem fünfstelligen Teil mit den dezimalen Gewichten 0, 1, 2, 3 und 4 — dem sogenannten Quinärteil — und einem zweistelligen Teil mit den dezimalen Gewichten 0 und 5 — dem sogenannten Binärteil — zusammengesetzt, so daß durch die Verbindung beider Teile jede gewünschte Dezimalziffer dargestellt werden kann:

[1]) s. S. 92, Anmerkung 1.

[2]) Auch in der ersten von IBM 1948 in Dienst gestellten Großanlage, dem SELECTIVE SEQUENCE ELECTRONIC CALCULATOR, wurde bereits der „8-4-2-1-Code“ realisiert.

Dezimal-ziffern	Dezimalgewichte						
	Binärteil		Quinärteil				
	0	5	0	1	2	3	4
0	1	0	1	0	0	0	0
1	1	0	0	1	0	0	0
2	1	0	0	0	1	0	0
3	1	0	0	0	0	1	0
4	1	0	0	0	0	0	1
5	0	1	1	0	0	0	0
6	0	1	0	1	0	0	0
7	0	1	0	0	1	0	0
8	0	1	0	0	0	1	0
9	0	1	0	0	0	0	1

Dieser Code zeichnet sich dadurch aus, daß er elektronisch relativ einfach zu verwirklichen ist. Auch hinsichtlich der Kontrolle der Maschinenoperationen besitzt er den dual-dezimalen Schlüsseln gegenüber Vorteile, denn in allen biquinären Zifferndarstellungen muß die binäre 1 zweimal vertreten sein[1]). Demgegenüber erfordert er für die Vergleichs- und Rechenoperationen einen höheren schaltungstechnischen Aufwand.

Ein biquinärer Zählring besteht aus 6 bistabilen Multivibratoren[2]), von denen die ersten fünf den Quinärteil des Code darstellen. Da jedes bistabile Element zwei verschiedene Stellungen einnehmen kann, genügt für die Wiedergabe des Binärteils ein bistabiler Multivibrator. Da jeder Zählimpuls den Eingängen der bistabilen Elemente des Quinärteils gleichzeitig zugeleitet wird, sind diese so dimensioniert bzw. mit den Impulsen abgestimmt, daß sich immer nur das dem zuletzt eingegangenen Impuls entsprechende Element (dezimales Gewicht des Quinärteils, siehe Code) in der Stellung „1“ (Ausgang B hohe Spannung, Ausgang A niedrige Spannung)[2]) befindet.

[1]) s. S. 91. [2]) s. S. 114f.

Ein Zählimpuls läßt demgemäß die Elemente mit der Stellung „0“ unberührt und ‚kippt‘ nur denjenigen Multivibrator um, der sich in der Stellung „1“ befindet. Während dessen Stellung nunmehr eine „0“ (Ausgang A hohe, Ausgang B niedrige Spannung) anzeigt, bewirkt einer der durch den Kippvorgang an den Ausgängen dieses Elements ausgelösten Impulse, daß der nächstfolgende Multivibrator aus der Stellung „0“ in die Stellung „1“ umgekippt wird, wobei jedoch die hierbei ausgelösten Ausgangsimpulse dieses Elements ohne Wirkung auf den nächstfolgenden Multivibrator bleiben, d. h. also, daß nur einer der durch den Kippvorgang von „1“ auf „0“ an einem der Ausgänge eines Elements hervorgerufenen Impulse jeweils ein Umkippen des nächstfolgenden Elements von „0“ auf „1“ bewirkt.

Zu Beginn der Zählung befindet sich also nur das Element M 0 im Zustand „1“ (s. Abbildung) und zeigt damit das dezimale Gewicht 0 an. Die Zählung vollzieht sich nun in der beschriebenen Weise bis zum 5. Impuls. Dieser bewirkt die „0“-Stellung des Elements M 4, kippt aber gleichzeitig sowohl das Element M 5 des Binärteils als auch das Element M 0 des Quinärteils aus der Stellung „0“ in die Stellung „1“ um, so daß der Zählring das dezimale Gewicht 5 anzeigt. Während die Zählung nunmehr im Quinärteil in der üblichen Weise weitergeht, verbleibt das Element M 5 des Binärteils so lange in der Stellung „1“, bis es durch einen erneuten Ausgangsimpuls des Elements M 4 wieder von „1“ in die Stellung „0“ umgekippt wird, wobei der dadurch ausgelöste Ausgangsimpuls an M 5 als Zehner-Übertragsimpuls an den Zählring der nächsthöheren Stelle weitergeleitet wird und hier das Element M 0 auf „0“ bzw. M 1 auf „1“ stellt.

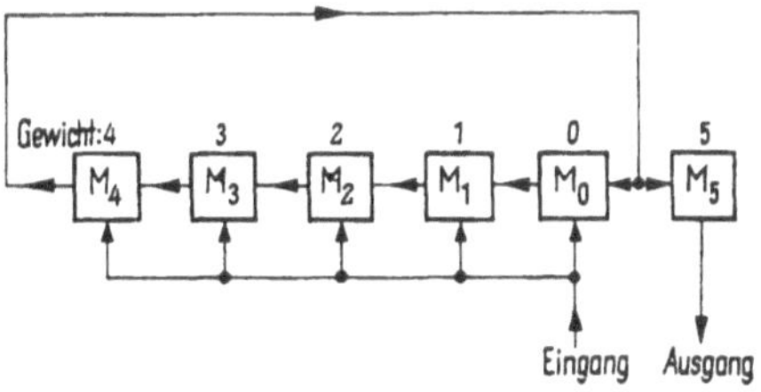

Abb. 22: Biquinärer Ringzähler
(Nach G. Haas, a. a. O.)

Die Dimensionierung von M 5 unterscheidet sich also in der Weise von derjenigen der Elemente M 0 bis M 4, daß es durch einen Ausgangsimpuls von M 4 sowohl von „0“ auf „1“ als auch von „1“ auf „0“ umkippt.

ad) *Der „Zwei-aus-fünf-Code“*

Im „Zwei-aus-fünf-Code“ werden die einzelnen Dezimalziffern durch die Zuordnung einer binären „1“ zu jeweils *zwei* von insgesamt *fünf* Elementen dargestellt:

Dezimal-ziffern	Elemente				
	7	4	2	1	0
0	1	1	0	0	0
1	0	0	0	1	1
2	0	0	1	0	1
3	0	0	1	1	0
4	0	1	0	0	1
5	0	1	0	1	0
6	0	1	1	0	0
7	1	0	0	0	1
8	1	0	0	1	0
9	1	0	1	0	0

Dies hat allerdings zur Folge, daß die dezimale 0 mit einer von der übrigen Code-Ordnung abweichenden Bit-Kombination übersetzt werden muß. Für die elektronische Darstellung, Rechnung und Kontrolle erfordert dieser Schlüssel ähnliche Voraussetzungen wie das Biquinärsystem.

ae) *Die direkte Dezimalverschlüsselung („Eins-aus-zehn-Code)*

Die unmittelbare Verwendung des Dezimalsystems zur elektronischen Zahlendarstellung und Rechnung ist bei der bisherigen Behandlung der mathematischen Grundlagen deshalb noch nicht erörtert worden, weil sie gegenüber einer Benutzung dual-dezimaler Schlüssel einen größeren Aufwand an elektronischen Bauelementen erfordert[1]) und daher diesen gegenüber gegenwärtig noch an Bedeutung zurücktritt. Die elektronische Zahlendarstellung und Rechnung erfolgt bei der Verwendung des reinen Dezimalsystems analog den Ausführungen zum Biquinärsystem auf der Grundlage

[1]) s. S. 80ff.

der Impulszählung mit Zählringen, die sich in der Regel aus zehn bistabilen Multivibratoren zusammensetzen:

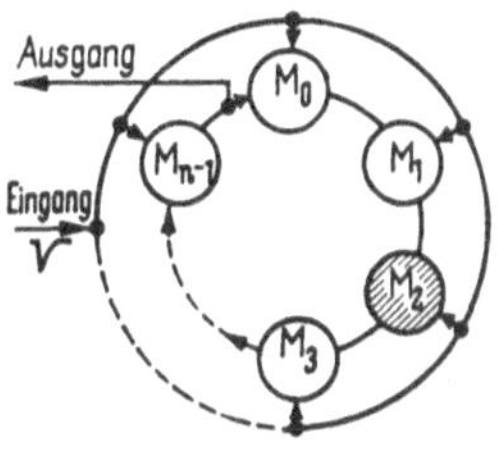

Abb. 23: Ringzähler in Stellung 2
(Nach G. Haas, a. a. O.)

Die Arbeitsweise der dekadischen unterscheidet sich von der der bereits beschriebenen biquinären Zählringe aber lediglich dadurch, daß an die Stelle des 6. bistabilen Elements (Binärteil) weitere 5 Elemente für die Darstellung der Zahlen von 5 bis 9 treten, in denen die Impulszählung in der gleichen Weise durchgeführt wird wie im Quinärteil des biquinären Ringzählers[1]). Man kann daher sowohl den „Biquinär“- als auch den „Zwei-aus-fünf-Code“ bereits als eine direkte Übersetzung des Dezimalsystems bezeichnen, bei der 4 bzw. 5 Bauelemente je Stelle eingespart werden.

Aber auch in diesen Fällen ist der Aufwand an elektronischen Bauelementen höher als bei der Verwendung eines dual-dezimalen Code. Diesem Nachteil steht aber der bedeutsame Vorzug gegenüber, daß eine direkte Verschlüsselung zu einer wesentlichen Vereinfachung der bei der indirekten Übertragung oft außerordentlich komplizierten elektronischen Steuerung der einzelnen Operationen und damit des Gesamtprozesses der automatisierten elektronischen Datenverarbeitung führt. Die unmittelbare Verwendung des Dezimalsystems wird deshalb um so stärker in den Vordergrund rücken, je mehr es gelingt, bessere und kostengünstigere Bauelemente herzustellen. Diese Entwicklung ist aber auf dem Gebiete der elektronischen Halbleiter-Bauelemente bereits sehr weit fortgeschritten[2]).

b) Die Beziehungen zwischen der Mathematik und der ökonomischen Datenverarbeitung

Wie schon aus den bisherigen Ausführungen über die Grundlagen des Verfahrens hervorging, sind die Prinzipien der Mathematik mit den allgemeinen Grundgesetzen der Logik identisch, d. h. sie sind apriorischer Natur. Diese Tatsache äußert sich insbesondere

1. in den logischen Prinzipien der mathematischen Begriffsbildung (Zahlbegriff usw.),

---

[1]) s. S. 95.
[2]) s. S. 53ff., insbesondere aber S. 58, Anmerkung 3.

2. in den logischen Prinzipien der mathematischen Ordnung oder Systematisierung (Zahlensysteme usw.),
3. in den logischen Prinzipien der mathematischen Aussagen (Regeln und Gesetze),
4. in den logischen Prinzipien der mathematischen Aussageverknüpfungen (Regeln und Gesetze der Zahlenverbindungen usw.).

Während sich aber die apriorischen Prinzipien in der Mathematik auf den abstrakten, vom Realobjekt losgelösten Zahlbegriff beziehen, d. h. auf formal gleichartige, inhaltslose Zähleinheiten — Couffignal bezeichnet sie als „leere Mengen" —, beziehen sie sich in der ökonomischen Datenverarbeitung nicht auf diese quantitativ formalen, sondern ausschließlich auf den qualitativen Inhalt der realen wirtschaftlichen Fakten und Prozesse[1]). Hierin liegt aber, wie bei näherer Betrachtung zu erkennen ist, kein fundierter Gegensatz, sondern ein zwar sehr bedeutsamer, in gewissem Sinne aber nur gradueller Unterschied; denn die ‚Einheit' erscheint ja als Grundlage des Zahlbegriffs in der ursprünglichen Funktion des Zählens als Abstraktion von den einzelnen realen Gegenständen[2]). Infolgedessen ist auch die Quantität als *Eigenschaft* im mathematischen Sinne des Wortes „nichts anderes als eine *Qualität* des Objektes, das sie besitzt"[3]).

Die allgemeine Anwendbarkeit der logischen Prinzipien wird daher in der Mathematik durch die Abstraktion des Zahlbegriffs in ganz bestimmter Weise restringiert[4]). Diese beschränkte Anwendung der logischen Prinzipien auf den abstrakten Zahlbegriff ist aber die notwendige Voraussetzung, um auf der Grundlage analytischer und synthetischer Urteile *apriori* aus einem gegebenen Axiomensystem ein *logisch widerspruchsloses* System von Zahlen und Zahlenverbindungen bilden zu können. Die Mathematik ist daher im Gegensatz zu allen anderen Wissenschaften in der Lage, ihre Aussagen ausschließlich auf deduktivem Wege aus den Axiomen abzuleiten. Infolgedessen gewährleistet die Zahlen- oder Symbolsprache der Mathematik eine *vollkommen exakte Wiedergabe aller logischen Operationen,* die auf diese Weise durchgeführt werden[5]). Man kann die Mathematik daher

[1]) s. Abschnitt B I.
[2]) Wilhelm Wundt: „Logik", Band 1, 4. Aufl., Stuttgart 1919, S. 511.
[3]) s. S. 76, Anmerkung [1]).
[4]) „Die mathematische Abstraktion charakterisiert sich vielmehr überall dadurch als eine eigenartige, daß bei ihr von den objektiven Eigenschaften der Gegenstände *überhaupt abstrahiert und bloß auf die logische Funktion ihrer Auffassung reflektiert wird.*" W. Wundt, a. a. O., S. 488.
[5]) s. hierzu auch Anmerkung 4.

auch als die Wissenschaft bezeichnen, in der die Prinzipien der Logik in der vollkommensten Weise verwirklicht worden sind.

Unsere Sprache — das gesprochene oder geschriebene Wort — ist demgegenüber weit weniger exakt in der Wiedergabe der Gedanken, da sie die ganze Fülle der Erscheinungen der realen Welt, d. h. *alle Realobjekte*, die uns zum Bewußtsein kommen, in Worten ausdrücken soll. Da die Bewältigung dieser Aufgabe aber aufs engste mit der Erforschung der philosophischen Probleme verbunden ist, hat sich der Sinngehalt der Worte mit unseren fortschreitenden Erkenntnissen von der realen Welt ständig erweitert, so daß wir in steigendem Maße nur aus dem logischen Zusammenhang — soweit er de facto erkennbar ist[1]) — den eigentlichen Inhalt der in Worten ausgedrückten Gedanken erkennen können.

Was uns also ganz allgemein zum Gebrauch der Mathematik zwingt, ist der Mangel an Exaktheit, der dem geschriebenen oder gesprochenen Wort, nicht jedoch der abstrakten Zahl anhaftet. „Indem nun die Verbindung und Zerlegung gegebener Gedankengebilde die beiden Grundformen des diskursiven Denkens sind, entsprechen ihnen innerhalb der Zahlenoperationen die Addition und die Subtraktion, auf die alle anderen als ihre Wiederholungen zurückgehen. Indem sich aber jede Zahl aus jeder anderen durch eine dieser Fundamentaloperationen oder ihre Wiederholungen gewinnen läßt, treten zugleich alle Glieder der Zahlenreihe in Verhältnisse der Abhängigkeit zueinander, und das Verfahren, welches die eine der in eine solche Beziehung gebrachten Zahlen aus der anderen erzeugt, erscheint selbst als der gesetzmäßige Ausdruck des Abhängigkeitsverhältnisses beider Zahlen voneinander[2]). Auf diese Weise liegt in dem Aufbau der Zahlenreihe die Grundlage zu dem *allgemeinen Funktionsbegriff*, der seinerseits wieder die mathematische Form für jede mögliche Art abstrakter oder *empirischer* Abhängigkeit darstellt. In den Zähloperationen sind alle diese Funktionen in ihrer rein quantitativen Form bereits vollständig enthalten. Damit überträgt sich aber die Abstraktion von dem qualitativen Inhalt der ab-

---

[1]) „Es besteht ein schönes übersichtliches System logischer Gesetze, das sich für die Richtigkeit unserer Folgerungen, unseres Denkens überhaupt, verbürgen könnte. Aber wir sind nicht gezwungen, den logischen Gesetzen zu folgen. Wir denken oft auch unlogisch, ja, wir können es erst durch eine lange Schulung zum logischen Denken bringen, und auch nicht alle Menschen vermögen es überhaupt zu erlernen . . . Der Ablauf unserer Vorstellungen ist nicht nur der logischen Gesetzlichkeit untergeordnet, sondern auch den Gesetzen der Assoziation . . . Die Logik erklärt die Analogieschlüsse des assoziativen Denkens für gänzlich unhaltbar, vermag sie aber doch nicht zu verdrängen." N. Hartmann, a. a. O., S. 117.

[2]) s. Abschnitte A I, II 3 und B I.

zählbaren Gegenstände von dem Zahl- auf den Funktionsbegriff *und mit diesem auf die empirischen Gegenstände*"[1]).

Wenn wir daher die Mathematik auf die realen wirtschaftlichen Fakten und Prozesse anwenden, so müssen wir infolge der Restriktion der logischen Prinzipien auf den abstrakten Zahlbegriff immer beachten, daß wir zu Erkenntnissen über den ökonomischen Untersuchungsgegenstand immer nur auf apriorischem (logisch-mathematischem) *und* empirischem Wege — d. h. a posteriori — gelangen können, und daß die Erfahrung überhaupt erst die Voraussetzung für die Anwendung der apriorischen Prinzipien darstellt[2]).

Wir können die reale Welt nicht allein mit unseren apriorischen Prinzipien erkennen; denn die Irrationalität im Gegenstandsbereich widerspricht einer vollkommenen Identität von Erkenntnis- und Seinskatego-

---

[1]) „So entsteht jenes Streben nach Umwandlung aller Qualitäts- in Quantitätsverhältnisse, das mit unwiderstehlicher Macht überall da entsteht, wo irgendwelche Erscheinungen der mathematischen Analyse unterworfen werden. Diese von der Mathematik ausgehende Quantifikation der Erscheinungswelt hat darum ihre nächste Quelle in dem Funktions- und erst durch diesen in dem Zahlbegriff; aber durch den letzteren geht sie schließlich auf die diskursive und formale Natur der reinen, von jedem konkreten Inhalt frei gedachten Apperzeption zurück.

Auf der anderen Seite erweckt jedoch der Übergang des Zahlenbegriffs in den Funktionsbegriff das Streben, diesen und mit ihm die Zahl selbst auf beliebige Mannigfaltigkeiten zu übertragen, die jener diskreten, *von allen Zeit- und Raumbeziehungen losgelösten Mannigfaltigkeit,* aus der ursprünglich die Zahl hervorging, *nicht mehr adäquat sind.* So bilden sich Umformungen des Zahlbegriffs, in denen dieser allen den Gestaltungen zu folgen sucht, die der Begriff der formalen Mannigfaltigkeit selbst annehmen kann; und im Anschluß an diese Umformungen entsteht die logische Forderung, den Begriff der Zahl so zu fixieren, daß er auf extensive Mannigfaltigkeiten jeder Art anwendbar ist. Dieser Forderung kann nun durch irgendeinen konkreten Zahlbegriff niemals entsprochen werden. *Denn ein solcher ist stets der speziellen Form der Mannigfaltigkeit angepaßt,* aus der er hervorging. Infolgedessen scheidet sich der Begriff der *abstrakten Zahl* oder der allgemeinen zur Zusammenfassung von Einheiten jeder beliebigen Mannigfaltigkeit dienenden Größe von dem der *konkreten Zahl.* Indem jedoch eine solche konkrete Zahl vermöge der diskursiven Natur unseres Denkens immer wieder auf den ursprünglichen Begriff der ganzen Zahl zurückgehen muß, können in jedem einzelnen Fall der Umwandlung des abstrakten in einen konkreten Zahlbegriff eigentümliche Schwierigkeiten erwachsen, die wieder besondere Hilfsmittel zu ihrer Beseitigung fordern. Diese Schwierigkeiten liegen an und für sich in der Notwendigkeit begründet, einen Begriff auf Gebiete zu übertragen, denen er ursprünglich nicht adäquat ist. Ohne die Hilfe einer der Ausführung der arithmetischen Operationen vorauseilenden allgemeinen Begriffssymbolik würde die Lösung dieser Aufgabe unmöglich gewesen sein. Erst im Anschluß an sie sind daher auch die speziellen Methoden entwickelt worden, die jene Erweiterung des Zahlbegriffs für die einzelne Anwendung fruchtbar machen konnten." W. Wundt, a. a. O., S. 514f.

[2]) „Weder aus den empirischen Gegebenheiten noch aus den reinen Verstandesbegriffen allein ist Erkenntnis möglich; denn Anschauung ohne Begriff ist blind, *Begriffe ohne Anschauung* sind *leer,* oder, wie Kant an anderer Stelle sagte, die Erfahrung durch die Sinne ist ein Geschäft, das Verstand erfordert." N. Hartmann, a. a. O., S. 103. S. ferner Anmerkung 1.

rien[1]). So wie die Anwendung der Logik in der Mathematik durch die Abstraktion des Zahlbegriffs restringiert ist, so beschränkt ist auch die Anwendungsmöglichkeit der Mathematik in den Wissenschaften, in denen sich die *kausale* Betrachtung der Gegenstände über den Bereich der Materie und des Organischen hinaus auch auf die Bezirke des Seelischen und des Geistigen erstreckt; denn die Mathematik ist infolge ihrer Restriktion eine Erkenntniskategorie, mit der wir zwar die niederen Schichten der Materie und des Organischen — hier allerdings schon mit wesentlichen Einschränkungen — rational-gesetzlich bestimmen können, nicht jedoch unsere eigenen seelisch-geistigen Beziehungen[2]). Wir können die Mathematik daher nur dann nutzbringend anwenden, wenn wir in der Lage sind, ihre Grenzen in bezug auf das empirische Untersuchungsobjekt eindeutig zu erkennen und zu bestimmen.

Obwohl die reale Welt durchgehend kausal determiniert ist, haben wir es im speziellen Bereich der ökonomischen Realität mit finaldeterminierten Zusammenhängen zu tun[3]), und wir wissen, daß sich dieser Finalnexus über den Bereich des Anorganischen und Organischen hinweg im wesentlichen auf die Bezirke des Seelisch-Geistigen der menschlichen Beziehungen ausdehnt. Infolge der gegenseitigen Abhängigkeit der einzelnen Fakten und Prozesse im ökonomischen Finalnexus gibt es daher mit Ausnahme des philosophischen keinen Untersuchungsgegenstand, der in höherem Maße komplex wäre als das ökonomische Erkenntnisobjekt. Die wesentlichen Bestimmungsfaktoren für den Einsatz der Mathematik im ökonomischen Bereich werden daher

a) durch den umfassenden Komplex des ökonomischen Untersuchungsgegenstandes,
b) durch den ökonomischen Finalzusammenhang und die dadurch bedingte gegenseitige Abhängigkeit seiner einzelnen Fakten und Prozesse (der Mittel und ihrer Funktionen)[4])

charakterisiert.

Betrachtet man zunächst den umfassenden Komplex der psychisch-geistigen Beziehungen zwischen den Menschen einerseits sowie zwischen ihnen und ihrer materiellen und organischen Umwelt andererseits unter dem Aspekt ihrer kausal begründeten Wesenheit, d. h. ohne unmittelbar

---

[1]) N. Hartmann, a. a. O., S. 91.
[2]) s. hierzu auch Abschnitt B I.
[3]) s. Abschnitt B I.
[4]) s. Abschnitt B I.

auf den ökonomischen Finalnexus Bezug zu nehmen, so wäre die Anwendung der Mathematik ausschließlich auf die quantitativen Beziehungen, d. h. auf das rein Formal-Mengenmäßige beschränkt und eine mathematische Darstellung und Untersuchung des Inhaltlich-Qualitativen wäre nicht möglich[1]).

Untersuchen wir jedoch die gleichen Zusammenhänge unter dem Aspekt des ökonomischen Finalnexus, d. h. unter dem Gesichtspunkt einer auf Zwecksetzung und Zweckerfüllung ausgerichteten menschlichen Tätigkeit, so ist zu erkennen, daß auch die qualitativen ökonomischen Fakten im weitesten Sinne durch mathematisch-logische Methoden zu determinieren sind. Da die Fakten und Vorgänge im ökonomischen Finalzusammenhang in allen Fällen nach der jeweils maßgeblichen Zwecksetzung determiniert werden, stehen sie zum Zeitpunkt der Zweckerfüllung in einem ganz bestimmten, unveränderlichen Verhältnis zum gesetzten Zweck; denn im Gegensatz zum Kausalnexus haben wir es beim Finalnexus in jedem einzelnen Falle mit einem *spezifischen Wertesystem* zu tun, in dem die Werte der einzelnen Fakten und Vorgänge in einem bestimmten Verhältnis zum gesetzten Zweck stehen[2]). Sämtliche qualitativen Fakten und Prozesse (Gegenstände, Beziehungen) werden also entsprechend ihrer Stellung und Bedeutung innerhalb dieses durch den Finalnexus konstituierten Wertebezugssystems durch die Zuordnung einer bestimmten Wert- oder Kennziffer determiniert. An die Stelle einzelner, unterschiedlicher, in keinem Finalzusammenhang zum jeweiligen Realobjekt stehenden Qualitäten bei der kausalen Betrachtung tritt hier eine Größe, die man als die Summe der Qualitäten eines bestimmten Gegenstandes *in bezug* auf die jeweils maßgebliche Zwecksetzung des ökonomischen Finalnexus bezeichnen kann und die damit jeweils eine bestimmte, aber durch die Bewertung ins Quantitative transformierte *qualitative Beziehung* darstellt. Der Unterschied zwischen einer ‚Einheit' im Sinne des finaldeterminierten ökonomischen Wert-Zahlbegriffs und einer ‚Einheit' im Sinne des mathematischen Zahlbegriffs besteht demgemäß in dem bereits eingangs dieses Abschnitts erwähnten unterschiedlichen Grad ihrer Abstraktion. Während der hohe Abstraktionsgrad des mathematischen Zahlbegriffs mit der Vorstellung von der ‚leeren Menge' identisch ist, kann der spezielle (konkrete) ökonomische

[1]) Menschliche Eigenschaften, wie Pflichttreue, Gehorsam, Mut, sowie bestimmte organische und materielle Beschaffenheiten (z. B. Farben) lassen sich in ihrer *kausal* begründeten Wesenheit nicht quantifizieren. S. hierzu auch W. Bierfelder, a. a. O.

[2]) s. Abschnitt A I, B I sowie L. Couffignal, a. a. O. S. 122ff. Über den Finalnexus im allgemeinen s. ferner N. Hartmann, a. a. O. S. 22, 66, 112, 115ff.

Wert-Zahlbegriff als eine unter dem Aspekt des ökonomischen Finalnexus vom Realobjekt abstrahierte Wertmaßeinheit bezeichnet werden. Nun ist allerdings ein spezieller ökonomischer Finalnexus immer nur in einem größeren, ihn umfassenden ökonomischen Finalzusammenhang (Betrieb, Haushaltung) zu verstehen; denn die Erfüllung *eines* maßgeblichen oder übergeordneten (obersten) Zwecks (Betriebs-, Unternehmenszweck) setzt in einer arbeitsteiligen Wirtschaftsorganisation die Durchführung zahlreicher einzelner Arbeitsakte und somit die Erfüllung *untergeordneter* (mittelbarer) Zwecke voraus, die wiederum von verschiedenen, aber zur Bewirkung dieses Leistungsprozesses zu einer *Einheit* (Betrieb) zusammengefaßten Personen bewirkt wird[1]).

Das Prinzip der Arbeitsteilung erstreckt sich aber nicht nur auf den einzelnen Betrieb, sondern über diesen hinaus auch auf das Verhältnis der Leistungserstellungen zwischen den einzelnen Betriebswirtschaften. Es führt damit zwar zu einer gegenseitigen Abhängigkeit der Betriebe, nicht jedoch, soweit die Freizügigkeit des einzelnen in bezug auf die wirtschaftlichen Gestaltungsformen und -möglichkeiten durch eine rechtsstaatliche Ordnung gewährleistet ist, zum Verlust der Selbständigkeit der einzelnen Unternehmungen[2]). Aus diesem Grunde baut sich über dem *speziellen*, nur auf einen bestimmten ökonomischen Finalnexus bezogenen Wert-Zahlbegriff (Betriebswert)[3]), ein *allgemeiner abstrakter* ökonomischer Wert-Zahlbegriff auf, den wir im allgemeinen Sprachgebrauch als Marktwert[4]) (‚objektiver Tauschwert') oder Preis bezeichnen, und der trotz des Attributes ‚Wert' keine bestimmte Qualität, sondern eine von den Betriebswerten — bzw. anderen finaldeterminierten Werten — abstrahierte, allgemeine und rein quantitative Wertbezugsgröße darstellt. Wert, soweit er die im Realobjekt liegende Qualität in bezug auf eine spezielle ökonomische Zwecksetzung ausdrückt (Betriebswert), ist also *nicht* mit dem allgemeinen ökonomischen Wert-Zahlbegriff (Marktwert) identisch.

Da die einerseits betriebs- und andererseits marktwirtschaftlich begründete Gemeinsamkeit der Leistungserstellung aber wiederum die Verteilung des Leistungsertrages unter die Beteiligten bedingt, und die Leistungen und ihre Erträge weder an sich noch in bezug auf die subjektiven Bedürfnisse der Menschen beliebig teilbar sind, kann eine Verteilung des

---

[1]) s. S. 188ff., insbesondere S. 200ff.
[2]) s. S. 184ff. und 191f.
[3]) s. S. 179ff., 188ff. und 218ff.
[4]) s. hierzu S. 184ff., 191f. und 218ff.

Ertrages nur in den Einheiten eines *an sich bestehenden, zahlenmäßigen* — und damit beliebig teilbaren — *und allgemein anerkannten Wertmaßstabes (Geld)* erfolgen. Sowohl die subjektiven Wertvorstellungen des einzelnen als auch der Betriebs- und Marktwert der Güter (Leistungen) müssen daher als sichtbarer Ausdruck dieses Zusammenhangs mit diesem Wertmaßstab gemessen werden.

Infolge dieses Zusammenhangs zwischen dem speziellen (konkreten)[1]) und dem allgemeinen (abstrakten)[2]) ökonomischen Wert-Zahlbegriff einerseits und dem an sich bestehenden, rein zahlenmäßigen Wert*maßstab* (Geld) andererseits, sowie ihre eindeutig gegebenen Beziehungen zum allgemeinen mathematischen Zahlbegriff bestünde demgemäß kein Hindernis, die wirtschaftlichen Prozesse *ausschließlich* auf der Grundlage streng logisch-mathematischer Methoden zu determinieren. Die Schwierigkeiten, die ein solches Verfahren jedoch unmöglich machen, liegen darin begründet, daß das doppelt zweiseitig-funktionale Abhängigkeitsverhältnis der einzelnen Fakten und Prozesse jedes ökonomischen Finalnexus[3]) ein *spezifisch zeitlich-räumliches* Ursachenphänomen ist, das als solches überhaupt den eigentlichen Inhalt des ökonomischen Erkenntnisobjekts repräsentiert. Spezifisch zeitlich-räumlich deshalb, weil die voneinander abhängigen Entscheidungen der einzelnen zwecksetzenden Wirtschaftssubjekte durch die unvermeidlichen zeitlich-räumlichen Diskrepanzen häufig voneinander abweichen, so daß die endgültige Bestimmung der ökonomischen Fakten und Prozesse zur Realisierung einer speziellen Zwecksetzung immer erst im Zeitpunkt der Zweckerfüllung erfolgt und sich somit als eine Funktion eigener und *fremder* Determinationen erweist.

Ferner determinieren die speziellen Zweckerfüllungen der Vergangenheit bereits immer in ganz bestimmter Weise die folgenden, in die Zukunft gerichteten speziellen Zwecksetzungen bzw. -erfüllungen. Diese Tatsache beruht auf den *konstanten* Bedingungen jedes Betriebsprozesses, wobei der Begriff der Konstanz nicht im Sinne des Substanzbegriffes als etwas Unveränderliches aufzufassen ist, sondern als eine, in Hinsicht auf einen bestimmten ökonomischen Finalnexus zwar fest gegebene, aber von den kausalen Bedingungen der Zeit und des Raumes sowie den fremden Determinationen abhängige Größe, die erst durch ihre

---

[1]), [2]) Vgl. Anmerkung 1, S. 100.
[3]) s. hierzu S. 210f.

Stellung und Bedeutung im jeweiligen Finalzusammenhang ihren ökonomischen Wert involviert[1]).

Diese besonderen, in den qualitativen Beziehungen des ökonomischen Finalnexus begründeten Schwierigkeiten können nur dann überwunden werden, wenn in dem Verhältnis zwischen den leitenden (zwecksetzenden, determinierenden) und den ausführenden (zweckerfüllenden) Organen des Betriebsprozesses eine *Unmittelbarkeit*[2]) besteht, die den kontinuierlichen Zusammenhang zwischen der *ursprünglichen* und der *endgültigen* Determination gewährleistet und somit die *Identität*[3]) zwischen dieser und der eigentlichen Ausführung (Zweckerfüllung) tatsächlich herbeiführt. Infolge des ständig zunehmenden Umfangs der ökonomischen Prozesse, ihrer wachsenden Verflechtung und Kompliziertheit droht die Unmittelbarkeit aber in immer stärkerem Maße verlorenzugehen. Je mehr dies aber der Fall ist, um so stärker treten auch die unbestimmbaren Fakten oder Imponderabilien in Erscheinung[4]), so daß die Möglichkeiten zur Vornahme exakter Vorausbestimmungen immer geringer werden.

Je mehr es aber andererseits gelingt, den zeitlich-räumlichen Abstand zwischen den Determinationen der Zwecksetzung und der Zweckerfüllung zu verringern, um so besser können wir die ökonomischen Prozesse rational-mathematisch bestimmen[5]). Die Frage stellt sich daher *nicht* in bezug auf die speziellen mathematischen Methoden, mit deren Hilfe der Ablauf der ökonomischen Prozesse determiniert werden kann, sondern dahingehend, welche ökonomischen Voraussetzungen erfüllt sein müssen, um die wirtschaftlichen Prozesse überhaupt mit einem hohen Maß rational-mathematischer Exaktheit bestimmen zu können, um auf diesem Wege die Differenzen zwischen den Determinationen im Zeitpunkt der Zwecksetzung und der Zweckerfüllung auf ein Mindestmaß herabzusetzen[6]). Wie noch im einzelnen zu zeigen sein wird, handelt es sich hierbei insbesondere um ein Problem der Datenverarbeitung und der Kommunikation[7]).

---

[1]) Die variablen Fakten des ökonomischen Prozesses zeichnen sich demgegenüber durch eine wesentlich geringere zeitliche und räumliche Abhängigkeit ihres kausalen Charakters in bezug auf den ökonomischen Finalnexus aus.

[2]) s. S. 204ff., 211ff. und 218ff.

[3]) s. S. 209f., 211ff. und 218ff.

[4]) s. S. 185ff., 187ff., 204ff. und 218ff.

[5]) s. Anmerkung 1), S. 100 und S. 200ff.

[6]) s. Abschnitt B.

[7]) s. Abschnitt B.

III. Das Zusammenwirken der Organe im Prozeß der automatisierten elektronischen Datenverarbeitung

Nachdem durch die eingehende Behandlung der Grundlagen des Verfahrens die notwendigen Voraussetzungen zum Verständnis des Prozesses der automatisierten elektronischen Datenverarbeitung geschaffen worden sind, kann nunmehr zur Darstellung des funktionellen Zusammenwirkens der Organe übergegangen werden. Hierbei wollen wir von dem Organ ausgehen, in dem der eigentliche Grundgedanke der automatisierten elektronischen Datenverarbeitung realisiert ist: der Programmsteuerung.

1. Das Steuerwerk

a) Zweck und Aufgaben

Das Steuerwerk hat den Zweck, die Maschine nach Maßgabe des Programminhalts zu steuern. Hierzu ruft es nach dem Startbefehl die nach dem jeweiligen Maschinen-Code verschlüsselten Programmbefehle in der im Programm festgelegten Reihenfolge aus dem Speicher ab. Im Steuerwerk werden diese zunächst von einem Hilfsspeicher kleinerer Kapazität — in der Regel mit sehr schnell reagierenden elektronischen Bauelementen (Magnetkerne, Transistoren, Hochvakuumröhren)[1] — aufgenommen und gelangen sodann in die Decoder- oder Entschlüsselungsschaltung.

Diese Schaltung hat die Aufgabe, die Impulsfolgen der im Befehl enthaltenen Adressen — es kann sich hierbei sowohl um Operanden-, als auch um Befehlsadressen handeln — und der Operationsinstruktion in entsprechende Steuerspannungen (Steuerimpulse) umzuwandeln und dadurch den Ablauf der im Programm angegebenen Operationen herbeizuführen. Die Steuerimpulse bewirken demgemäß über entsprechende Multivibrator- und Gatterschaltungen[2], daß

a) die Befehle aus dem Speicher in den Befehlsdecoder übertragen werden,

b) die im Befehl adressierten Operanden (Daten) aus dem Speicher in die Register des Vergleichs- oder Rechenwerks geleitet werden und

c) die im Befehl angegebene Operation im Vergleichs- oder Rechenwerk durchgeführt wird.

Ein Programmbefehl gliedert sich daher grundsätzlich in einen oder mehrere Adressenteile zur Auffindung von Operanden oder weiteren Be-

---

[1]) s. hierzu Abschnitt II c über die elektronischen Bauelemente.
[2]) s. hierzu Abschnitt II c, III da und III db.

fehlen (z. B. bei der sog. Adressenmodifikation) im Speicher[1]) und in einen Teil, der die Instruktion über die durchzuführende Operation enthält (Operationsteil). Demgemäß unterscheidet man bei einer Decoderschaltung den Adressen- und den Operationsdecoder.

b) Der Maschinenschlüssel

Die Maschinenschlüssel sind nach den Prinzipien der bereits ausführlich beschriebenen Binärcodes aufgebaut[2]) („Aiken"- oder „2-4-2-1-Code", „Dreier-Excess-Code", „8-4-2-1-Code", direkte binär-dezimale Verschlüsselung, „Biquinär"- und „2 aus 5-Code").

Der „8-4-2-1-Code" (mit direkter Zuordnung) hat für Ziffern — wie bereits beschrieben — folgendes Aussehen:

Dezimal-ziffern		Ziffern-Code (Tetraden)
0	≡	0000
1	≡	0001
2	≡	0010
3	≡	0011
4	≡	0100
5	≡	0101
6	≡	0110
7	≡	0111
8	≡	1000
9	≡	1001

Zur Darstellung von Buchstaben und Sinnzeichen ist es daher notwendig, zu den Ziffern-Tetraden noch zwei weitere Dualstellen, die sogenannten Zonenbegrenzer oder -indikatoren, zu verwenden, so daß die Anzahl der Kombinationsmöglichkeiten zwischen den einzelnen Dualziffern von 2^4 (= 16) auf 2^6 (= 64) wächst. Als Beispiel hierzu sei zunächst ein Maschinen-Code angeführt, wie er in der „ELECTRONIC DATA PROCESSING MACHINE" (EDPM) Type 705 der International Business Machines Corp. (IBM) benutzt wird:

---

[1]) Je nachdem, ob eine Maschine eine oder mehrere Adressen mit einem Programmbefehl entschlüsseln und übertragen kann, unterscheidet man „Ein"- und „Mehradressenmaschinen". Ist ein Befehl so gegliedert, daß er neben der Operationsangabe mehrere Speicheradressen aufnehmen kann, so können z. B. in einem Befehl die Adressen zweier Operanden und die Adresse des Ergebnisses der durchzuführenden Operation angegeben werden (Dreiadressenmaschine), s. hierzu auch unter c) dieses Abschnittes.

[2]) s. Abschnitt A II 3.

Tetraden	Zonenbegrenzer			
	00	11	10	01
0000		&	—	
0001	1	*A*	*J*	/
0010	2	*B*	*K*	*S*
0011	3	*C*	*L*	*T*
0100	4	*D*	*M*	*U*
0101	5	*E*	*N*	*V*
0110	6	*F*	*O*	*W*
0111	7	*G*	*P*	*X*
1000	8	*H*	*Q*	*Y*
1001	9	*I*	*R*	*Z*
1010	0	+ 0	— 0	Satzzeichen
1011	#	.	$	,
1100	@	⌑	*	%
1101				
1110				
1111	Bandmarke			Gruppenmarke

So ergibt sich z. B.:

$$8 \triangleq 00\ 1000$$
$$\& \triangleq 11\ 0000$$
$$K \triangleq 10\ 0010$$
$$Z \triangleq 01\ 1001$$

Aus Kontrollgründen wird in der EDPM 705 ferner zusätzlich ein sogenanntes Kontrollbit (Impuls) verwandt. Es wird automatisch allen Impulsfolgen hinzugefügt, die aus einer ungeraden Anzahl von Bits bestehen, so daß die eben aufgeführten Zeichen durch die folgenden binären Ziffernverbindungen dargestellt werden:

$$8 \triangleq 1\ 00\ 1000$$
$$\& \triangleq 0\ 11\ 0000$$
$$K \triangleq 0\ 10\ 0010$$
$$Z \triangleq 1\ 01\ 1001$$

Jede Impulsfolge mit einer ungeraden Anzahl von Bits ist demgemäß fehlerhaft. Hierdurch besteht die Möglichkeit einer automatischen Kontrolle durch die Maschine, die das Vorkommen einer Impulsfolge mit einer ungeraden Anzahl von Bits unmittelbar als Maschinenfehler anzeigen kann (sog. parity check). Aus den gleichen Gründen ist es ebenfalls vermieden worden, ein Zeichen nur durch Nullen bzw. fehlende Impulse auszudrücken. Zu diesem Zweck wird z. B. die dezimale 0 dual durch die Zahl 1010 ($\equiv$ 10) ausgedrückt.

Wenn man auch häufig im Prinzip den gleichen Schlüssel verwendet, so ergeben sich bei den einzelnen Anlagen dennoch gewisse Abweichungen in der Codierung, die in der Regel auf schaltungs- und kontrolltechnischen Erwägungen beruhen. So hat z. B. der Maschinen-Code der programmgesteuerten elektronischen Datenverarbeitungsanlage vom Typ Gamma 60 von der Compagnie des Machines Bull, der ebenfalls auf dem dual-dezimalen Schlüssel mit direkter Zuordnung beruht, folgendes Aussehen:

Tetraden	Zonenbegrenzer			
	00	01	10	11
0000		*P*	0	=
0001	*A*	*Q*	1	≠
0010	*B*	*R*	2	
0011	*C*	*S*	3	
0100	*D*	*T*	4	
0101	*E*	*U*	5	
0110	*F*	*V*	6	''
0111	*G*	*W*	7	!
1000	*H*	*X*	8	?
1001	*I*	*Y*	9	
1010	*J*	*Z*	+	
1011	*K*	.	—	*
1100	*L*	,	(	
1101	*M*	:	)	
1110	*N*	;	×	
1111	0	'	/	

Ein grundsätzlicher Unterschied gegenüber dem Code der IBM 705 ergibt sich nicht. Er weicht von diesem aber durch eine andere Verbindung zwischen den Tetraden und Zonenbegrenzern ab. Dies hat aber den Vorzug, daß nun auch die dezimale 0 durch die duale 0 übersetzt wird, ohne daß hierdurch ein Zeichen nur durch Nullen oder fehlende Impulse ausgedrückt wird. Bemerkenswert ist ferner, daß bei der GAMMA 60 grundsätzlich Wahlfreiheit zwischen dem Gebrauch eines reinen Ziffercode (4-stellig) ohne und eines alphanumerischen Code mit Zonenindikatoren (6-stellig) vorgesehen ist, wodurch im gegebenen Falle beträchtlicher Speicherraum eingespart werden kann.

Demgegenüber ist der „Dreier-Excess-Code", wie er z. B. in den UNIVAC-Systemen von Remington Rand verwandt wird, folgendermaßen gegliedert:

Tetraden	Zonenbegrenzer			
	00	01	10	11
0000	*i*	*r*	*t*	Σ
0001	△	,	"	*β*
0010	—	.	|	:
0011	0	;	)	+
0100	1	*A*	*J*	/
0101	2	*B*	*K*	*S*
0110	3	*C*	*L*	*T*
0111	4	*D*	*M*	*U*
1000	5	*E*	*N*	*V*
1001	6	*F*	*O*	*W*
1010	7	*G*	*P*	*X*
1011	8	*H*	*Q*	*Y*
1100	9	*I*	*R*	*Z*
1101	'	#	$	%
1110	&	¢	*	=
1111	(	@	?	

Sowohl den Dezimalziffern (von 0—9) als auch den Buchstaben (von A—Z) sind die ‚numerischen Werte' des Code — Tetrade ($= x + 3$) und

Zonenbegrenzer — in aufsteigender Reihenfolge zugeordnet, wobei die Ziffern durch den ersten (00) und die Buchstaben in entsprechender Weise durch die nächstfolgenden Zonenindikatoren (01, 10, 11) voneinander abgegrenzt sind. Die hierbei nicht benutzten dualen Ziffernkombinationen sind mit notwendigen Sinnzeichen belegt oder frei.

Ein Kontrollbit wird hier im Gegensatz zu der EDPM 705 nur den geraden Impulsfolgen hinzugefügt, so daß die einzelnen Informationseinheiten immer auf eine ungerade Anzahl von Bits automatisch kontrolliert werden.

c) Der Befehl

Wie bereits ausgeführt wurde, besteht ein Programmbefehl grundsätzlich aus einem oder mehreren Adressenteilen und einem Operationsteil. Während der Adressenteil zur Aufnahme der Speicheradresse des Operanden[1]) vorgesehen ist, erscheint im Operationsteil die Instruktion, was mit diesem Operanden zu geschehen hat.

Als ‚Adressen' fungieren dabei

1. die Speicherplätze des Hauptspeichers,

2. die Plätze der neben dem Hauptspeicher bestehenden Speicher mit kleiner Kapazität, aber hohen Operationsgeschwindigkeiten (z. B. Magnetkernspeicher als Puffer- oder Zwischenspeicher)

   21) zur Aufnahme der Programmbefehle und sonstiger Verarbeitungsmerkmale[2]), soweit diese nicht im Hauptspeicher abgelegt werden,

   22) zur Aufnahme der Daten bei der Ein- und Ausgabe (Puffer- oder Zwischenspeicherung),

3. die Register und Hilfsspeicher

   31) des Steuerwerks
   (Befehlsadressenspeicher, Decoderregister)[3])

   32) des Vergleichswerks
   (Operandenregister, Verschieberegister, Verzweigungsregister, Bedingungsregister)[4])

---

[1]) Hierbei kann es sich auch um die Adresse eines Befehls handeln (Adressen von Adressen).

[2]) Es handelt sich hier vorwiegend um Einteilungskriterien (Speicher, Drucker) und um die Angabe von Suchmerkmalen zur Auffindung bestimmter Speicherplätze, die sog. Konstanten des Programms.

[3]) s. unter dc) dieses Abschnitts.

[4]) s. Abschnitte A III 2/3.

33) des Rechenwerks
(Operandenregister, Rechenregister oder Akkumulatoren, Verschieberegister)

34) für die Indexrechnung bzw. Adressenmodifikation
(Indexregister, -speicher).

Die Frage nach der optimalen Gliederung des Programmbefehls, insbesondere nach der Zahl der Adressen, die er neben der Operationsinstruktion aufnehmen soll, kann nicht nur unter verfahrenstechnischen Gesichtspunkten betrachtet werden, sondern hängt auch maßgeblich vom Verwendungszweck der Anlage ab. Bei einer Maschine mit einem Mehradressen-Befehl schrumpft die Anzahl der Befehle, die zur Durchführung eines bestimmten Verarbeitungsprogramms erforderlich sind, gegenüber der bei einer Einadressenmaschine notwendigen Anzahl sehr stark zusammen. Die Möglichkeit, durch einen Befehl gleichzeitig den Inhalt mehrerer Adressen aus dem Speicher abzurufen, erlaubt ferner eine mannigfaltige Modifikation von Operandenadressen und Instruktionen, wodurch außerordentlich rationale Effekte erzielt werden können. Soweit ein Mehradressenbefehl außerdem gleichzeitig durch parallel arbeitende Steuerorgane ausgeführt wird, sind auch die Operationszeiten einer Mehradressenmaschine in der Regel kürzer als die einer Einadressenmaschine.

Auf der anderen Seite lassen sich aber die Aufgaben für eine Einadressenmaschine wesentlich zügiger programmieren, da die bei der Mehradressenmaschine zu beachtenden größeren Variationsmöglichkeiten auch wesentlich höhere Anforderungen an den Programmierer stellen, und zwar sowohl hinsichtlich der richtigen als auch der optimalen Programmierung. Darüber hinaus benötigt eine Einadressenmaschine auch weniger Steuerorgane als eine mit parallel arbeitenden Steuerorganen ausgestattete Mehradressenmaschine. Dies trifft allerdings nicht zu, wenn eine Einadressenmaschine über eine besondere Einrichtung zur Adressen- bzw. Indexrechnung verfügt, die ihrerseits wiederum — je nach Umfang — die vorhin erwähnten Vorteile der Mehradressenmaschine (Adressenmodifikation usw.) egalisiert und unter Umständen sogar übertrifft.

Die Instruktionen, die in den Operationsteil des Befehls eingehen und die Steuerung der jeweiligen Operationen auslösen, lassen sich in drei Gruppen gliedern:

1. Instruktionen zur Einleitung, Verbindung und zum Abschluß von Datenverarbeitungsprozessen:

10) Instruktionen zur Durchführung der Datenübertragung von den Eingabeaggregaten (Steuerpult, Impulsumwandlungs- und -übertragungsgeräte für die auf Magnetbändern, in Lochkarten und Lochstreifen markierten Daten) in die Maschine;

11) Instruktionen zur Durchführung von Übertragungsfunktionen zwischen den Registern des Steuerwerks, des Vergleichs- und Rechenwerks und den Speichern;

12) Instruktionen zur Steuerung der Register des Vergleichs- und Rechenwerks als verbindender oder die logistischen und arithmetischen Operationen vorbereitender Prozeß[1]):

  120) Löschen
  121) Normalisieren
  122) Extraktion, Insertion
  123) Nullenunterdrückung
  124) Verschiebung der Registerinhalte

13) Instruktionen zur Durchführung der Datenübertragung von der Maschine in die Datenausgabegeräte (Impulsumwandlungs- und -übertragungsgeräte für die auf Magnetbänder, in Lochkarten und Lochstreifen zu markierenden oder durch Schreibmaschinen und Schnelldrucker niederzuschreibenden Daten);

2. Instruktionen zur Durchführung der logistischen Operationen:

20) Der bedingte Sprung
(Vergleich auf: $=$, $\leqq$, $<$, $>$, $\geqq$, $\neq$ oder auf bestimmte Maschinenzustände bzw. -einstellungen)

  201) mit linearer und
  202) mit zyklischer Verzweigung
  (Unterprogramm)

21) Der unbedingte Sprung

3. Instruktionen zur Durchführung arithmetischer Operationen:

30) Addition
31) Subtraktion
32) Multiplikation
33) Division

---

[1]) s. Abschnitte A III 2/3.

4. Instruktionen zur Durchführung von Indexoperationen:

40) Befehlsmodifikation (Befehlsersetzung usw.)

41) Adressenmodifikation (Adressenrechnung usw.)

d) Der Befehlsdecoder

Zur Übertragung der Befehle aus dem Speicher in das Steuerwerk, zur Übertragung der Operanden durch die im Befehl angegebene Adresse in das Vergleichs- oder Rechenwerk und zur Auslösung der Operation durch die Operationsinstruktion des Befehls ist es notwendig, die Impulsfolgen der Adressen und der Operationsinstruktionen in bestimmte Steuerspannungen (Steuerimpulse) umzuwandeln. Diese Umwandlung geschieht in der Entschlüsselungs- oder Decoderschaltung des Steuerwerks, die aus einer Kombination von bistabilen Multivibratoren und Gatterschaltungen (Koinzidenzschaltungen)[1]) besteht.

da) *Der bistabile Multivibrator*

Der bistabile Multivibrator ist eine elektronische Kippschaltung[2]), die durch zwei Elemente mit jeweils entgegengesetzten stabilen elektrischen Zuständen gekennzeichnet ist (gesperrtes System = hohe Spannung, stromführendes System = niedrige Spannung), und in der die beiden Elemente in Abhängigkeit voneinander durch eine entsprechende Impulssteuerung wiederum in ihren entgegengesetzten stabilen Zustand ‚umgekippt‘ werden können.

Die Schaltung besteht aus zwei Eingängen, zwei elektronischen Bauelementen (Doppeltriode, Transistoren, Rechteckferriten oder Magnetschaltkernen) mit den dazu erforderlichen Kondensatoren, Widerständen und zwei Ausgängen. Im aktiven Zustand tritt an jedem der beiden Ausgänge A und B gleichzeitig und wechselweise entweder eine hohe oder eine niedrige Spannung auf. Liegt der Ausgang A an einer hohen und der Ausgang B an einer niedrigen Spannung, so wird der Zustand der Schaltung als „gerade“, im umgekehrten Falle hingegen als „ungerade“ bezeichnet.

Zur Auslösung des Kippvorgangs sind die beiden Eingänge a und b der Schaltung so mit den Ausgängen A und B gekoppelt, daß ein negativer Impuls (z. B. mit einer Amplitude von — 10 V = negatives Potential gegen 0)[3]) am Eingang b ein Umkippen der Spannung vom ‚geraden‘ in

[1]) s. Abschnitt A IIc.

[2]) Trigger-, Flip-Flop-, Eccles-Jordan-Schaltung sind andere Bezeichnungen für bistabile elektronische Kippschaltungen dieser Art.

[3]) s. auch S. 25f.

den ‚ungeraden' stabilen Zustand bewirkt, so daß am Ausgang *A* nunmehr eine niedrige und am Ausgang *B* eine hohe Spannung liegt, die auch nach der Beendigung des Umschaltimpulses bzw. des Kippvorganges erhalten bleibt. Umgekehrt bewirkt ein negativer Impuls am Eingang *a* wiederum das Umkippen der Schaltung vom ungeraden in den geraden Zustand (hohe Spannung am Ausgang *A*, niedrige Spannung am Ausgang *B*):

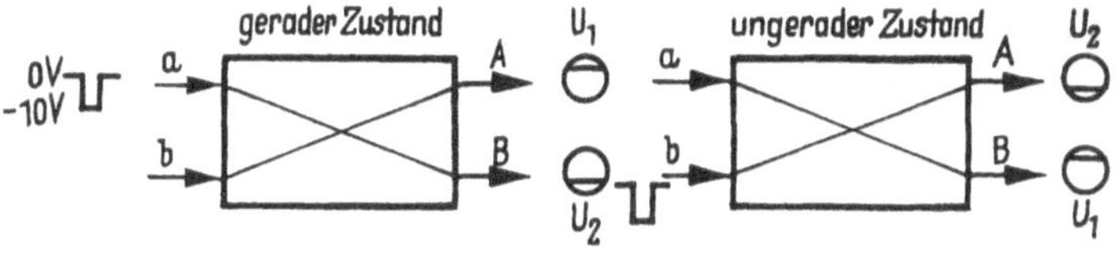

U_1 = hohe Spannung U_2 = niedrige Spannung

Abb. 24: Schematische Darstellung der beiden Zustandsformen des bistabilen Multivibrators
(Nach G. Haas, a. a. O.)

Der bistabile Multivibrator ist demgemäß ein Schaltelement zur Umwandlung kurzer Impulse in stationäre Spannungen und dient daher in der automatisierten elektronischen Datenverarbeitung als Speicher- und Rechenelement. Die Tatsache, daß z. B. zwei kurz aufeinanderfolgende negative Impulse (negatives Potential gegen 0) auf die Eingänge *a* und *b* an den Ausgängen *A* und *B* jeweils eine positive *und* negative Potentialvariation verursachen, je nachdem, ob der Spannungspegel des Ausgangs zuerst steigt oder fällt, hat ferner zur Folge, daß z. B. aus *zwei* negativen Eingangsimpulsen an jedem der beiden Ausgänge *ein* Rechteckimpuls mit einer positiven (negativen) und einer negativen (positiven) Flanke entsteht, dessen Dauer und Größe durch den zeitlichen Abstand der Eingangsimpulse sowie durch die Potentialvariationen an den Ausgängen bestimmt wird. Infolgedessen dient der bistabile Multivibrator auch als Impulsuntersetzer im Verhältnis von 2 : 1.

Wie das folgende Schaltbild eines bistabilen Multivibrators zeigt, wird der Kippvorgang durch die Koppelung der Anode der Triode 1 (gesperrt) mit dem Steuergitter der Triode 2[1]) (stromführend) einerseits (i_1 über *R* und *C* von *Rö* 2) sowie durch die entgegengesetzte Koppelung der Anode der Röhre 2 mit dem Gitter der Röhre 1 herbeigeführt (i_2 über *R* und *C*

[1]) Bei der Verwendung von Hochvakuumröhren benutzt man bei Multivibratorschaltungen wegen des geringeren Aufwandes in nahezu allen Fällen der automatisierten elektronischen Datenverarbeitung Doppeltrioden. Das folgende Beispiel wurde lediglich zur besseren Übersicht mit zwei einzelnen Trioden dargestellt.

von *Rö* 1)[1]); denn das Absinken der Anodenspannung an der stromführenden Röhre 2 bewirkt über i_2, daß das negative Potential am Gitter der Röhre 1 — bei entsprechender negativer Vorspannung des Gitters — so hoch ist, daß die Sperrung der Röhre 1 auch nach der Beendigung des Umschaltimpulses bestehen bleibt, während andererseits die nunmehr hohe Anodenspannung an der Röhre 1 über i_1 die weitere Aufhebung der negativen Vorspannung am Gitter der Röhre 2 und damit einen gleichbleibenden Stromfluß in dieser Röhre gewährleistet. Infolgedessen ist die Spannung beider Trioden bis zum Eintreffen des den nächsten Kippvorgang auslösenden negativen Impulses stabil:

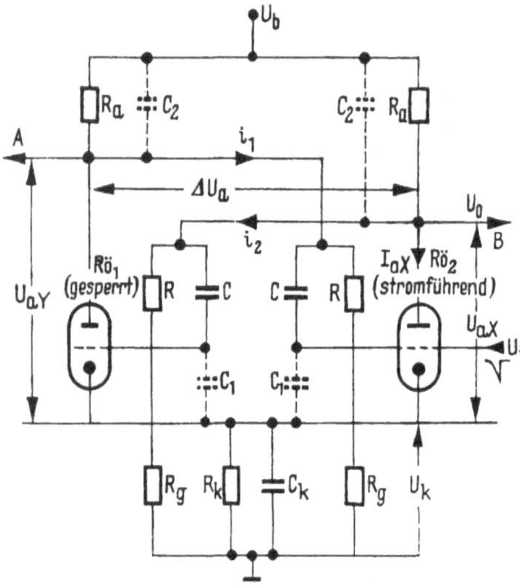

U_b = Betriebsspannung
U_a = Anodenspannung
U_{aY} = stationäre Anodenspannung der Röhre 1
U_{aX} = stationäre Anodenspannung der Röhre 2
U_i = Impulsspannung (-amplitude)
U_k = Kathodenspannung
I_{aX} = Anodenstrom der Röhre 2
R = Widerstand
R_a = Anodenwiderstand
R_g = Gitterwiderstand
C = Kondensator
C_1 = Parallelkapazität 1 (die an den Röhrenausgängen wirksam werdenden schädlichen Parallelkapazitäten)
C_2 = Parallelkapazität 2 (die an den Röhrenausgängen wirksam werdenden schädlichen Parallelkapazitäten)
R/C = Anoden-Gitterkoppelung
R_k/C_k = Gegenkoppelung (Kathode — Gitter) zur automatischen Gittervorspannungserzeugung

Abb. 25: Grundschaltung des bistabilen Multivibrators
(Nach G. Haas, a. a. O.)

Infolge dieser Eigenschaften ist der bistabile Multivibrator eine außerordentlich vielseitige elektronische Grundschaltung, die in der automatisierten elektronischen Datenverarbeitung in der mannigfaltigsten Form verwandt wird, so insbesondere zur Erzeugung von Rechteckimpulsen bzw. *Steuerspannungen* bestimmter Größe und Polarität bei der Entschlüsselung der Befehle (Decoderschaltung) und zur Steuerung der Operationen, als Impulsuntersetzer für die Zählung, zur Umwandlung kurzer Impulse in stationäre Spannungen bei der Speicherung.

[1]) Es handelt sich hier um einen sogenannten anodengekoppelten bistabilen Multivibrator. Neben diesem kommt in der automatisierten elektronischen Datenverarbeitung auch der kathodengekoppelte bistabile Multivibrator zur Anwendung (Schmitt-Trigger).

„Die theoretische Behandlung des Kippvorgangs ist mühsam und wenig übersichtlich, so daß wir uns hier mit Näherungsbetrachtungen begnügen wollen. Wir nehmen hierbei an, daß der Kathodenkondensator C_k

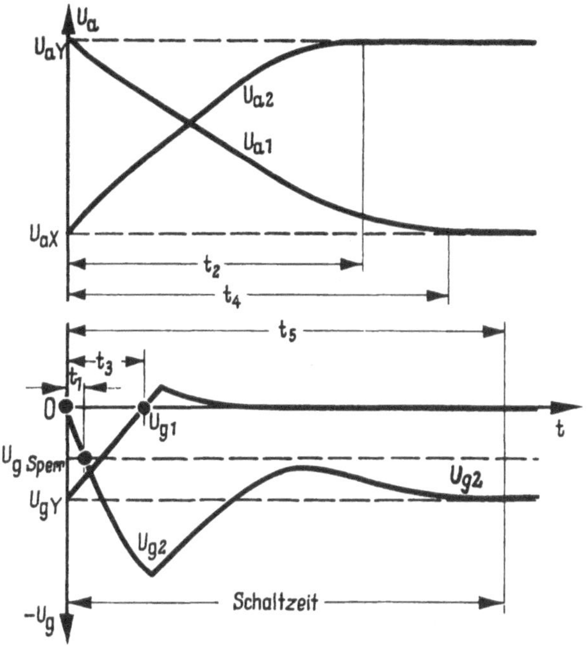

Abb. 26: Gitter- und Anodenspannung während des Umkippens
(Nach G. Haas, a. a. O.)

so groß ist, daß die Zeitkonstante $R_k C_k$ länger ist als der Kippvorgang; dann bleibt die Spannung am Kathodenwiderstand während des Kippens angenähert konstant.

Wir gehen davon aus, daß der bistabile Multivibrator durch einen negativen Impuls U_i mit steiler Vorderflanke und flacher Rückflanke am Gitter der geöffneten Röhre ($Rö_2$) ausgelöst wird, wobei seine Amplitude größer als die Sperrspannung der Röhre ist. Dann können wir folgende Zeitabläufe unterscheiden:

t_1 . . . die Gitterspannung der Röhre 2 erreicht die Sperrspannung $U_{g\ \text{sperr}}$

t_2 . . . die Anodenspannung der Röhre 2 steigt auf den stationären Wert U_{aY}

t_3 ... die Gitterspannung der Röhre 1 steigt von U_{gY} (dem Gitterspannungssprung) auf den Wert 0 an

t_4 ... die Anodenspannung der Röhre 1 fällt auf den stationären Wert U_{aX}

t_5 ... die Gitterspannung der Röhre 2 erreicht den stationären Wert U_{gY}"

Wie schon bei der Behandlung der binär-dezimalen Schlüssel ausgeführt wurde[1]), kann eine Dezimalzahl in der Maschine z. B. durch vier binäre Symbole (Tetrade) dargestellt werden. Da eine solche Tetrade aber durch Impulse, d. h. durch eine Folge einzelner kurzzeitiger Spannungsstöße zustande kommt, ist es zur zeitweiligen Registrierung der Zahlen im Zuge ihrer Verarbeitung notwendig, die Impulse entweder in stationäre Spannungen umzuwandeln (statische Speicherung) oder in besonderen Schaltkreisen (Laufzeitketten)[2]) mit elektronischer Geschwindigkeit umlaufen zu lassen (dynamische oder kinematische Speicherung). Da die statische Speicherung mit Hilfe bistabiler Multivibratoren durchgeführt wird, sind zur Darstellung jeder Dezimalziffer bzw. Tetrade vier bistabile Multivibratoren erforderlich, so daß es möglich ist, mit dieser Schaltung 4^2 (= 16) verschiedene bistabile Zustände zu realisieren[3]). Da aber zur Darstellung eines dual-dezimalen Code nur 10 verschiedene Zustände benötigt werden, müssen durch zweckentsprechende Rückkoppelungen zwischen den bistabilen Multivibratoren 6 Stellungen übersprungen werden.

Handelt es sich um bistabile Multivibratoren mit Doppeltrioden, deren Gitter mit negativen Zählimpulsen gesteuert werden, so kann der Zustand: Triode (A) gesperrt, Triode (B) stromführend = 0 (Grundzustand) und Triode (A) stromführend, Triode (B) gesperrt = 1 gesetzt werden. Wenn wir den 4 Multivibratoren M I—M IV sodann die dezimalen Gewichte 1-2-4-2 (‚Aiken-Verschlüsselung') [4]) zuordnen, so werden die negativen Zählimpulse in folgender Weise in stationäre Spannungen umgewandelt bzw. gezählt und gespeichert:

Der 1. negative Zählimpuls gelangt auf das Gitter von (B) des ersten Multivibrators (I) und bewirkt dadurch die Sperrung von (I/B), so daß (I/A) stromführend wird und M I sich in der Stellung „1" befindet.

[1]) s. unter 1b dieses Abschnitts.

[2]) s. Abschnitt A IIcf.

[3]) Dies ergibt sich auch aus der Eigenschaft des bistabilen Multivibrators als Impulsuntersetzer; denn bei der Reihenschaltung von vier Multivibratoren ergibt sich ein Verhältnis von 16 : 1, d. h. aber, daß der vierte Multivibrator erst vom 16. Impuls erreicht würde.

[4]) s. Übersicht auf S. 120 über die Stellung der einzelnen Multivibratoren bei der Impulsspeicherung sowie Abschnitt A II 3.

Der 2. negative Zählimpuls gelangt sodann auf das Gitter von (I/A) und bewirkt damit ein erneutes Umkippen von (I), so daß nunmehr wieder (I/A) gesperrt und (I/B) stromführend ist[1]). Damit ist M I aber wieder $= 0$ und der nunmehr negative Impuls am Ausgang von (I/B) bewirkt die Sperrung von (II/B), so daß (II/A) stromführend wird und die Schaltung nunmehr 0010 = 2 anzeigt.

Der 3. negative Zählimpuls bewirkt dann wiederum das Umkippen von (I) auf „1", so daß sich die Zählschaltung nunmehr in der Stellung 0011 = 3 befindet.

Der 4. negative Zählimpuls sperrt wiederum das Gitter von (I/A), so daß (I/B) stromführend wird und M I wieder die Stellung „0" einnimmt. Der dabei an der Anode von (I/B) ausgelöste negative Impuls führt sodann im einzelnen über folgende Schaltvorgänge zur Darstellung der Zahl 1010 = 4 (siehe Schaltbild Seite 120):

1. Sperrung von (II/A), so daß (II/B) stromführend wird, d. h. II = 0;
2. Auslösung eines negativen Impulses an (II/B);
3. Sperrung von (III/B) und (IV/B) durch den negativen Impuls von (II/B), infolgedessen sind (III/A) und (IV/A) stromführend, d. h. III und IV zeigen jeweils „1" an;
4. Auslösung eines negativen Ausgangsimpulses an (IV/A)[2]);
5. Sperrung von (III/A) und (II/B) durch den negativen Impuls von (IV/A), so daß III wieder in die Stellung „0", II hingegen wieder in die Stellung „1" ‚umkippt';
6. stromführend verbleiben somit (I/B), (II/A), (III/B) und (IV/A) = 1010 = 4 (Gewichte: 2-4-2-1).

Die Darstellung der restlichen Ziffern der Dekade ergibt sich aus der folgenden Übersicht, die die Stellung der einzelnen Multivibratoren bei einer kontinuierlich fortschreitenden Zählung zeigt:

---

[1]) In Zählschaltungen werden bistabile Multivibratoren über eine gemeinsame Steuerleitung geschaltet, wobei nach jedem Impuls der Eingang gewechselt wird. Dies geschieht automatisch mit Hilfe vorgespannter Dioden, da auch die Eingänge je nach dem Zustand des Multivibrators verschiedene Spannungspegel aufweisen. S. hierzu auch G. Haas, a. a. O., S. 166.

[2]) Der negative Ausgangsimpuls von (III/A) fällt weg (s. Schaltbild).

Dezimalzahl Impulse	Multivibratoren (Dezimalgewichte)			
	IV (2)	III (4)	II (2)	I (1)
0	0	0	0	0
1	0	0	0	1
2	0	0	1	0
3	0	0	1	1
4	1	0	1	0
5	1	0	1	1
6	1	1	0	0
7	1	1	0	1
8	1	1	1	0
9	1	1	1	1
10	0	0	0	0

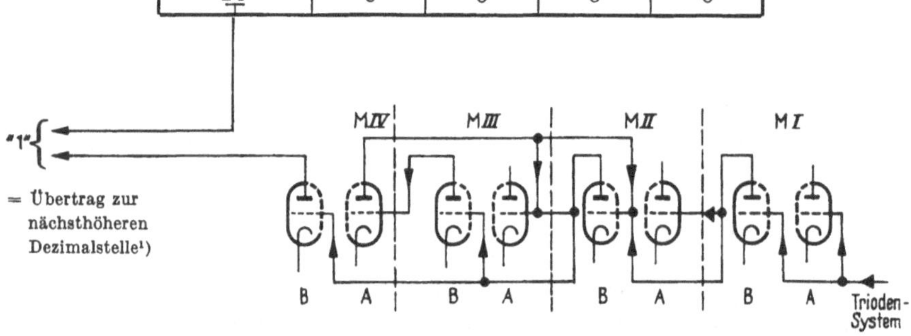

Abb. 27: Koppelung der vier Multivibratoren eines dualdezimalen Zählers mit den dezimalen Gewichten (2)—(4)—(2)—(1) (Aikensche Verschlüsselung) *(S. auch G. Haas, a. a. O.)*

Die Schaltung ist so dimensioniert, daß sie jeden negativen Eingangsimpuls mit einer Größe (Amplitude) von mindestens 20 Volt und einer Anstiegszeit von 1 Mikrosekunde anzeigt. Die Nullstellung der Schaltung wird durch die Betätigung der Taste S herbeigeführt, die einen Spannungsabfall am Widerstand R_7 auslöst und dadurch alle Trioden *b* (rechtes

1) Negativer Ausgangsimpuls von [IV/B] zum Gitter der Triode [I/B] der Schaltung der nächsthöheren Stelle.

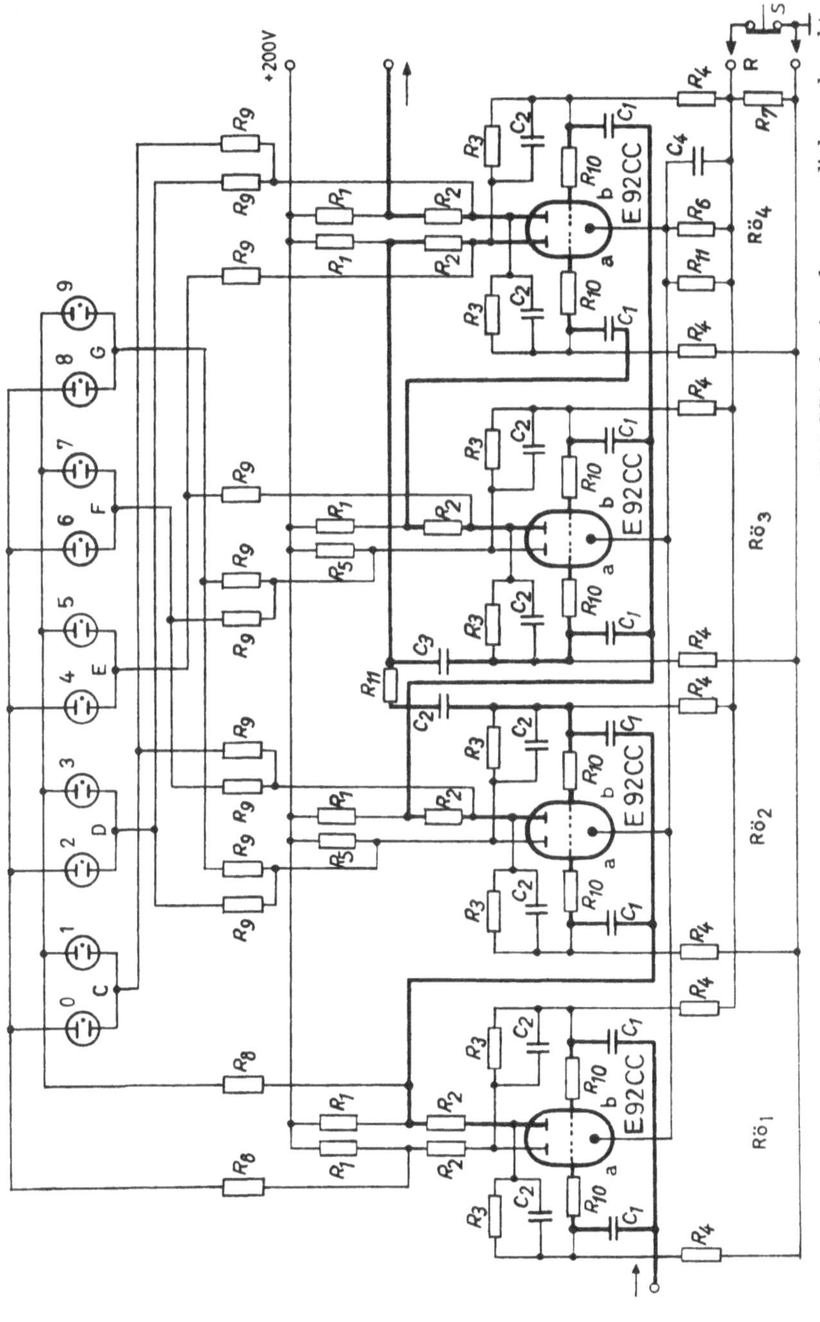

Abb. 28: Dual-dezimale Multivibrator-Zählschaltung mit Doppeltrioden vom Typ E 92 CC in der Anordnung von links nach rechts
(Nach G. Haas, a. a. O.)

System jeder Doppeltriode) öffnet. Die einzelnen Zahlen der Dekade werden in der Abbildung 28 unmittelbar durch die im oberen Teil dargestellten 10 Glimmlampen (von 0—9) angezeigt. Die Glimmlampen sind so mit den Anoden der einzelnen Doppeltrioden gekoppelt, daß sie in der dezimalen Reihenfolge genau mit den dezimalen Gewichten übereinstimmen, die den einzelnen Multivibratoren zugeordnet sind, so daß immer diejenige Lampe aufleuchtet, die der jeweiligen Anzahl der eingegebenen Impulse (Gewichte) entspricht.

db) *Die Gatterschaltungen*

Gatterschaltungen sind elektronische Schaltungen mit zwei oder mehreren Eingängen und einem Ausgang, die in der automatisierten elektronischen Datenverarbeitung zur Durchführung logistischer Entscheidungen benutzt werden. Sie werden daher auch als logische, Koinzidenz- oder Bedingungsschaltungen bezeichnet und arbeiten nach den Prinzipien der bereits beschriebenen logischen Grundverknüpfungen des Aussagenkalküls[1]), von denen die Konjunktion, die Disjunktion und die Negation als logische Grundschaltungen im Verfahren realisiert sind.

Drückt man die Bejahung oder die richtige Aussage durch einen Impuls bestimmter Polarität (= binäre 1) und die Verneinung oder falsche Aussage durch einen fehlenden Impuls oder einen Impuls entgegengesetzter Polarität aus (= binäre 0), so ergeben sich bei den drei erwähnten Grundschaltungen folgende Zusammenhänge[2]):

Abb. 29.

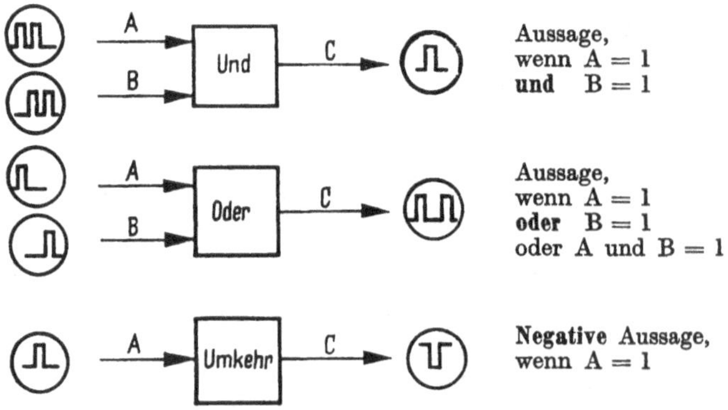

[1]) s. Abschnitt A II 2.
[2]) G. Haas, a. a. O., S. 54.

1. Die Aussage der Konjunktion wird durch das „Und-Gatter" bewirkt, das nur dann einen Ausgangsimpuls bestimmter Größe und Polarität abgibt, wenn die zugeführten Impulse an seinen sämtlichen Eingängen für eine bestimmte Zeit koinzidieren.
2. Die Aussage der Disjunktion wird durch das „Oder-Gatter" bewirkt, das einen Ausgangsimpuls immer dann und für die Zeitspanne auslöst, solange an einem, mehreren oder allen seinen Eingängen Impulse entsprechender Größe und Polarität wirksam werden, wobei es unwesentlich ist, ob diese völlig, teilweise oder gar nicht koinzidieren. Die Bedingung der Konjunktion (*A und B*) wird also ebenfalls durch diese Schaltung erfüllt. Aus diesem Grunde wird das Oder-Gatter auch als Mischschaltung bezeichnet[1]).
3. Die Aussage der Negation: *A* ist *nicht A* bzw. $\bar{A}$, wird mit der Umkehrschaltung ausgeführt: Ein dem Eingang der Schaltung zugeführter positiver Impuls löst am Ausgang einen negativen Impuls aus.

Wie schon bei der Behandlung der logischen Grundlagen des Verfahrens dargelegt wurde, lassen sich sämtliche anderen logischen Aussageverknüpfungen als sogenannte Äquivalenzen aus diesen drei Grundformen ableiten. So kann z. B. die ausschließende Verbindung zweier Aussagen: entweder — oder, durch eine Kombination dieser drei Grundschaltungen dargestellt werden[2]):

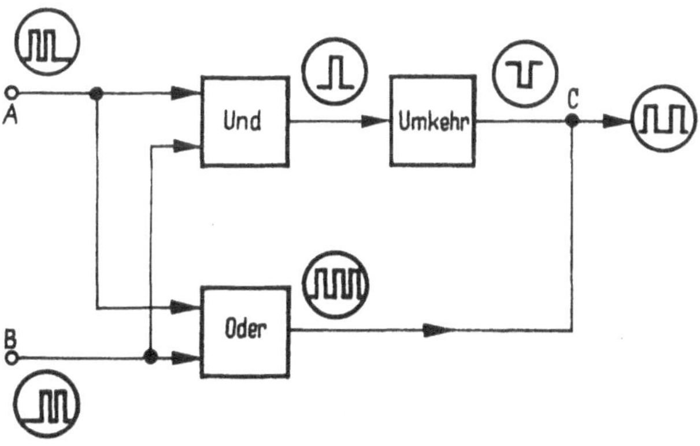

Abb. 30: Exclusiv-Oder-Gatter
(„entweder — oder")

[1]) Die Compagnie des Machines BULL bezeichnet das in ihren Anlagen verwandte „Oder-Gatter" z. B. als „Melangeur" und das „Und-Gatter" als „Conditionneur".
[2]) G. Haas, a. a. O., S. 54.

1. Wird nur am Eingang A ein Impuls wirksam, so passiert dieser das Oder-Gatter und erscheint am Ausgang der Schaltung, während das Und-Gatter geschlossen bleibt.
2. Wird nur am Eingang B ein Impuls wirksam, so wiederholt sich der unter 1. geschilderte Vorgang.
3. Fallen die Impulse am Eingang A und am Eingang B für eine bestimmte Zeit zusammen, so wird sowohl das Und- als auch das Oder-Gatter geöffnet, so daß beide Gatter an ihren Ausgängen Impulse gleicher Größe und Polarität abgeben. Da der Ausgangsimpuls des Und-Gatters aber durch die Umkehrschaltung zusätzlich umgepolt wird, heben sich diese beiden Impulse nunmehr gegenseitig auf, so daß am Ausgang der Schaltung nur die zu 1. und 2. genannten Impulse erscheinen.

Diese als „Exclusiv-Oder-Gatter“ bezeichnete Schaltung liefert an ihrem Ausgang also nur dann einen Impuls, wenn *entweder* der Eingang *A oder B* einen Impuls entsprechender Größe und Polarität erhält.

In der automatisierten elektronischen Datenverarbeitung werden die Gatterschaltungen sowohl mit Hochvakuumröhren (Doppeltrioden, Heptoden) als auch mit Transistoren und Halbleiterdioden (Germanium-Dioden) als elektronische Bauelemente realisiert:

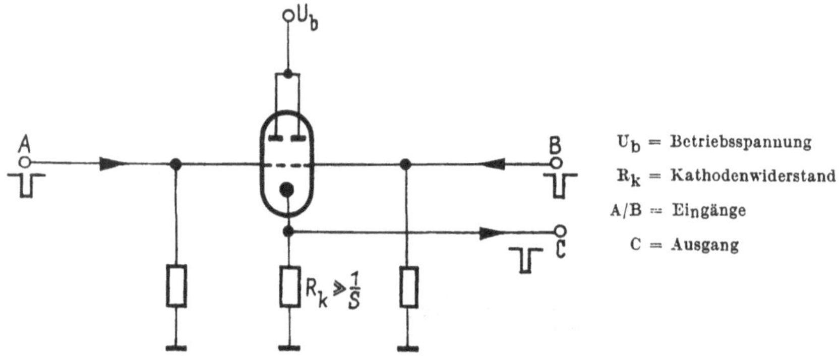

Abb. 31: „Und-Gatter“ mit einer Doppeltriode
(Nach G. Haas, a. a. O.)

Beide Systeme der Doppeltriode sind im Ruhezustand geöffnet, wobei die Spannung am Ausgang C — über den Kathodenwiderstand R_k — hoch liegt (z. B. + 10 Volt). Ein einzelner negativer Eingangsimpuls bei A oder B sperrt zwar eines der Systeme, führt aber nicht zu einer merklichen Veränderung der Spannung am Ausgang *C*; denn der wirksame Ausgangswiderstand erhöht sich hierdurch von 1/2S auf etwa 1/S. Werden jedoch beide Systeme durch entsprechende Impulse negativer Polarität und Größe gesperrt, so sinkt die Ausgangsspannung (*C*) auf 0 Volt herab, so daß nach dem Abklingen der Impulse an den Eingängen *A* und *B* bzw. der erneuten Öffnung der beiden Systeme am Ausgang *C* der im Schaltbild dargestellte negative Rechteckimpuls entstanden ist.

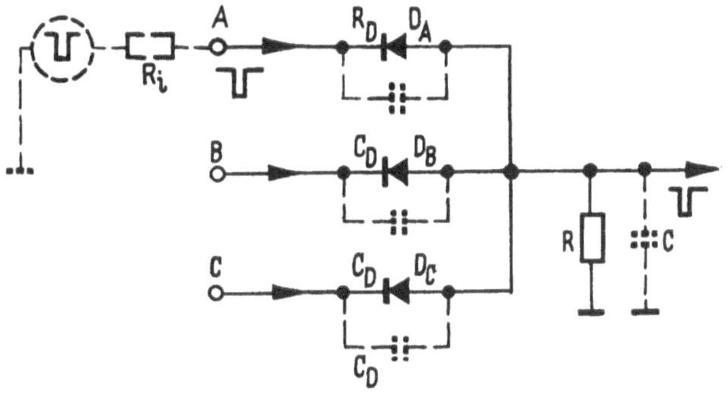

R_i = Impuls-Eingangswiderstand
A/B/C = Eingänge
R_D = Diodenwiderstand (Durchlaßwiderstand)
$D_A/D_B/D_C$ = Dioden der Eingänge A, B, C
C_D = schädliche Dioden-Parallelkapazitäten[1])
R = Arbeitswiderstand (Ausgangs-)
C = schädliche Parallelkapazität von R

Abb. 32: „Oder-Gatter“ mit Halbleiterdioden (drei Eingänge)
(Nach G. Haas, a. a. O.)

„Der Aufbau der Oder-Gatter ist mit Halbleiterdioden sehr einfach, so daß sie besonders für Gatter mit vielen Eingängen Verwendung finden, wobei wir für jeden Eingang eine Diode benötigen.

Wenn z. B. am Eingang *A* ein negativer Impuls der Größe U_i — die der Dimensionierung des Gatters entsprechende Impulsspannung (Anmerkung des Verf.) — wirkt, dann wird die Diode D_A leitend, und unter der Voraussetzung, daß ihr Durchlaßwiderstand klein gegenüber dem Arbeitswiderstand *R* ist, erscheint der Eingangsimpuls mit voller Amplitude am Ausgang. Dieser Impuls wirkt als negative Vorspannung für die beiden anderen Dioden, so daß die Eingänge *B* und *C* praktisch abgeschaltet sind und keine Rückwirkung zwischen den drei Eingängen besteht. Wirken gleichzeitig an zwei oder mehr Eingängen Impulse, dann ändert sich am

[1]) Die infolge ihrer Parallelität aufeinander wirkenden Diodenkapazitäten können zu einer mehr oder minder starken Verformung der Impulse führen.

Ausgang praktisch nichts. Wenn die Eingangsimpulse verschiedene Größe haben, erscheint am Ausgang der Impuls mit der größten Amplitude. Für positive Eingangsimpulse müssen die Dioden umgepolt werden[1]).“

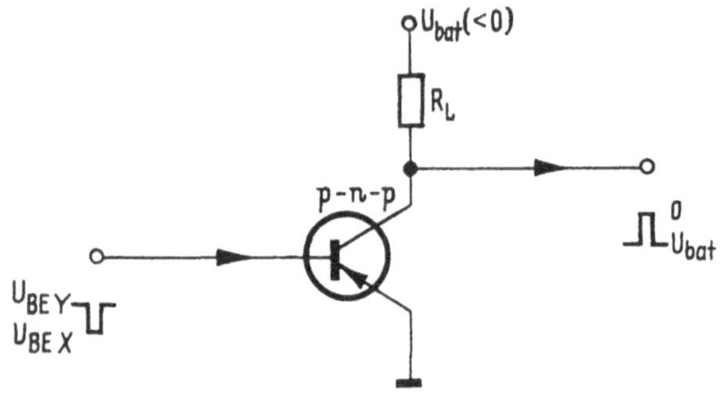

U_{bat} = Betriebsspannung
R_L = Arbeitswiderstand
U_{BEY} = Sperrspannung
U_{BEX} = Durchlaßspannung

Abb. 33: Umkehrschaltung mit einem p-n-p-Transistor[2])

Der negative Impuls, der bei der oben dargestellten Umkehrschaltung die „1“ darstellt, schaltet die Basis von der Sperrspannung U_{BEY} auf die Durchlaßspannung U_{BEX} um, wodurch die Kollektorspannung[2]) von U_{bat} auf die Kollektor-Restspannung U_{CEO}, d. h. nahezu auf Null, ansteigt, so daß beim erneuten Eintritt der Sperrspannung — nach dem Abklingen des negativen Eingangsimpulses — am Ausgang der in der obigen Abbildung dargestellte positive Rechteckimpuls ausgelöst wird[3]).

dc) *Die Decoderschaltung*

Während der bistabile Multivibrator als Grundschaltung des Decoder-Hilfsspeichers fungiert, haben die Und-Gatter die Aufgabe, die im Hilfsspeicher eingehenden Impulsfolgen der Programmbefehle (Operandenadressen, Operationsinstruktionen) in einzelne Steuersignale umzuwandeln.

Besteht ein Befehlsschlüssel z. B. aus einem 4stelligen Adressen- und einem 4stelligen Operationsteil, so sind zu seiner Erfassung im Hilfsspeicher einer Decoderschaltung jeweils 4 Speichereinheiten zu je 4 Multivibratoren gemäß dem auf Seite 127 dargestellten Schaltbild erforderlich. Da ein 4stelliger binärer Schlüssel aber insgesamt 16 verschiedene Ziffernkombi-

---

[1]) G. Haas, a. a. O., S. 160.

[2]) Es handelt sich hier um einen p-n-p-Transistor (positiv-negativ-positiv) in Emitterschaltung, wie sie eingehend im Abschnitt A IIcc) — insbesondere auf den S. 57/58 — behandelt wurde.

[3]) G. Haas, a. a. O., S. 158.

nationen ermöglicht (von 0000—1111), so sind auch 16 einzelne Steuersignale und somit 16 Und-Gatter mit je 4 Eingängen — entsprechend den 4 Stellen jedes Befehlsteils — zur Realisierung einer solchen Decoderschaltung notwendig[1]). Dies entspricht wiederum genau den 4 Speicherelementen bzw. -stellen[2]) jedes Decoderteils (Adressen-, Operationsteil), die mit ihren jeweils 2 Ausgängen A und B ebenfalls 16 (4^2) verschiedene Kombinationen von je 4 Steuersignalen verwirklichen können. Aus diesem Grunde sind die Speicherausgänge A_1—A_4 und B_1—B_4 des Adressen- oder Operationsteils so mit den Eingängen der 16 Und-Gatter verbunden, daß jedes Und-Gatter nur auf eine dieser Viererkombinationen anspricht. Das geschieht immer dann, wenn Impulse entsprechender Größe und Polarität an allen 4 Eingängen eines Und-Gatters während einer bestimmten Zeitspanne zusammenfallen oder koinzidieren und damit am Ausgang des Gatters wiederum einen Steuerimpuls bestimmter Größe und Polarität auslösen. Das folgende Blockschaltbild zeigt diesen Zusammenhang deutlich:

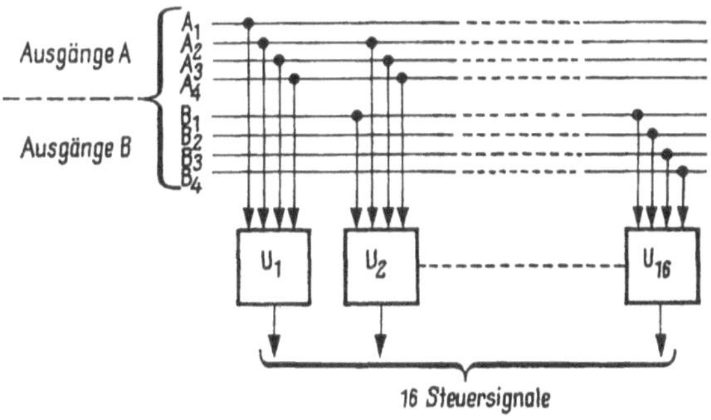

Abb. 34: Blockschaltbild eines Decoders für vierstellige Operationsbefehle oder Adressen
(Nach G. Haas, a. a. O.)

e) Die Schaltung des Steuerwerks

Nachdem mit der Decoderschaltung bereits der bedeutsamste Teil des Steuerwerks behandelt worden ist, kann nunmehr zu einer zusammenfassenden Darstellung des Steuerwerks übergegangen werden.

---

[1]) Für die zur Entschlüsselung eines Befehls erforderlichen Adressen- und Operationsdecoder von jeweils 4 Stellen zu je 4 und somit insgesamt 32 Multivibratoren (Adressen- + Operationsteil) sind demgemäß auch 32 Und-Gatter notwendig.

[2]) Ein Speicherelement mit 4 bistalen Multivibratoren entspricht einer Stelle des Befehlsschlüssels.

Wie aus der bisherigen Behandlung der einzelnen Steuerorgane (Schaltelemente) schon zu ersehen war, sind die Impulse nicht nur ein Mittel zum Vollzug der logistischen und arithmetischen Operationen — d. h. der eigentlichen Datenverarbeitung —, sondern auch zur Steuerung dieser Operationen. Impulse steuern also Impulse, und zwar in so mannigfacher und vielseitiger Weise, daß die eigentlichen logistischen und arithmetischen Operationen — von der Ergebnisausgabe abgesehen — immer nur das Schlußglied der Kette eines bestimmten Datenverarbeitungsvorganges bzw. seiner einzelnen Teile bilden. Für alle diese Impulse, gleichgültig ob es sich um Steuerspannungen unterschiedlicher Größe und Polarität oder um die gleichmäßigen Bits der Operanden handelt, gibt es nun eine Grundfrequenz, aus der sie durch Impulsvariationen (Untersetzung, Verzögerung, Differenzierung) abgeleitet werden. Diese von einem sogenannten Taktgeber gelieferte Grundfrequenz bestimmt die Tempi und die Rhythmen des Verfahrens, und ihre Impulse haben in der Regel eine rechteckige (positiv = , negativ = ) oder spitzwinklige Form (positiv = , negativ = 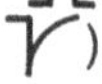), d. h. einen schnell ansteigenden und einen langsam abfallenden ‚Ast'. Zur Erzeugung dieser Grundfrequenz dienen wiederum Schaltungen mit bistabilen Multivibratoren, mit denen, wie wir gesehen haben, Impulse der verschiedensten Form hergestellt werden können.

Die Grund- oder Impulsfolgefrequenz[1]) ist mit der Anzahl der Impulse (Bits) identisch, die — gemessen vom Anfang eines Impulses bis zum Anfang des Folgeimpulses (Impulsperiode) — in einer Sekunde durch einen Leiter (Bauelement) fließen. Aus dem Begriff der Impulsperiode sind wiederum die Begriffe der Zeichen- oder Ziffern- sowie der Wortperiode abgeleitet. Während die Zeichenperiode mit der Anzahl der Impulsperioden (Bits) identisch ist, die für die Darstellung eines Symbols (Ziffer, Buchstabe, Sinnzeichen) benötigt werden (z. B. 4, 6 oder 7 Bits)[2]), setzt sich die Wortperiode wiederum aus mehreren Zeichenperioden zusammen. In ökonomischen Datenverarbeitungssystemen umfaßt sie in der Regel 10 oder 12 Zeichenperioden oder Stellen. Sie bestimmt damit sowohl die Stellenzahl des Befehls als auch diejenige der Register des Steuer-, des Vergleichs- und Rechenwerks und bildet ihrerseits wiederum die Grundeinheit größerer Informationseinheiten, z. B. der sogenannten Felder und Blöcke. Jeder einzelne Programmschritt besteht aus einer Schalt- und einer Durchführungs-

[1]) s. S. 28.

[2]) s. Abschnitt A IIIb.

phase[1]), die sich im einzelnen wiederum aus Teilphasen von der Zeitdauer einer Ziffernperiode zusammensetzen. Dabei ist die Schaltphase mit der Zeitdauer der Vorbereitung, die Durchführungsphase hingegen mit der Zeitdauer einer logistischen oder arithmetischen Operation identisch.

Das Steuerwerk einer Einadressenmaschine verfügt in der Regel neben dem Hilfsspeicher, der zur zeitweiligen Registrierung der Befehlsadressen und Befehle (Operandenadressen, Operationsinstruktionen) erforderlich ist, noch über einen Befehlsadressenspeicher (Befehlsregister), der die Aufgabe hat, über den Adressendecoder die Übertragung der einzelnen Befehle in den Hilfsspeicher der Decoderschaltung herbeizuführen. Er ist mit einem Addierwerk (Programmschrittzähler) gekoppelt, das vor dem Abruf eines Befehls zu der im Befehlsadressenspeicher registrierten Adresse eine 1 addiert, so daß der Befehlsadressenspeicher während der Durchführungsphase des laufenden Programmschrittes automatisch die nächste Befehlsadresse in den Hilfsspeicher und damit in den Adressendecoder leitet, in dem durch die Entschlüsselung der Adresse die Steuerspannungen erzeugt werden, die ihrerseits wiederum die Übertragung des unter dieser Adresse gespeicherten Befehls in den Hilfsspeicher bzw. Decoder bewirken[2]).

Die Steuerung der Operationen eines einzelnen Programmschritts geht demgemäß in der nachstehenden Reihenfolge vor sich:

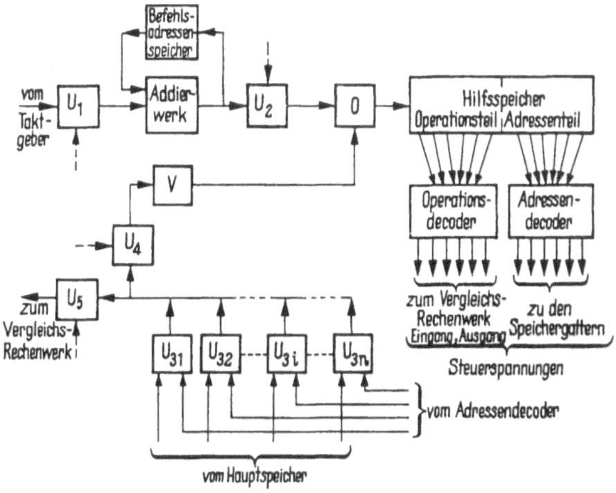

Abb. 35: Blockschaltbild eines Einadressen-Steuerwerkes *(Nach T. E. Ivall, Electronic Computers, London 1956)*

---

[1]) G. Haas, a. a. O., S. 78.

[2]) Der Befehlsadressenspeicher kann durch einen entsprechenden Befehl auch gelöscht und mit einer von der betreffenden Reihenfolge abweichenden Adresse belegt werden (sogenannter bedingter oder unbedingter Sprungbefehl). S. auch Abschnitt A III 2/3.

1. Noch während der Durchführungsphase des letzten Programmschrittes gelangt vom Taktgeber ein Impuls über das Und-Gatter U_1 in das Addierwerk (Programmschrittzähler) und erhöht die im Befehlsadressenspeicher registrierte Adresse um 1;
2. diese Befehlsadresse gelangt sodann über U_2 und das nachfolgende Oder-Gatter in den Adressenteil des Decoder-Hilfsspeichers, wobei die Adresse im Befehlsadressenspeicher erhalten bleibt;
3. sodann wird die Befehlsadresse vom Adressendecoder entschlüsselt, d. h. es wird durch eines der beschriebenen 16 Und-Gatter des Adressendecoders ein Steuerimpuls von der Größe und Polarität ausgelöst, daß an einem der zwischen dem Hauptspeicher (Programmspeicher) und dem Steuerwerk einerseits sowie dem Hauptspeicher und dem Vergleichs- bzw. Rechenwerk andererseits geschalteten Und-Gatter (U_{31}—U_{3n}) solange eine Impulskoinzidenz hergestellt wird, daß die Impulsfolge des aus dem Speicher abgerufenen Befehlswortes über das Gatter U_4 in die Verzögerungsschaltung (V) gelangen kann. Hier verbleibt sie so lange, bis die Befehlsadresse im Hilfsspeicher gelöscht werden kann;
4. anschließend erfolgt die Löschung der Befehlsadresse und die Registrierung des Befehls im Hilfsspeicher;
5. die Entschlüsselung der Operandenadresse des Befehls wie unter 3. und die Übertragung der Operanden aus dem Hauptspeicher — wo sie bereits vorher gespeichert oder im Zuge der Datenverarbeitung registriert wurden — über U_5 in das Vergleichs- oder Rechenwerk bilden die nächste Operation;
6. es folgt die Entschlüsselung der Operationsinstruktion des Befehls analog 3. bzw. 5. und die Absendung entsprechender Steuerimpulse an das Vergleichs- oder Rechenwerk und damit
7. die Auslösung und Durchführung der logistischen bzw. arithmetischen Operation;
8. während der Durchführungsphase (7.) wiederholen sich die unter 1.—6. aufgeführten Operationen der Schaltphase für den nächsten Rechenschritt (Befehl).

2. Das Vergleichswerk

a) Die Bedeutung des logistischen Datenvergleichs

Wie bereits im einleitenden Abschnitt ausgeführt wurde, wird das Verfahren seiner Struktur nach in die Hauptorgane des Steuerwerks (Programmsteuerung), des logistischen Vergleichswerks, des Rechenwerks und des Speicherwerks gegliedert[1]). An dieser Gliederung fällt auf, daß das Verfahren für die Ausübung der logistischen Funktionen im Vergleichswerk über ein besonderes Organ verfügt, und es könnte daher der Eindruck entstehen, daß alle logistischen Entscheidungen durch das Vergleichswerk gefällt werden. Daß dies nicht der Fall ist, war bereits aus den Darlegungen über das Steuerwerk zu erkennen[2]); denn die Entschlüsselung der Befehle, die Übertragung der Operanden aus dem Speicher in das Vergleichs- oder Rechenwerk und die Auslösung und Durchführung des eigentlichen Datenverarbeitungsprozesses in diesen kann nur dann automatisch durch das Steuerwerk erfolgen, wenn es auch selbständig die hierzu notwendigen logistischen Entscheidungen treffen kann. Genau genommen besteht die Aufgabe des Steuerwerks überhaupt nur darin, fortlaufend selbsttätig logistische Entscheidungen zu fällen. Daraus folgt aber, daß das Verfahren in seiner Gesamtheit auf der elektronischen Automatisierung der logistischen Funktionen und auf dem System der elektronischen Speicherung beruht[3]), und daß sich somit *alle* seine Lenkungsorgane durch die Fähigkeit auszeichnen, selbständig logische Entscheidungen treffen zu können. Naturgemäß ergeben sich auch hier, ähnlich wie bei den automatisierten Produktionsprozessen[4]), funktionsbedingte Unterschiede zwischen den logistischen Operationen der einzelnen Organe. Während das Steuerwerk mittelbare, den eigentlichen Prozeß der Datenverarbeitung vorbereitende und koordinierende Entscheidungen zu treffen hat, haben die partiellen Lenkungsorgane des Vergleichswerks, des Rechen- und Speicherwerks die Aufgabe, diejenigen logistischen Entscheidungen zu fällen, die in ihrem eigenen Bereich anfallen[5]). Es ist somit unverkennbar, daß erst durch die Automatisierung der logistischen Funktionen die Voraussetzung für die Automatisierung aller quantitativen und quantitativ transformierbaren qualitativen Datenverarbeitungsprobleme geschaffen wurde[6]). Erst durch sie wurde es möglich, das System des „Regelkreises" (Kreisschaltung)[7]) auf die Datenverarbeitung

---

[1]) S. 15.
[2]) S. 106ff.
[3]) S. 14, S. 71ff.
[4]) In ähnlicher Weise hatten wir bereits bei den automatisierten Produktionsprozessen zwischen den eigentlichen (mittelbaren) und den operativen (unmittelbaren) Lenkungsfunktionen unterschieden, s. S. 13 und 16.
[5]) So trifft das Vergleichswerk z. B. *alle* diejenigen logistischen Entscheidungen, die zur qualitativen Unterscheidung der einzelnen Daten bzw. Datengruppen notwendig sind, z.B. Ordnung (Sortierung) oder Auswahl von Daten nach den Merkmalen und Bedingungen der gestellten Aufgabe usw., s. hierzu auch die Abschnitte A, III, 3 und 4.
[6]) S. S. 14 und S. 71ff.
[7]) S. S. 74f.

zu übertragen und damit ein Problem bereits auf der Grundlage seiner programmatisch festgelegten *Bedingungen* automatisch zu lösen; denn das Prinzip des „Regelkreises" beruht darauf, daß alle Daten eines bestimmten Aufgabenbereiches immer wieder den gleichen Verarbeitungszyklus durchlaufen und auf diesem Wege durch rechnerische Operationen nach Maßgabe der im Programm festgelegten Bedingungen (Befehle) transformiert werden, so daß sich das Gesamtresultat iterativ, d. h. durch ständige Wiederholung der einmal vorgegebenen Operationen automatisch ergibt. Die Zwischenergebnisse auf dem Wege zum Endresultat und das letztere selbst werden dabei in der Weise ermittelt, daß durch logistische Operationen am Ende eines jeden Zyklus festgestellt wird, ob das erzielte Resultat bereits gleich der gestellten Schlußbedingung des entsprechenden Zyklus ist oder nicht[1]). Solange nicht alle gestellten Bedingungen eines Zyklus erfüllt sind, wird — allerdings mit anderen Daten — der alte Kreis der Bedingungen erneut durchlaufen.

Im betriebswirtschaftlichen Finalnexus haben wir ein ganz typisches Datenverarbeitungsproblem zyklischer Natur vor uns[2]), bei dem es darauf ankommt, auf der Grundlage der (zeitweilig) konstanten und der variablen Bedingungen des Betriebsprozesses[3]): der Preise, der Kosten und Leistungen, der Aufwendungen und Erträge, der Einnahmen (Erlöse) und Ausgaben, der Erzeugnisse und Kapazitäten, der Beschäftigung und des Produktionsprogramms innerhalb des finaldeterminierten Betriebszyklus' von Beschaffung, Produktion und Absatz, diejenigen *unbekannten* Größen zu ermitteln, nach denen die *zukünftigen* betriebswirtschaftlichen Prozesse bei einer kosten- bzw. nutzenoptimalen Realisierung der einzelnen Zwecksetzungen zu bestimmen sind.

Für diejenigen Datenverarbeitungsprozesse, die sich ausschließlich auf die Vorgänge der Vergangenheit beziehen und demgemäß die *nachträgliche* Ermittlung des tatsächlichen Betriebsergebnisses aus bereits realisierten Zwecksetzungen zum Inhalt haben[4]), ist dies nicht der Fall. Bei ihnen handelt es sich zwar ebenfalls um die Beziehungen eines zyklischen Finalzusammenhangs, die sowohl für die Kontrolle der Betriebsgebaren als auch

---

[1]) s. S. 74ff.

[2]) s. Abschnitt B I und II.

[3]) Man könnte sie in diesem Zusammenhang genau so gut als die unabhängigen und die abhängigen Veränderlichen des *Betriebs*prozesses bezeichnen, s. S. 99 (Funktionsbegriff) und Abschnitt B I.

[4]) Hierbei handelt es sich insbesondere um die Geschäfts- und Betriebsbuchhaltung sowie um ihre einzelnen Zweige (Lohn-, Material-, Anlagenrechnung), s. auch Abschnitt B II.

insbesondere für die Durchführung der betriebswirtschaftlichen Planungsrechnungen von grundlegender Bedeutung sind, die aber im Gegensatz zum Plankalkül bereits vor dem Ablauf des Datenverarbeitungsprozesses bekannt sind und daher an die Fähigkeiten des Verfahrens, durch eigene logische Entscheidungen die unbekannten Größen des Betriebszusammenhangs aufzudecken, keine Anforderungen stellen. Dennoch wäre auch in diesem Falle ein völlig automatisierter Ablauf der Datenverarbeitung ohne die Programmsteuerung bzw. vollständige Automatisierung der logistischen Funktionen nicht möglich[1]).

Der Plankalkül nimmt daher auch der Vergangenheitsrechnung gegenüber eine dominierende Stellung ein; denn er bildet im Gegensatz zu dieser die unentbehrliche Grundlage für *jede* unternehmerische Entscheidung[2]). Da seine Resultate aber nur dann für die Ausübung der Leitungsfunktionen in der Unternehmung von Wert sind, wenn

a) das Prinzip der Unmittelbarkeit zwischen der Zwecksetzung (Planung) und der Zweckerfüllung realisiert wird[3]) und

b) die Kosten seiner Durchführung in angemessenem Verhältnis zum erzielbaren Erfolg stehen,

stellt die automatisierte elektronische Datenverarbeitung zweifellos einen bedeutenden Fortschritt auf dem Wege zur Verwirklichung dieser Forderung dar.

Hieraus ergeben sich aber für die betriebswirtschaftliche Datenverarbeitung völlig neue und sehr bedeutende Ansatzpunkte; denn es können nunmehr auch solche rational-mathematischen Methoden bei der Durchführung des Plankalküls angewandt werden, deren Anwendung auf die komplexen und umfangreichen ökonomischen Zusammenhänge mit den bisherigen Hilfsmitteln außerordentlich schwierig und damit zu zeitraubend und kostspielig waren, so daß die Voraussetzungen zu a) und b) nicht erfüllt werden konnten[4]).

Hierbei tritt insbesondere der Kalkül in den Vordergrund, der zur Realisierung der gesetzten Zwecke die Ermittlung und Zuordnung der

---

[1]) Dies ist z. B. ganz deutlich bei der Lohn- und den Bestandsveränderungsrechnungen zu erkennen, die mit Hilfe des elektromechanischen Lochkartenverfahrens durchgeführt werden. s. hierzu auch S. 15ff., 25f. und 71ff.

[2]) s. hierzu auch E. Schneider: „Industrielles Rechnungswesen", 2. Aufl., Tübingen 1954, S. 2.

[3]) s. S. 105ff. und Abschnitt B I.

[4]) Zu dieser Frage s. z. B. die Ausführungen M. Beckmanns in seinem Buch: „Lineare Planungsrechnung", Ludwigshafen 1959, S. 25.

unbekannten Größen des Betriebsprozesses zu den faktischen Daten der jeweiligen betrieblichen Konstellation zum Inhalt hat. Er wird mathematisch in die Form von Unbekanntengleichungen der Art

$$a_1 x_1 + a_2 x_2 + \cdots + a_n x_n = b$$

oder abgekürzt

$$\sum_{k=1}^{n} a_k x_k = b$$

gekleidet, die ihrerseits wieder zu Gleichungssystemen der Form

$$\begin{array}{l} a_{11} x_1 + a_{12} x_2 + \cdots + a_{1n} x_n = b_1 \\ a_{21} x_1 + a_{22} x_2 + \cdots + a_{2n} x_n = b_2 \\ \cdots\cdots\cdots\cdots\cdots\cdots\cdots\cdots \\ a_{m1} x_1 + a_{m2} x_2 + \cdots + a_{mn} x_n = b_m \end{array}$$

oder abgekürzt

$$\sum_{k=1}^{n} a_{ik} x_k = b_i \qquad (i = 1, \ldots m)$$

zusammengefaßt werden. Es handelt sich hier, wie ersichtlich, um Gleichungen 1. Grades (lineare Gleichungen)[1]) mit einer größeren Anzahl von Unbekannten — in der obigen Darstellung sind es m Gleichungen mit n Unbekannten —, die mit Hilfe der Determinanten- bzw. Matrizenrechnung aufgelöst werden können; denn alle quantifizierbaren betriebswirtschaftlichen Probleme unterliegen in ihrer jeweiligen (statischen) Konstellation auch den mathematischen Gesetzen, wie bei der Behandlung der Beziehungen zwischen der Mathematik und der ökonomischen Datenverarbeitung bereits ausführlich dargelegt wurde[2]). Da aber das Ziel unseres wirtschaftlichen Handelns immer nur durch das ökonomische Prinzip bestimmt werden kann, soweit dies unseren sittlichen Maximen entspricht und als sittliches Postulat verstanden wird[3]), hat auch jede betriebswirtschaftliche Aufgabe primär die Maximierung des Ertrages und somit auch die Minimierung der Kosten zum Gegenstand. Aufgaben dieser Art lassen sich aber in der Regel auf die Form linearer Gleichungen reduzieren; denn sie stellen ja nichts anderes dar, als eine Kombination von Produktionsfaktoren, deren einzelne Glieder die Summe der Kosten-

[1]) Neben den linearen Gleichungen können zur Lösung einzelner Aufgaben auch quadratische Formen benutzt werden.

[2]) S. S. 97ff.

[3]) S. hierzu Abschnitt B I.

oder Nutzenkomponenten der mittelbaren Zwecksetzungen bilden, wobei das Endresultat wiederum als summarisches Ergebnis aller partiellen Zwecksetzungen (Faktorenkombinationen) mit dem angestrebten Gesamtergebnis des maßgeblichen, obersten Betriebszwecks identisch ist[1]).

Da die Bestimmung bzw. Zuordnung der unbekannten Größen x_k zu den Koeffizienten a_{ik} ausschließlich von den letzteren und den rechten Seiten der Gleichungen (b_i), d. h. von den faktischen oder als faktisch vorausgesetzten Daten abhängig ist, wird die Auflösung eines solchen Gleichungssystems im Matrizenkalkül durch entsprechende Transformationen der Koeffizienten in Verbindung mit den Faktoren der rechten Seiten der Gleichungen durchgeführt, wobei die ersteren zu einer sogenannten Koeffizientenmatrix und die letzteren zu einem sogenannten Spaltenvektor zusammengefaßt werden:

$$\begin{bmatrix} a_{11}\,a_{12}\,a_{13} & \cdots & a_{1n} \\ a_{21}\,a_{22}\,a_{23} & \cdots & a_{2n} \\ \cdots\cdots & & \cdots \\ a_{m1}\,a_{m2}\,a_{m3} & \cdots & a_{mn} \end{bmatrix} \quad \begin{bmatrix} b_1 \\ b_2 \\ \cdot\,\cdot \\ b_m \end{bmatrix}$$

oder abgekürzt

$$\mathfrak{A}\mathfrak{b}_i$$ [2])

Die Matrix selbst besteht ebenfalls aus einzelnen Vektoren, nämlich den Zeilenvektoren $\mathfrak{a}^i$, die in ausgeschriebener Form durch den ersten Index der Komponenten angegeben werden, und den Spaltenvektoren $\mathfrak{a}_k$, die durch den zweiten Index bezeichnet werden. In der vorhergehenden Darstellung handelt es sich demgemäß um eine Matrix mit m Zeilen- und n Spaltenvektoren. Der Sinn dieser Zusammenfassung liegt in den Rechenvorschriften des Matrizenkalküls begründet. Diese ermöglichen es, nicht nur mit den einzelnen Komponenten, sondern mit den ganzen Matrizen bzw. Vektoren, d. h. gleichzeitig mit allen Komponenten dieser als geschlossene Einheiten aufzufassenden Rechenbegriffe zu operieren. Matrizen und Vektoren sind infolgedessen Zusammenfassungen zur Vereinfachung der Darstellung und Rechnung.

Die Auflösung eines Gleichungssystems zur Ermittlung der Unbekannten x_k kann nun im Matrizenkalkül z. B. nach den Regeln des sogenannten ‚Gaußschen Algorithmus' durch fortgesetzte Elimination der Unbekannten

---

[1]) S. hierzu Abschnitt B I.

[2]) Die Abkürzungen für Matrizen werden durchweg in großen, für Vektoren hingegen in kleinen Frakturbuchstaben ausgeführt.

erfolgen[1]), wobei, wie bereits erwähnt, lediglich die Koeffizienten a_{ik} und die Faktoren b_i der rechten Seiten der Gleichungen benötigt werden. Multipliziert man nämlich die erste Zeile der Matrix $\mathfrak{A}$ und die erste Komponente des Vektors $\mathfrak{b}_i$ in der Weise mit einem geeigneten Faktor c_{ik}, daß bei der Subtraktion der so veränderten 1. von der 2. Zeile der Matrix — wobei wir nunmehr zur Vereinfachung annehmen wollen, daß der Matrix die Vektorkomponenten b_i als letzte Spalte zugeordnet sind — die *erste* Komponente der 2. Zeile fortfällt und wiederholt diese Operationen ebenfalls mit den restlichen Zeilen der Matrix — indem wir die 1. Zeile erneut mit einem geeigneten Faktor multiplizieren und sodann von der 3. Zeile subtrahieren usw. — so weist die *erste Spalte* der veränderten Matrix mit Ausnahme ihrer ersten Komponenten nur Nullen auf[2]). Subtrahiert man nunmehr auch noch die um die erste Vektorkomponente b_i erweiterte 1. Zeile von sich selbst, so erhalten wir als Ergebnis eine aus $\mathfrak{A}$ entwickelte Matrix $\mathfrak{A}_1$, in der alle Komponenten der 1. Zeile und der 1. Spalte Null sind und die somit eine Zeile und eine Spalte weniger aufweist als $\mathfrak{A}$.

Setzen wir dies in der gleichen Weise fort, indem wir nun die 1. Zeile von $\mathfrak{A}_1$ so mit einem geeigneten Faktor multiplizieren, daß nach ihrer Subtraktion von der 2. Zeile deren erste Komponente wiederum Null wird, und unterstellen wir der Einfachheit halber ferner, daß $n = m$ ist, daß es sich also um eine quadratische Matrix mit der gleichen Anzahl von Zeilen und Spalten handelt[3]), so erhalten wir schließlich nach n Eliminationen

---

[1]) Man bezeichnet ihn auch als verketteten oder modernisierten Gaußschen Algorithmus, s. hierzu auch R. Zurmühl: „Matrizen", Berlin 1958, S. 62ff.

[2]) Transformationen dieser Art können bekanntlich vorgenommen werden, ohne daß sich das Verhältnis der Gleichung oder des Gleichungssystems dadurch ändert.

[3]) Dies bezieht sich nur auf die Matrix der Komponenten a_{ik}. Im Gegensatz hierzu können zwei rechteckförmige Matrizen nur dann miteinander multipliziert werden, wenn die Spaltenzahl der ersten mit der Zeilenzahl der zweiten Matrix übereinstimmt. Dieses Erfordernis erkennt man leicht, wenn man die bei manueller Durchführung gebräuchliche Form der Darstellung betrachtet:

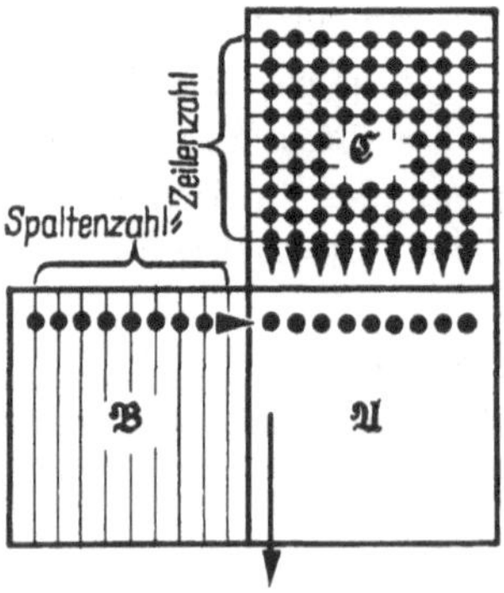

Wäre die Übereinstimmung nicht gegeben, so stünden den Zeilen, die die Anzahl der Spalten übersteigen würden oder umgekehrt, keine entsprechenden Glieder gegenüber. Dies ist aber unerläßlich, da die Matrizenmultiplikation ex definitione komponentenweise Zeile mal Spalte durchzuführen ist, z. B.:

Abb. 36

$$a_{11} = b_{11}c_{11} + b_{12}c_{21} + b_{13}c_{31} \cdots + b_{1n}c_{m1}$$

eine Nullmatrix, an deren Stelle nunmehr eine Matrix tritt, in der auf und oberhalb der Diagonalen die aus $\mathfrak{A}$ eliminierten Glieder a'_{ik}, unterhalb der Diagonalen aber die Eliminationskoeffizienten c_{ik} erscheinen[1]):

$$\mathfrak{C} = \begin{bmatrix} a'_{11} & a'_{12} & \cdots\cdots & a'_{1n} \\ c_{21} & a'_{22} & \cdots\cdots & a'_{2n} \\ \cdots & \cdots & \cdots\cdots & \cdots \\ c_{n1} & c_{n2} & \cdots\; c_{n,n-1} & a'_{nn} \end{bmatrix} = \mathfrak{A}' \qquad \begin{bmatrix} b_1 \\ b_2 \\ \cdot\cdot \\ b_n \end{bmatrix} = \mathfrak{b}_k \quad (i = k = 1, \ldots. n)$$

[1]) Hierbei ist zu beachten, daß ja die Elimination der einzelnen Zeilen dadurch zustande kommt, daß die jeweilige Eliminationszeile (z. B. von $\mathfrak{A}$, $\mathfrak{A}_1$, $\mathfrak{A}_2$ usw., siehe das folgende Beispiel) vor ihrer Subtraktion mit den folgenden Zeilen in der Regel *jeweils mit einem anderen geeigneten Faktor* c_{ik} zu multiplizieren ist, damit die *erste* Komponente der jeweils folgenden Zeile auch gleich Null wird. Das folgende Beispiel soll dies näher erläutern:

$$\begin{bmatrix} 3 & 1 & 2 & 1 & 7 \\ -3 & 4 & 6 & 2 & 1 \\ 6 & 2 & 7 & 3 & 5 \\ 0 & 10 & -2 & 3 & 1 \end{bmatrix} = \mathfrak{A}$$

$$\begin{array}{lcl} \text{1. Zeile } \mathfrak{A} - \text{1. Zeile } \mathfrak{A} \times \boxed{1} & = & 0 \;\; 0 \;\; 0 \;\; 0 \;\; 0 \\ \text{2. Zeile } \mathfrak{A} - \text{1. Zeile } \mathfrak{A} \times \boxed{-1} & = & 0 \;\; 5 \;\; 8 \;\; 3 \;\; 8 \\ \text{3. Zeile } \mathfrak{A} - \text{1. Zeile } \mathfrak{A} \times \boxed{+2} & = & 0 \;\; 0 \;\; 3 \;\; 1 \;\; -9 \\ \text{4. Zeile } \mathfrak{A} - \text{1. Zeile } \mathfrak{A} \times \boxed{0} & = & 0 \;\; 10 \;\; -2 \;\; 3 \;\; 1 \end{array} \qquad \begin{bmatrix} 5 & 8 & 3 & 8 \\ 0 & 3 & 1 & -9 \\ 10 & -2 & 3 & 1 \end{bmatrix} = \mathfrak{A}_1$$

$$\begin{array}{lcl} \text{1. Zeile } \mathfrak{A}_1 - \text{1. Zeile } \mathfrak{A}_1 \times \boxed{1} & = & 0 \;\; 0 \;\; 0 \;\; 0 \\ \text{2. Zeile } \mathfrak{A}_1 - \text{1. Zeile } \mathfrak{A}_1 \times \boxed{0} & = & 0 \;\; 3 \;\; 1 \;\; -9 \\ \text{3. Zeile } \mathfrak{A}_1 - \text{1. Zeile } \mathfrak{A}_1 \times \boxed{+2} & = & 0 \;\; -18 \;\; -9 \;\; -15 \end{array} \qquad \begin{bmatrix} 3 & 1 & -9 \\ -18 & -9 & -15 \end{bmatrix} = \mathfrak{A}_2$$

$$\begin{array}{lcl} \text{1. Zeile } \mathfrak{A}_2 - \text{1. Zeile } \mathfrak{A}_2 \times \boxed{1} & = & 0 \;\; 0 \;\; 0 \\ \text{2. Zeile } \mathfrak{A}_2 - \text{1. Zeile } \mathfrak{A}_2 \times \boxed{-6} & = & 0 \;\; 3 \;\; -69 \\ \text{1. Zeile } \mathfrak{A}_3 - \text{1. Zeile } \mathfrak{A}_3 \times \boxed{1} & = & 0 \;\; 0 \;\; 0 \end{array} \qquad \begin{bmatrix} 3 & -69 \end{bmatrix} = \mathfrak{A}_3$$

$$\begin{bmatrix} 1 & 0 & 0 & 0 \\ -1 & 1 & 0 & 0 \\ +2 & 0 & 1 & 0 \\ 0 & +2 & -6 & 1 \end{bmatrix} = \mathfrak{C} \qquad \begin{bmatrix} 3 & 1 & 2 & 1 & 7 \\ 0 & 5 & 8 & 3 & 8 \\ 0 & 0 & 3 & 1 & -9 \\ 0 & 0 & 0 & 3 & -69 \end{bmatrix} = \mathfrak{A}'$$

Da wir den sich aus den rechten Seiten der Gleichungen ergebenden Spaltenvektor $\mathfrak{b}_k$ der Einfachheit halber gleich in die Matrix einbezogen haben, ergibt sich nunmehr aus $\mathfrak{A}'$ das „gestaffelte System“:

wobei sich nunmehr aus der oberen ‚Dreiecksmatrix' a'_{ik} das sogenannte ‚gestaffelte Gleichungssystem'

$$\begin{aligned} a'_{11}x_1 + a'_{12}x_2 + \cdots + a_{1n}x_n &= b_1 \\ a'_{22}x_2 + \cdots + a'_{2n}x_n &= b_2 \\ \cdots\cdots\cdots\cdots\cdots & \\ a'_{nn}x_n &= b_n \end{aligned}$$

ableiten läßt. Aus der letzten Gleichung dieses gestaffelten Systems können wir aber nun x_n durch einfache Division ermitteln, durch ‚Einsetzen' dieses Ergebnisses in die vorletzte Gleichung ebenso x_{n-1} und durch weiteres ‚Einsetzen' der ermittelten x in gleichbleibender Reihenfolge von unten nach oben auch alle übrigen x. Man bezeichnet diesen Vorgang daher als die ‚Aufrechnung' der x.

Wie aus dieser Darstellung zu ersehen ist, wird die Auflösung eines Gleichungssystems nach den Unbekannten x auf der Grundlage des verketteten Gaußschen Algorithmus durch die Zerlegung der Matrix $\mathfrak{A}$ in 2 sogenannte ‚Dreiecksmatrizen' $\mathfrak{A}'$ und $\mathfrak{C}$ herbeigeführt, von denen die Werte der ersten auf und oberhalb, die Werte der zweiten hingegen unterhalb der Diagonalen stehen; denn auf derselben sind die Werte von $\mathfrak{C} = 1$ und somit $= \mathfrak{A}'$[1])[2]). Daraus folgt aber, daß sich in der Matrix $\mathfrak{A}'$ unterhalb, in der Matrix $\mathfrak{C}$ jedoch oberhalb der Diagonalen alles Nullen befinden. Ferner ist zu ersehen, daß der Auflösungsvorgang selbst praktisch auf der Multiplikation und der Summierung der einzelnen Produkte je Zeile und Spalte[2]) der beiden Dreiecksmatrizen $\mathfrak{A}'$ und $\mathfrak{C}$ beruht. Die Matrizenmultiplikation erweist sich damit als eine der wichtigsten Operationen des Matrizenkalküls überhaupt[3]).

Das, was uns aber im Zusammenhang mit der Ausübung der logistischen Funktionen im Vergleichswerk an der Matrizenmultiplikation besonders

---

$$\begin{aligned} 3x_1 + x_2 + 2x_3 + x_4 &= 7 \\ 5x_2 + 8x_3 + 3x_4 &= 8 \\ 3x_3 + x_4 &= -9 \\ 3x_4 &= -69 \end{aligned}$$

und somit folgende Lösung:

$$x_4 = -23: \quad x_3 = 4\,{}^2/_3: \quad x_2 = 7\,{}^{14}/_{15}: \quad x_1 = 4\,{}^{11}/_{45}$$

[1]) S. Anmerkung 1, S. 137.

[2]) Das Resultat der Multiplikation zweier Matrizen ergibt sich, wie die algebraische Entwicklung zeigt, grundsätzlich aus den einzelnen Produktsummen je Zeile und Spalte, d. h. alle *Zeilen* von $\mathfrak{A}'$ multipliziert mit allen *Spalten* von $\mathfrak{C}$ ergibt $\mathfrak{A}$.

[3]) R. Zurmühl, a. a. O., S. 15ff.

interessiert, ist die Tatsache, daß sich an ihrem Beispiel in ausgezeichneter Weise demonstrieren läßt, welche hervorragende Stellung der logistische Datenvergleich in der automatisierten elektronischen Datenverarbeitung einnimmt und welche Bedeutung er damit auch insbesondere für die Durchführung des Plankalküls besitzt. Um ein möglichst klares Bild dieses Zusammenhangs zu erhalten, soll das Beispiel so gewählt werden, daß ein ineinandergreifender dreifacher Zyklus zustande kommt, z. B.:

$$\mathfrak{A} = \mathfrak{B}\mathfrak{C} \text{ oder } a_{ik} = \sum_{j=1}^{n} b_{ij}\, c_{jk} \qquad \begin{matrix}(i = 1, \ldots, n)\\ (k = 1, \ldots, n)\end{matrix}$$

d. h., daß z. B. die Komponente a_{11} von $\mathfrak{A}$ gleich der Summe aller Produkte ist, die sich aus der Multiplikation der Komponenten des ersten Zeilenvektors $\mathfrak{b}_{1j}$ von $\mathfrak{B}$ mit den Komponenten des ersten Spaltenvektors $\mathfrak{c}_{j1}$ von $\mathfrak{C}$ $(j = 1, \ldots n)$ ergeben. Für den Index j erhalten wir somit den 1. Zyklus.

Da wir zur Lösung der Aufgabe alle Zeilenkomponenten von $\mathfrak{B}$ mit *allen* Spaltenkomponenten von $\mathfrak{C}$ multiplizieren und die ermittelten Produkte je Zeile und Spalte addieren müssen (= skalares Produkt), können wir nach der Multiplikation des ersten Zeilenvektors mit dem ersten Spaltenvektor, d. h. nach dem Ablauf des 1. Zyklus, nunmehr alle Spaltenvektoren k von $\mathfrak{C}$ $(k = 1, \ldots n)$ mit dem ersten Zeilenvektor von $\mathfrak{B}$ multiplizieren. Infolgedessen erhalten wir für den Index k den 2. Zyklus. Dieser ist dem 1. Zyklus nun aber nicht neben-, sondern übergeordnet; denn der Zyklus des Index j ist in dem Zyklus des Index k als Teilprozeß enthalten, da ein Umlauf im 2. Zyklus (durch die Erhöhung des Index k um 1) notwendig zu n Umläufen in dem ihm untergeordneten 1. Zyklus $(j = 1, \ldots n)$ führt. Dies ergibt sich daraus, daß der Index j sowohl die einzelnen Komponenten der Zeilen i von $\mathfrak{B}$ als auch diejenigen der Spalten k von $\mathfrak{C}$ bezeichnet.

Hieraus ist nunmehr leicht zu folgern, daß der 3. Zyklus durch die einzelnen Werte des Index i gebildet wird und seinerseits wiederum den 1. und 2. Zyklus der Indizes j und k als Teilprozesse enthält; denn nachdem sämtliche Spalten der Matrix $\mathfrak{C}$ mit dem ersten Zeilenvektor der Matrix $\mathfrak{B}$ multipliziert worden sind, müssen nunmehr auch die restlichen $n - 1$ Zeilenvektoren von $\mathfrak{B}$ mit allen n Spaltenvektoren von $\mathfrak{C}$ multipliziert werden. Hieraus ergibt sich aber wiederum, daß ein Umlauf im 3. Zyklus (durch die Erhöhung des Index i um 1) n Umläufe des 2., und jeder Umlauf des 2. wiederum n Umläufe des 1. Zyklus herbeiführt. Die Gesamtzahl der Umläufe beträgt demgemäß:

n^3 für den 1. Zyklus
$+ n^2$ für den 2. Zyklus
$+ n$ für den 3. Zyklus.

Denkt man in diesem Zusammenhang an die hohen Geschwindigkeiten der elektronischen Rechnung[1]), so erscheint die Bewältigung solcher Aufgaben des Plankalküls, von denen schon einzelne Operationen den oben erwähnten Umfang annehmen, als durchaus selbstverständlich. *Nicht* selbstverständlich ist hingegen die automatische Regelung des richtigen Übergangs zwischen den einzelnen Zyklen, ohne die eine Verselbständigung des Prozesses nicht möglich wäre. Diese Aufgabe kann aber nur mit Hilfe der elektronischen Programmsteuerung durchgeführt werden, die *nach jedem Umlauf* feststellt, ob die gestellte Bedingung für den Übergang in den nächsten Zyklus bereits erfüllt ist oder nicht. Während es im Falle der Nichterfüllung der Bedingung bekanntlich zu einem erneuten Umlauf im alten Zyklus kommt, erfolgt die Fortsetzung des Prozesses bei einer Erfüllung im nächsten Zyklus, wobei zu ergänzen ist, daß dieser dem ersten sowohl über- als auch neben- oder untergeordnet sein kann[2]).

Die Festlegung der Bedingungen im Falle der Matrizenmultiplikation ist nun sehr einfach, denn sie werden notwendig durch die Größe der Indizes bestimmt, die im obigen Beispiel übereinstimmend mit n angenommen wurde. Es ergeben sich somit für die Beendigung der einzelnen Zyklen die folgenden Gleichheitsbedingungen:

1) $n = j$ oder $n + 1 = j$
2) $n = k$ oder $n + 1 = k$
3) $n = i$ oder $n + 1 = i$

An die Stelle von n tritt die Zahl $n + 1$, wenn der jeweilige Index unmittelbar nach der Rechenoperation, d. h. also vor dem Datenvergleich, um 1 erhöht wird.

Auf Grund dieser Ausführungen kann das Ablaufdiagramm für eine Matrizenmultiplikation z. B. in folgender Weise dargestellt werden[3]) (s. Abb. 37).

Zu den einzelnen Operationshinweisen im Ablaufdiagramm ist folgendes zu bemerken:

1. Zyklus. Das von Zuse[4]) eingeführte Ergibtzeichen ($\Rightarrow$) besagt, daß an dieser Stelle des Ablaufdiagramms die rechtsstehende (unbe-

---

[1]) s. hierzu S. 24ff. [2]) s. auch Abschnitt B II.
[3]) s. auch Ablaufdiagramm auf S. 143.
[4]) K. Zuse: „Über den Plankalkül" in der Zeitschrift: „Elektronische Rechenanlagen", Heft 2, München 1959, S. 70.

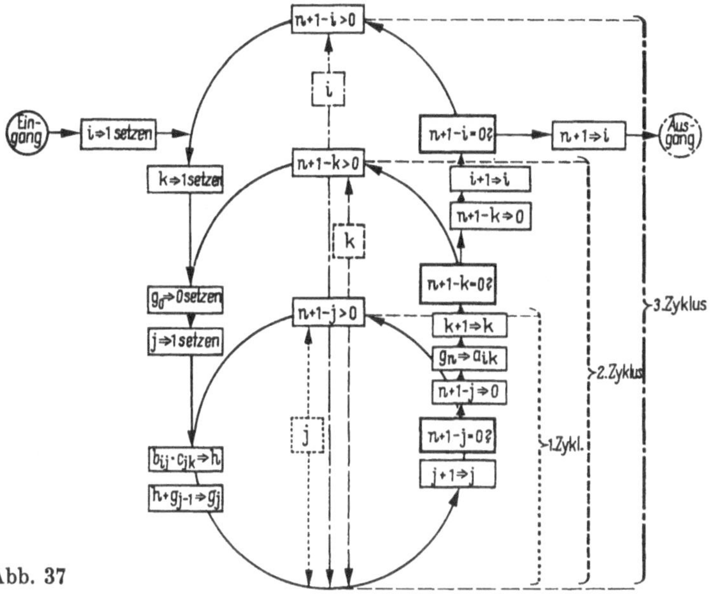

Abb. 37

stimmte) Größe durch den linksstehenden Ausdruck determiniert wird. Das Setzen der 1 für die Indizes i, k und j bedeutet, daß die Operation mit der Multiplikation der ersten Zeile $\mathfrak{b}_{1j}$ von $\mathfrak{B}$ und der 1. Spalte $\mathfrak{c}_{j1}$ von $\mathfrak{C}$ ($j = 1, \ldots n$) beginnen soll. Die Buchstaben g und h werden benötigt, um die Ergebnisse der einzelnen Komponentenmultiplikationen aufzuaddieren (z. B. 1. Zeile $\times$ 1. Spalte $= b_{11} \cdot c_{11} + b_{12} \cdot c_{21} + \cdots + b_{1n} \cdot c_{n1}$), um somit jeweils *eine* Komponente von $\mathfrak{A}$ (z. B. a_{11} = Summe der Produkte: 1. Zeile $\mathfrak{B}$ $\times$ 1. Spalte $\mathfrak{C}$) zu erhalten. Infolgedessen ist ein beliebiges $b_{ij} \cdot c_{jk} = h$, wobei es sich um *einen* Umlauf handelt. Dieses Ergebnis muß nun zum bisherigen Resultat, das bis zum vorhergegangenen Umlauf ($= g_{j-1}$) entstanden war, hinzuaddiert werden, d. h. aber: $h + g_{j-1} \Rightarrow g_j$. Dies wiederholt sich durch fortlaufende Erhöhung von j ($j + 1 \Rightarrow j$) solange, bis $j = n$ und somit $g_n \Rightarrow a_{ik}$. Dies ist aber dann der Fall, wenn die Frage (Bedingung) $n + 1 - j = 0$? von der Maschine mit „Ja“ beantwortet wird. Durch diesen Vergleich zwischen der Maßzahl $n + 1$ und dem jeweiligen Stand der Indexzählung stellt die Maschine also fest, ob der Übergang stattfindet oder nicht. Für jedes Ergebnis > 0 trifft sie die Entscheidung, daß der alte Zyklus erneut zu durchlaufen ist, für jedes Ergebnis $= 0$, daß der nächste Zyklus beginnen soll.

2. Zyklus. Im 2. Zyklus werden fortlaufend sämtliche Spalten $\mathfrak{c}_{jk}$ ($k = 1, \ldots n$) von $\mathfrak{C}$ mit der ersten Zeile $\mathfrak{b}_{1j}$ von $\mathfrak{B}$ multipliziert. Es erscheinen daher zu Beginn des 2. Zyklus zunächst nochmals die Ergebnisse des 1. Zyklus, d. h. also $n + 1 - j \Rightarrow 0$ und $g_n \Rightarrow a_{ik}$. Sodann wird k um 1 erhöht und die Entscheidung über den weiteren Verlauf getroffen, je nachdem die Bedingung für k erfüllt ist oder nicht. Für den Fall der Nichterfüllung muß $g \Rightarrow 0$ gesetzt werden, da ja jedes k im 1. Zyklus n Durchläufe erfordert, und die Summe aller $b_{ij} \cdot c_{jk} \Rightarrow g_n \Rightarrow a_{ik}$, d. h. *eine* Komponente des Matrizenproduktes $\mathfrak{A}$. Sodann setzt der 1. Zyklus (j) erneut bei $j \Rightarrow 1$ ein $(b_{i1} \cdot c_{1k})$. Dies wiederholt sich ebenfalls solange, bis $n + 1 \Rightarrow j$ bzw. $n + 1 - j \Rightarrow 0$. Dies hat zur Folge, daß auch k um 1 erhöht wird und durch einen erneuten Vergleich eine Entscheidnng über den weiteren Verlauf herbeizuführen ist. Dies wiederholt sich dann ebenfalls solange, bis $n + 1 - k \Rightarrow 0$ ist, womit dann der Übergang zum 3. Zyklus erfolgt.

3. Zyklus. Im 3. Zyklus wird i um 1 erhöht, das Ergebnis der Indexzählung i von der Maßzahl $n + 1$ abgezogen und festgestellt, ob das Resultat $\geqq 0$ ist. Bei Nichterfüllung der Bedingung (> 0) wird k sodann wieder $\Rightarrow 1$ gesetzt, da ja wiederum alle Komponenten der Zeilen i mit allen Komponenten der Spalten k zu multiplizieren sind. Alle folgenden Schritte wiederholen sich sodann analog den bereits beschriebenen Vorgängen beim 1. und 2. Zyklus, und zwar solange, bis $n + 1 - i \Rightarrow 0$ und somit auch $n + 1 \Rightarrow i$. Damit liegt aber das Ergebnis der Matrizenmultiplikation $\mathfrak{B}\mathfrak{C} = \mathfrak{A}$ vor und die Operation ist beendet.

In der heute üblichen Form des Ablaufdiagramms hat die Matrizenmultiplikation allerdings folgendes Aussehen (s. Abb. 38).

Das Beispiel der Matrizenmultiplikation sollte insbesondere dazu dienen, die Bedeutung des logistischen Datenvergleichs für die zyklischen Abläufe und somit auch für die betriebswirtschaftliche Datenverarbeitung zu zeigen. Während es sich aber bei der Matrizenmultiplikation um einen von vornherein festliegenden Prozeß handelt, ist dies bei der Lösung der betriebswirtschaftlichen Minimierungs- und Maximierungsaufgaben nicht der Fall. Diese sind vielmehr auf iterativem Wege durch Näherungsverfahren (approximative Methoden) zu lösen[1]), wobei der logistische Datenvergleich auf der Grundlage $\gtreqless 0$, wie an dem vorangegangenen Beispiel zu ersehen war, eine bedeutende Rolle spielt.

---

[1]) Z. B. das Simplexverfahren (s. hierzu auch Abschnitt B II).

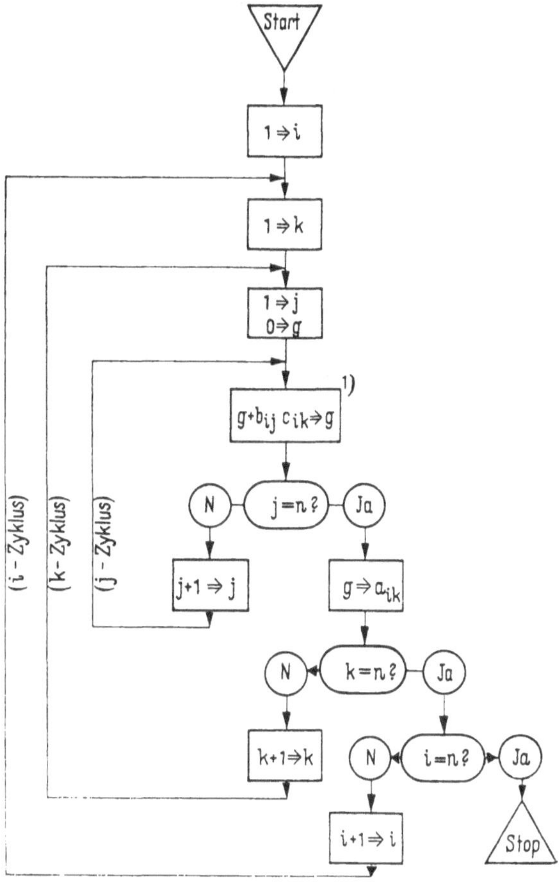

Abb. 38.

b) Die Durchführung des logistischen Datenvergleichs im Vergleichswerk

Da die logischen Entscheidungen bei der eigentlichen Datenverarbeitung durch einen arithmetischen Vergleich der Daten oder Operanden herbeigeführt werden, können die Vergleichsoperationen auch im Rechenwerk durchgeführt werden, so daß auch eine Maschine ohne Vergleichswerk benutzt werden kann. Ob man jedoch die eine oder andere Anlage vorzieht, hängt ganz von einsatztechnischen Faktoren ab[2]). Ein separates und unabhängig arbeitendes Vergleichswerk hat für die betriebswirtschaftliche Datenverarbeitung zweifellos den großen Vorzug, daß Vergleichs- und

[1]) Die Indizierung von g ist in diesem Falle überflüssig.
[2]) S. Abschnitt A III, insbesondere unter c).

Rechenoperationen gleichzeitig durchgeführt werden können. Während das Vergleichswerk z. B. sortiert, kann das Rechenwerk bereits bestimmte arithmetische Operationen durchführen oder umgekehrt[1]).

Ein Vergleichswerk besteht in der Regel aus mehreren miteinander gekoppelten Wortregistern[2]) zur Aufnahme der zu vergleichenden Daten (Operanden) und einem meist einstelligen Register zur Aufnahme des Vergleichsergebnisses (Verzweigungsregister), das z. B. bei Gleichheit mit einer 0 und bei Ungleichheit mit einem Plus- oder Minuszeichen belegt wird, je nachdem, ob der erste Operand größer (+) oder kleiner (—) als der zweite ist. Beim einfachen Vergleich werden zwei Operanden miteinander verglichen, und zwar Ziffer für Ziffer, beginnend mit der höchsten Stelle der beiden Register[3]). Der Vergleich endet mit der Feststellung der ersten Ungleichheit, so daß das Verzweigungsregister, je nachdem ob das Resultat $=$, $>$ oder $\geqq$, $<$ oder $\leqq$ lautet, entweder mit 0, + oder — belegt wird:

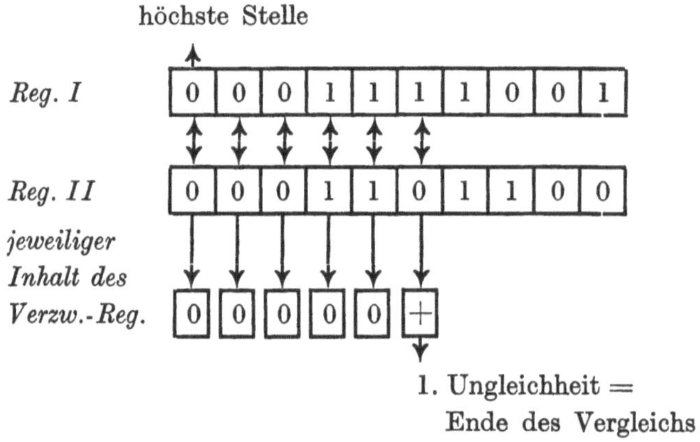

Beim doppelten Vergleich wird ein Operand (X) mit zwei anderen Operanden (A) und (B) verglichen. Das Vergleichswerk gibt sodann an, wie sich (X) zu (A) und (B) verhält. Ist z. B. (A) $>$ (B), so kann (X) $\gtreqless$ (A) sein. Ist (X) $>$ (A), so ist es auch $>$ (B). Ist jedoch (X) $<$ (A), so kann es sowohl $\gtreqless$ (B) sein. Beim doppelten Vergleich sind demgemäß folgende

---

[1]) Die GAMMA 60 von der Compagnie des Machines BULL ist neben dem Rechenwerk auch mit einem sogenannten „Hauptvergleicher" ausgestattet.

[2]) Als „Wort" bezeichnet man im allgemeinen die Grundeinheit bei der binärdezimalen Darstellung und Verarbeitung der Daten. Es beträgt in den Anlagen für die ökonomische Datenverarbeitung in der Regel zehn bis zwölf Dezimalstellen entsprechend 70 bzw. 84 Bits (s. hierzu auch Abschnitt A III, 1b—c).

[3]) Bei der normalen Darstellung einer binär-dezimalen Zahl erfolgt der Vergleich also von links nach rechts.

Resultate möglich und müssen daher auch vom Vergleichswerk ermittelt werden können:

1) $(X) > (A)$
2) $(X) = (A)$
3) $(A) > (X) > (B)$
4) $(X) = (B)$
5) $(X) < (B)$

3. Das Rechenwerk

a) Die Grundlagen der binären Ziffernrechnung des elektronischen Rechenwerks

aa) *Die Zahlendarstellung und der Zahlenbereich*

Wie bereits ausführlich beschrieben wurde, werden die Zahlen in der Maschine durch elektrische Signale (Impulse)[1]) in der Form eines binär-dezimalen Code dargestellt, wobei jede der 10 Dezimalziffern durch eine bestimmte duale Tetrade oder durch bestimmte andere binär-dezimale Ziffern ausgedrückt wird[2]). Diese müssen so in den Organen der Maschine realisiert sein (z. B. in Flip-Flops), daß mit diesen auch nach den allgemeinen Regeln und Gesetzen der Arithmetik gerechnet werden kann. Wir haben gesehen, daß dies nicht ohne weiteres möglich ist, sondern daß sich z. B. bei der Rechnung mit dualen Tetraden infolge ihres vom Dezimalsystem abweichenden Stellenübertrages — bei 15 (1111) statt bei 9 — Differenzen ergeben, die durch entsprechende Korrekturen berichtigt werden müssen[2]). Diese Korrekturregeln sind in besonderen Schaltungen des Rechenwerks fixiert und berichtigen jede einzelne Rechnung automatisch. Die einzelnen Formen der Zahlendarstellung beruhen also auch hier auf den allgemeinen Gesetzen der Zahlenordnung und Zahlenverbindung und können daher nicht beliebig gewählt werden.

Da ferner in einem Ziffernrechenwerk alle gebrochenen Zahlen nur durch endliche Brüche dargestellt werden können[3]), ist auch die Frage der

[1]) s. Abschnitt A II, insbesondere S. 24ff.
[2]) s. S. 77ff. und S. 93ff.
[3]) Beim Ziffernrechnen oder praktischen Rechnen ganz allgemein — und somit auch in Ziffernrechenwerken bzw. digitalen Rechengeräten — kann immer nur mit einer endlichen bzw. begrenzten Stellenzahl hinter dem Komma gerechnet werden. Der Grad der absoluten Genauigkeit der Ergebnisse, die mit diesen Maschinen ermittelt werden können, hängt damit im Gegensatz zu den Möglichkeiten der Analogrechner (siehe Abschnitt A I) immer von der zur Verfügung stehenden Stellenzahl hinter dem Komma ab.

Kommastellung in den Registern des Rechenwerks von besonderer Bedeutung, da ja hiervon wiederum die Art der Zahlendarstellung und Rechnung abhängt. In den bisher entwickelten Anlagen sind folgende Formen der Kommastellung realisiert worden:

1. Die Zahlendarstellung mit festem Komma (Maschinenkomma, „fixed decimal point")
   10) die Zahlendarstellung mit unveränderlichem Festkomma,
   11) die Zahlendarstellung mit einstellbarem Festkomma;
2. die Zahlendarstellung mit gleitendem Komma („floating decimal point", halblogarithmische Schreibweise) und
3. die Zahlendarstellung mit gleitendem, aber fest programmiertem Komma.

Da jedes Rechenregister über eine bestimmte Stellenzahl verfügt (z. B. 10 oder 12 Dezimalstellen entsprechend der gleichen Anzahl Tetraden mit insgesamt 40 bzw. 48 Dualstellen oder Bits), müssen die Zahlen bei einer Rechnung mit festem Komma entweder innerhalb des durch die Kommastellung festgelegten Zahlenbereichs liegen — z. B. zwischen ∓ 1, ∓ 10, ∓ 100, d. h. von $-0{,}999\ldots9$ bis $+0{,}99\ldots9$, von $-9{,}99\ldots9$ bis $+9{,}99\ldots9$, von $-99{,}99\ldots9$ bis $+99{,}99\ldots9$ — oder sie müssen in diesen Zahlenbereich transformiert werden. Entscheidend für die Stellung eines festen Kommas ist die möglichst weitgehende Ausnutzung der zur Verfügung stehenden Stellen, d. h. das Komma soll so stehen, daß die Möglichkeiten der Überschreitung (Überlauf) des Zahlenbereichs (der Stellenzahl) der Register bei der gegebenen Kapazität auf ein Mindestmaß beschränkt werden, wobei die Überschreitung des Zahlenbereichs nach ‚oben' (höchste Wertziffer) durch entsprechende Maßnahmen völlig ausgeschaltet werden muß. Dabei ist der schaltungstechnische Aufwand um so geringer, je zweckmäßiger die Stellung des festen Kommas gewählt wird.

Für die Wahl der Kommastellung spielt insbesondere die Multiplikation eine wichtige Rolle; denn diese führt sehr leicht zu einer Bereichsüberschreitung nach oben, wenn sich eine oder mehrere Stellen > 0 (Wertziffern) vor dem Komma befinden. Sie kommt hingegen überhaupt nicht vor, wenn der Zahlenbereich des Rechenwerks innerhalb der Grenzen von ∓ 1 liegt, d. h. wenn er die Zahlen von $-0{,}99\ldots9$ bis einschließlich $+0{,}99\ldots9$ umfaßt ($-1 < x < +1$), wobei es gleichgültig ist, wie groß die Anzahl der Stellen der einzelnen Faktoren ist. Bei einem Zahlenbereich zwischen ∓ 10 ($-10 < x < +10$) würde sich das feste Komma in den

Rechenregistern z. B. hinter der 1. Stelle (2. Stelle nach dem Vorzeichen) befinden:

+) 9, 9 9 9 9 9 9 9 9 9

[1]

Demgemäß würde die Multiplikation 2,5 ... × 4,1 ... bereits zu einer Zahlenbereichsüberschreitung nach ‚oben' führen, wobei die höchste Wertziffer wegfiele; denn

$$10{,}25 \neq \boxed{+)\ 0,\ 2\ 5\ \cdots\cdots\cdots}$$

so daß das von der Maschine ermittelte Ergebnis falsch wäre. Steht das Komma hingegen vor der 1. Stelle bzw. hinter dem Vorzeichen (Zahlenbereich zwischen $-1 < x < +1$), wobei die Null vor dem Komma aus Vereinfachungsgründen im Rechenwerk weggelassen wird, so würde das Ergebnis von 0,25 ... × 0,41 ...

$$= \boxed{\mp\ ,\ 1\ 0\ 2\ 5\ \cdots\cdots\cdots}$$

lauten und die Überschreitung des Zahlenbereichs nach ‚oben' wäre vermieden.

Sowohl hier als auch bei den anderen Rechnungsarten der ersten beiden Grundstufen (Addition, Subtraktion, Division) hat es sich daher als vorteilhafteste Lösung erwiesen, das Komma bei einer unveränderlichen Festlegung vor die erste Stelle zu setzen, so daß der Zahlenbereich dieser Maschinen zwischen den Grenzen ∓ 1 ($-1 < x < +1$) liegt[2]. Bei der Verwendung solcher Rechenwerke ist es daher notwendig, sämtliche Daten bereits vor ihrer eigentlichen Verarbeitung in den durch die Kommasetzung festgelegten Zahlenbereich zu transformieren. Daraus ergibt sich dann zwangsläufig, daß das Komma im Ergebnis wieder entsprechend seiner ursprünglichen Stellung korrigiert werden muß. Zur Durchführung der Transformationen bedient man sich in diesen Fällen des sogenannten ‚gedachten Kommas' (Rechenkomma) oder ganz allgemein der arithmetischen Regeln der Kommasetzung. So erscheinen z. B. die Faktoren der Multiplikation

[1]) Aus Vereinfachungsgründen soll hier von einer Darstellung der Dezimalziffern durch einen Binär-Code abgesehen werden.

[2]) Der konstruktive bzw. operative Aufwand bei einer Maschine mit gleitendem Komma ist demgegenüber naturgemäß wesentlich größer. Infolgedessen benötigt sie auch entsprechend längere Operationszeiten.

513, 81 × 56, 21

in folgender Weise in den entsprechenden Registern des Rechenwerks:

+ , 5 1 3 8 1 . . . . . .

+ , 5 6 2 1 . . . .

so daß die Maschine als Ergebnis die Zahl

+ , 2 8 8 8 1 2 6 0 1 . .

liefert, wobei sie automatisch die hierbei zu beachtende Kommaregel (Summe der Stellenzahl hinter dem Komma beider Faktoren = Stellenzahl hinter dem Komma des Ergebnisses) berücksichtigt. Durch die Veränderung der Kommastellung vor der Operation um insgesamt 5 Stellen nach links ist jedoch nach der Operation wieder eine entsprechende Korrektur der Kommastellung um 5 Stellen nach rechts notwendig, so daß das richtige Ergebnis

(+ 2 8 8 8 1 , 2 6 0 1 . .)

lautet. Da das Rechenwerk der Maschine dies nicht automatisch bewirkt, muß das sog. ‚gedachte Komma' programmiert und durch eine entsprechende Vorrichtung bei der Niederschrift des Ergebnisses eingefügt werden. Bei Anlagen, deren Rechenwerke mit einem festliegenden Komma ausgestattet sind, müssen die Daten (Operanden, Ergebnisse) also sowohl vor als auch nach der Durchführung der Rechnung in entsprechender Weise transformiert bzw. korrigiert werden.

Ähnliches gilt auch für die elektronischen Rechenwerke mit einstellbarem Festkomma, die nach den gleichen Grundsätzen arbeiten; denn sie erlauben zwar eine Veränderung der Kommastellung und damit des Zahlenbereichs, aber dieser ist dann ebenfalls für die jeweiligen Operationen fest vorgegeben und unveränderlich[1]). Eine automatische Anpassung ist also auch in diesem Falle nicht gegeben.

Anders verhält es sich hingegen bei der elektronischen Zahlendarstellung in der halblogarithmischen Schreibweise (floating decimal point), die in

[1]) So ist z. B. die jeweilige Stellung des „festen Kommas" bei der „MARK I" und der „MARK III" in gewissem Rahmen frei wählbar. Howard H. Aiken: „Manual of Operation for the Automatic Sequence Controlled Calculator (MARK I)", Band I, Cambridge/Mass. 1946 und derselbe: „Manual of Mark III", 1951.

ihren Grundzügen bereits von Zuse angewandt wurde[1]). Hierbei wird jede Zahl (x) in zwei Teile gegliedert, und zwar in die sogenannte Mantisse (m) und in den Exponenten (e), wobei sich der letztere jeweils auf die Basis des der Rechnung zugrunde liegenden Zahlensystems — im vorliegenden Falle also auf die Zahl 10 — bezieht. Es ergibt sich somit für jede Zahl

$$x = m \cdot B^e$$

wobei m immer im Zahlenbereich $1 \leqq m < B$ liegen muß, so daß z. B.

$$174{,}85 = 1{,}7485 \cdot 10^2 \quad \text{und}$$
$$0{,}00341 = 3{,}41 \cdot 10^{-3}$$

ist. Man bezeichnet diese Schreibweise als halblogarithmisch, weil der Exponent (e) mit der logarithmischen Kennziffer und der $\log m$ mit der Mantisse von $\log^B x$ identisch ist. In den Registern des Rechenwerks ist die Angabe der Basiszahl nicht erforderlich, so daß neben der darzustellenden Zahl (m) nur der Exponent (e) und die Vorzeichen dieser beiden Zahlen erscheinen. Nach dem obigen Beispiel haben die Register daher folgenden Inhalt:

+) 1 , 7 4 8 5 . . . . (+ 2

+) 3 , 4 1 . . . . . . (— 3

Demgemäß sind für den Exponenten (e) wegen des Vorzeichens mindestens zwei Stellen erforderlich.

Auf die zweite Stelle für die Angabe des Vorzeichens kann allerdings verzichtet werden, wenn man den Exponenten 0 von vornherein gleich einer bestimmten positiven Zahl setzt. Da nun alle auftretenden positiven Exponenten dieser additiven Konstanten zugezählt, alle negativen hingegen von ihr abgezogen werden, bleiben auch die letzteren positiv, wenn sie nicht größer sind als die additive Konstante. Die Stellung des Kommas ergibt sich somit aus der Summe bzw. Differenz:

$$\text{additive Konstante} \mp \text{Exponent,}$$

die bei positiven Exponenten größer und bei negativen Exponenten kleiner als die additive Konstante ist. Wird diese z. B. gleich 50 gesetzt, so ergibt sich für

[1]) Davon unabhängig ist die gleiche Entwicklung bei H. H. Aiken zu beobachten, der das „gleitende Komma“ dann 1948 in seiner „MARK II“ realisierte. H. H. Aiken: „Description of a Relay Calculator (Mark II)“, Cambridge/Mass. 1949, s. auch S. 17f.

$$10^{2} \mathrel{\hat{=}} 10^{50+2} = 10^{52} \quad \text{und für}$$
$$10^{-3} \mathrel{\hat{=}} 10^{50-3} = 10^{47}$$

oder

$$\frac{10^{b}}{2} + e$$

wobei b gleich der Stellenzahl des Exponenten (e) ist, die im Falle der Addition mit 50 z. B. 2 beträgt:

$$\frac{10^{2}}{2} + 2 = 52$$

Der Inhalt des ersten der beiden auf Seite 149 angeführten Register lautet daher jetzt:

+) 1 , 7 4 8 5 . . . . (52

Durch den Wegfall des Exponentenvorzeichens wird demgemäß eine weitere Stelle für den Exponenten frei, so daß der Zahlenbereich des Rechenwerks durch diesen ‚Kunstgriff' um ein Mehrfaches erweitert wird[1]).

Durch die Darstellung der Zahlen in der halblogarithmischen Schreibweise ist es möglich, die Stellung des Kommas im Ergebnis bereits im Zuge der arithmetischen Operationen automatisch zu errechnen. Das Rechenwerk liefert also ein Resultat, das neben der Mantisse (m) auch den die richtige Kommastellung anzeigenden Exponenten (e) enthält. Diese im übertragenen Sinne als „Gleitkommarechnung" bezeichnete Operation ist insbesondere in den Fällen erforderlich, in denen sich die Stellenzahl der einzelnen Rechnungsgrößen laufend verändert und wo neben sehr großen auch sehr kleine Zahlen verarbeitet werden müssen, wie es in der Regel bei naturwissenschaftlichen Problemen der Fall ist. Da es bei ökonomischen Aufgaben jedoch möglich ist, die Anzahl der notwendigen Stellen ohne Einschränkung der Genauigkeit der Ergebnisse von vornherein festzulegen, kommt für diese eine Anwendung des ‚gleitenden Kommas' aus den bereits erwähnten Gründen (höherer konstruktiver Aufwand, längere Operationszeiten) in der gegenwärtigen Entwicklungsphase kaum in Betracht. Die

---

[1]) In der „GAMMA 60" von BULL werden die Exponenten z. B. generell um 40 erhöht, da das 1. Bit der 1. Tetrade zur Darstellung des Vorzeichens benutzt wird (sein Fehlen bedeutet +, sein Vorhandensein —). Da mit den verbleibenden 3 Bits der 1. Tetrade bei einer Verschlüsselung mit direkter dual-dezimaler Zahlenzuordnung die Ziffern höchstens bis zur 7 ($111 \equiv 7$), mit der folgenden 2. Tetrade (2. Stelle) jedoch wieder bis einschließlich 9 dargestellt werden können, besteht hier der Zahlenbereich aus insgesamt 80 Stellen (von 0 bis 79), d. h. er liegt zwischen $10^{\mp 40}$ (z. B. $10^{+4} \mathrel{\hat{=}} 10^{+44}$, $10^{-4} \mathrel{\hat{=}} 10^{+36}$).

Funktion des ‚gleitenden Kommas' kann allerdings dazu benutzt werden, sämtliche Operanden im Rechenwerk unmittelbar ‚stellengerecht' zu verarbeiten (gleitendes, aber fest programmiertes Komma), so daß sich die richtige Kommastellung jeweils automatisch ergibt[1]).

ab) *Das Rechnen mit festem Komma*

1. Die Adition und die Subtraktion. Die Addition bei der Rechnung mit festem Komma ist relativ einfach, da die beiden Summanden vor der eigentlichen Rechnung in den Zahlenbereich ($-1 < x < +1$) transformiert werden, so daß sie nunmehr ohne weiteres auf der Grundlage des in der Maschine verwirklichten binär-dezimalen Zahlensystems addiert werden können.

Für die Subtraktion gilt das gleiche, da die negativen Zahlen nach ihrer Übertragung aus dem Speicher in das Rechenwerk durch die Addition einer konstanten Zahl (C) in ihre positiven Neuner- oder Zehner-Komplemente umgewandelt werden[2]), so daß die Subtraktion mit Hilfe der Addition durchgeführt wird[3]). Dies geschieht in folgender Weise:

1. Die Subtraktion (Addition) mit Neuner-Komplementen[4]) [konstante Zahl (C) = Basis (B) des Zahlensystems (10) — 1 (Einheit der letzten Stelle) oder $C = B - B^{-N}$, wobei N = der Anzahl der Stellen hinter dem Komma ist]:

Beispiel 1

Subtraktion	Addition mit C ($B - B^{-N} = 10 - 10^{-4}$)	Addition mit ($B - 1$)-Komplement
+ 0,7163	—	+ 0,7163
— (+ 0,3471)	+ 9,9999	+ 9,6528
		+ [1] 0,3691
	Endübertrag[5]):	→ 1
		0,3692

---

[1]) Dies ist z. B. bei der „GAMMA 60" von BULL so vorgesehen.

[2]) In der „MARK I" werden die negativen Zahlen allerdings direkt mit ihren positiven Komplementen gespeichert, s. H. H. Aiken, a. a. O.

[3]) Soweit es sich nicht um eine Anlage handelt, in der die Rechenoperationen auf der Grundlage der Zählung durchgeführt werden, s. S. 96ff.

[4]) Hierbei wird C auch als negative 0 ($\bar{0}$) aufgefaßt, z. B.:

$+ 0{,}31 - (+ 0{,}31) = + 0{,}31$
$\quad + 9{,}68$ [$= (B - 1)$ — Komplement]
$\quad 9{,}99 = C = \bar{0}$

Beispiel 2

Subtraktion	Addition mit C $(B - B^{-N})$		Addition der $(B-1)$-Komplemente
$-0{,}4729$	$+9{,}9999$		$+9{,}5270$
$-(+0{,}3142)$	$+9{,}9999$		$+9{,}6857$
			$+$ [1] $9{,}2127$
		Endübertrag:	→ 1
			$+9{,}2128$
		Korrektur:	$-9{,}9999$
			$-0{,}7871$

Im Beispiel 1 ist der Substrahend durch seine Addition mit der Konstanten C $(= B - B^{-N})$, d. h. der Basiszahl 10 abzüglich einer Einheit der *letzten* Stelle, um 9,9999 erhöht worden. Durch den nach der Addition vorgenommenen Endübertrag der 10,0000 $(= B)$ in die niedrigste Stelle des Ergebnisses (0,0001), der ja einem *Abzug* von 9,9999 oder $(B - B^{-N})$ entspricht, wird die durch die Komplementbildung erfolgte Erhöhung des Subtrahenden wieder rückgängig gemacht, so daß sich das richtige Resultat ergibt.

Im Beispiel 2, in dem es sich um eine Subtraktion mit einem negativen Minuenden handelt, werden sowohl der Subtrahend als auch der Minuend durch die Addition mit der Konstanten C $(= B - B^{-N})$ in ihr positives Neuner-Komplement umgewandelt. Infolgedessen muß die Konstante vom Ergebnis der Addition auch zweimal abgezogen werden. Im obigen Beispiel geschah das einmal durch den Endübertrag, zum andern durch den Korrekturabzug.

2. Die Subtraktion (Addition) mit Zehner-Komplementen[1]) [konstante Zahl (C) = Basis (B) des Zahlensystems oder $C = B = 10$]:

denn in diesem Falle bleibt der Endübertrag aus (s. Anmerkung 5), s. auch Anmerkung [1]), S. 152.

[5]) Es handelt sich hier um einen Übertrag, der immer nur am Ende einer Rechenoperation durchgeführt wird (end around carry) und keinen weiteren Übertrag auslöst, s. Anmerkung 4.

[1]) Demgemäß wird die 0 in diesem Falle als „positive Zahl" behandelt, z. B.:

$$+0{,}31 - (+0{,}31) = +0{,}31$$
$$+9{,}69 \text{ (}B\text{-Komplement)}$$
$$\boxed{1}\ 0{,}00 = 0$$

wird unterdrückt ← [1]

(s. S. 151, Anmerkung 4).

Beispiel 3

Subtraktion	Addition mit C	Addition mit B-Komplement
$+ 0{,}7163$	—	$+ 0{,}7163$
$-(+ 0{,}3471)$	$+ 10{,}0000$	$+ 9{,}6529$
		[1] 0,3692
	wird unterdrückt ← (1)	

Beispiel 4

Subtraktion	Addition mit C	Addition der B-Komplemente
$- 0{,}4729$	$+ 10{,}0000$	$+ 9{,}5271$
$-(+ 0{,}3142)$	$+ 10{,}0000$	$+ 9{,}6858$
		+ [1] 9,2129
	wird unterdrückt ← (1)	
	Korrektur:	$- \quad 10{,}0000$
		$- \quad 0{,}7871$

Bei einer Unterdrückung der höchsten Stelle sowie der Vornahme eines weiteren Korrekturabzuges — soweit er gemäß Beispiel 4 erforderlich ist — wird sodann in jedem Falle das richtige Ergebnis erzielt[1]).

---

[1]) Für den Fall, daß sich das Komma bei der Rechnung jeweils vor der ersten Stelle bzw. Wertziffer der Operanden befindet (‚festes Komma', Zahlenbereich von $-1 < x < +1$ oder von $-0{,}99\ldots9$ bis einschließlich $+0{,}99\ldots9$) beschreiben Rutishauser, Speiser, Stiefel, a. a. O., S. 29, die Bedingungen der Komplementbildung wie folgt:

„Zu jeder negativen Zahl x, die ins Rechenwerk eingeht, wird automatisch eine Konstante C addiert, die Summe $\bar{x} = x + C$ heißt dann das Komplement von x. Wenn diese Konstante $C \geqq 2 - n$ ist (wobei $n = B^{-N}$ eine Einheit der letzten Stelle bedeutet), so ist wegen $x > -1$, genauer $x \geqq -1 + n$ offenbar $\bar{x} \geqq 1$.

Somit besteht dann eine eindeutige Unterscheidung zwischen den positiven Zahlen und den in komplementärer Form dargestellten negativen Zahlen; diese sind unechte, jene echte Dezimal- oder Dualbrüche. Diese Unterscheidung ist natürlich unerläßlich, so daß nur Konstanten $C \geqq 2 - n$ brauchbar sind. Da also die im Rechenwerk auftretenden konegativen Zahlen (negative Zahlen in komplementärer Form) $\geqq 1$ sind, muß dieses noch mit einer zusätzlichen Stelle vor dem Komma (Einer) versehen sein.

Wird außerdem für positive Zahlen $\bar{x} = x$ gesetzt, so ist immer $\bar{x} \equiv x \pmod{C}$, damit auch $\bar{x} + \bar{y} \equiv x + y$. Um also die richtige Darstellung für $\overline{x + y}$ zu erhalten, müssen $\bar{x}$ und $\bar{y}$ addiert und die Summe mod C ins Intervall $0 \leqq x < C$ oder $0 < x \leqq C$ reduziert werden. (Die erste Ungleichung gilt für die Rechnung mit B-Komplementen (0 ist positiv), die zweite für die Rechnung mit $(B - 1)$-Komplementen ($\bar{0}$ ist negativ) — Anmerkung d. Verf. —). Damit ist das Problem der allgemeinen Addition offenbar gelöst. (Forts. nächste Seite.)

Bei parallel arbeitenden elektronischen Rechenwerken ist insbesondere das (B — 1)-Komplement von Bedeutung, da zu seiner Bildung die Binärziffern — eine geeignete Verschlüsselung vorausgesetzt[1]) — lediglich gegenseitig vertauscht werden, d. h. die 1 durch eine 0 und die 0 durch eine 1. So ergibt sich z. B. das (B — 1)-Komplement der Zahl — 3 (— 0011) nach dem Aikenschen Schlüssel mit den dezimalen Gewichten 2-4-2-1 für die Dualziffern der Tetraden wie folgt:

$$\begin{array}{l} -\ 0\ 0\ 1\ 1 = 3 \\ +\ 1\ 1\ 1\ 1 = 9 = C \\ \hline +\ 1\ 1\ 0\ 0 = 6 = (B - 1)\text{-Komplement} \end{array}$$

Demgemäß erfordert die B-Komplementbildung eine zusätzliche Rechenoperation; denn hier muß ja nach der Bildung des (B — 1)-Komplements zur letzten Stelle des Ergebnisses eine 1 addiert werden, was wiederum — im Gegensatz zum sog. „Endübertrag" [siehe Seite 151, Beispiel 1 sowie die Anmerkungen 4) und 5)] — zu weiteren Überträgen und damit zu weiteren zusätzlichen Rechenoperationen führen kann. Die B-Komplementbildung erfordert daher bei parallel arbeitenden elektronischen Rechenwerken einen wesentlich höheren schaltungstechnischen Aufwand als die Bildung von (B — 1)-Komplementen[2]).

2. Die Multiplikation. Wie bereits ausgeführt wurde, wird die Multiplikation durch die fortgesetzte Addition des Multiplikanden (*Md*) durchgeführt, wobei die Anzahl der Additionen durch die Höhe des Multiplikators (*Mr*) bestimmt wird. Die Stellenwerte des Resultats ergeben sich durch entsprechende Verschiebungen, die bei der Abwicklung der einzelnen Rechenschritte in der Regel gleichzeitig im Akkumulator und im Multiplikatorregister erfolgen.

Zur Durchführung der Multiplikation werden der Multiplikand und der Multiplikator aus dem Speicher jeweils in ein Register[3]) (I und II) des Rechenwerks übertragen, wobei das Multiplikatorregister (II) infolge der

---

Von den vielen möglichen Werten für C sind eigentlich nur zwei wesentlich verschiedene im Gebrauch, nämlich B und $B - n$, und man unterscheidet demgemäß auch zwei Arten von Komplementen, nämlich die B- und die (B — 1)-Komplemente."

[1]) S. hierzu auch S. 85ff.

[2]) Beim Serienrechenwerk werden die einzelnen Bits nicht gleichzeitig nebeneinander (Parallelbetrieb), sondern paarweise hintereinander verarbeitet (s. Blockschaltbild auf S. 167), wobei in jedem Falle nur zwei Formen von Überträgen auftreten, nämlich der Übertrag von der Vorstelle und der Übertrag zur nächsten Stelle.

[3]) Bei diesen handelt es sich in der Regel um Hilfsspeicher von der Kapazität eines Wortes mit 10 oder 12 Dezimal- bzw. der entsprechenden Anzahl Binärstellen.

gleichzeitig erfolgenden Stellenverschiebungen auch mit dem Akkumulator (III) identisch sein kann[1]). Die einzelnen Phasen der Multiplikation, z. B.

246,70 (*Md*) · 40,31 (*Mr*)

ergeben sich dann aus folgender Darstellung (s. Tab. S. 156f.).

Das obige Beispiel ist nur der Einfachheit und der besseren Übersicht wegen mit Dezimalzahlen durchgeführt worden. Bei der Multiplikation mit Dualzahlen ergibt sich demgegenüber wiederum eine wesentliche Vereinfachung, da der Multiplikand wegen der auf der Basiszahl 2 beruhenden binären Zifferndarstellung bei jedem Rechenschritt höchstens einmal und nicht — wie beim Dezimalsystem — bis zu neunmal addiert werden muß[2]). So hat z. B. die Multiplikation der Dualzahlen 1101 · 1011 (13 · 11) folgendes Aussehen:

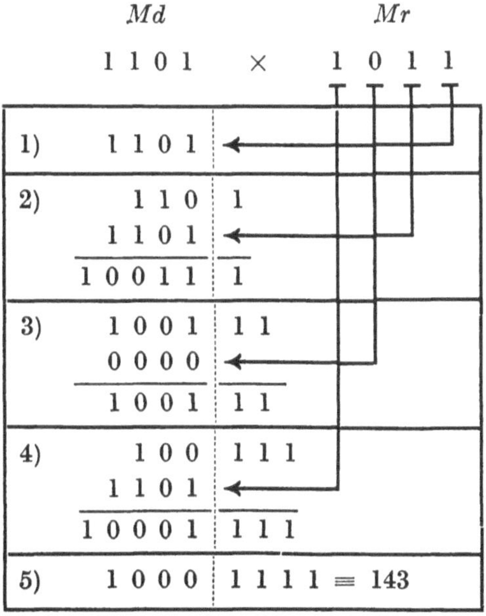

1. Addition des *Md* gemäß der niedrigsten Stelle des *Mr* (2^0).

---

[1]) S. hierzu auch Rutishauser, Speiser, Stiefel, a. a. O., S. 32ff.

[2]) Bei der Verwendung eines dual-dezimalen Code ergibt sich demgegenüber allerdings wieder der Nachteil, daß das Ergebnis jeder einzelnen Addition korrigiert werden muß. Dennoch ist eine Verwendung solcher Schlüssel in der automatisierten elektronischen Datenverarbeitung aus den bereits erwähnten Gründen vorteilhafter als die des reinen Dezimalsystems, s. hierzu auch S. 96ff.

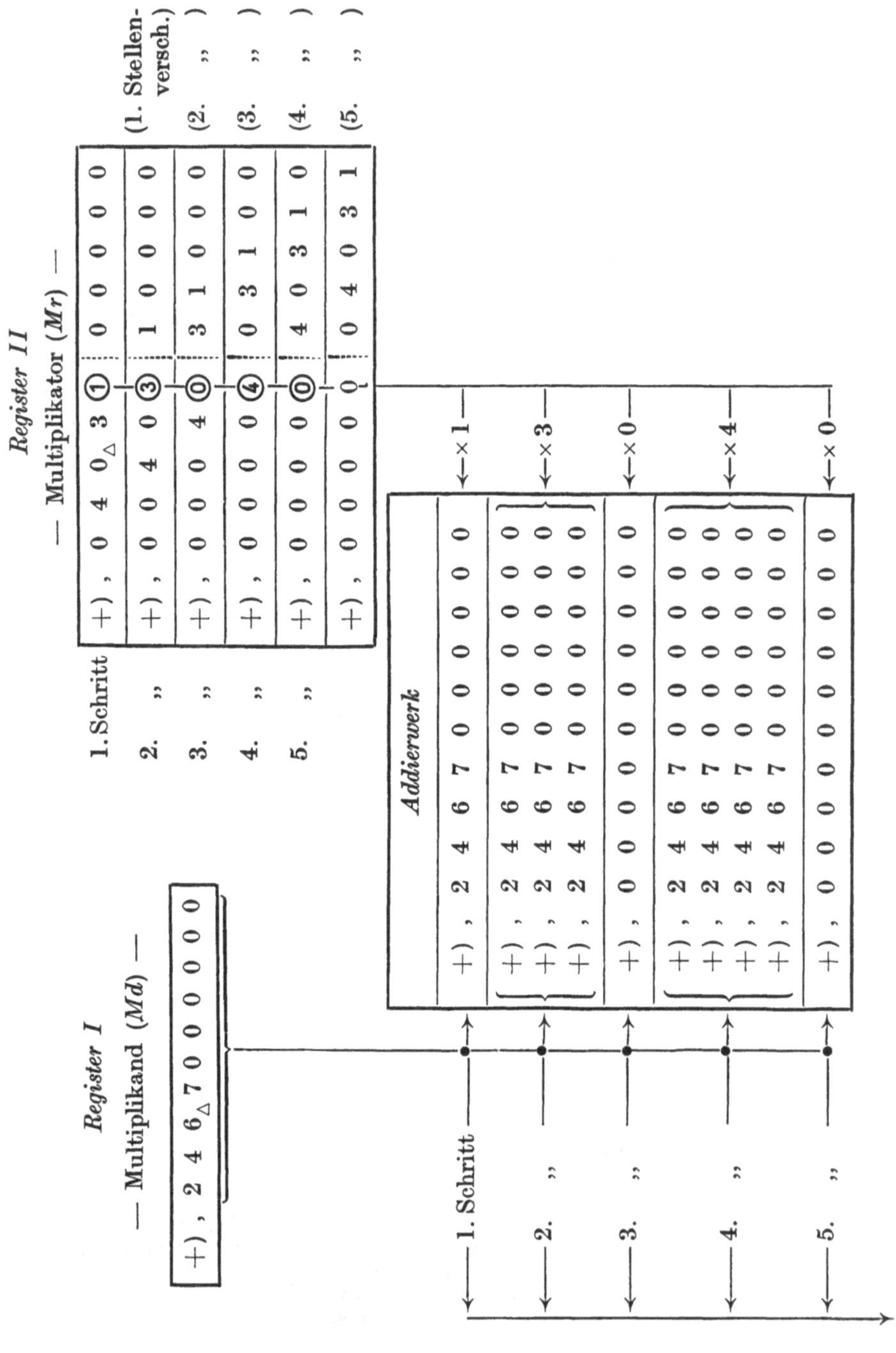
Register II
— Multiplikator (Mr) —
1. Schritt +) , 0 4 0△ 3 ① 0 0 0 0 0 (1. Stellen-versch.)
2. ,, +) , 0 0 4 0 ③ 1 0 0 0 0 (2. ,,)
3. ,, +) , 0 0 0 4 ⓪ 3 1 0 0 0 (3. ,,)
4. ,, +) , 0 0 0 0 ④ 0 3 1 0 0 (4. ,,)
5. ,, +) , 0 0 0 0 ⓪ 4 0 3 1 0 (5. ,,)
+) , 0 0 0 0 0 0 4 0 3 1
Register I
— Multiplikand (Md) —
+) , 2 4 6△ 7 0 0 0 0 0 0
Addierwerk
+) , 2 4 6 7 0 0 0 0 0 0
+) , 2 4 6 7 0 0 0 0 0 0
+) , 2 4 6 7 0 0 0 0 0 0
+) , 2 4 6 7 0 0 0 0 0 0
+) , 0 0 0 0 0 0 0 0 0 0
+) , 2 4 6 7 0 0 0 0 0 0
+) , 2 4 6 7 0 0 0 0 0 0
+) , 2 4 6 7 0 0 0 0 0 0
+) , 2 4 6 7 0 0 0 0 0 0
+) , 0 0 0 0 0 0 0 0 0 0
×1
×3
×0
×4
×0
1. Schritt
2. ,,
3. ,,
4. ,,
5. ,,

Register III

(Akkumulator)

— Produkt —

1. Schritt →	+) ,	2	4	6	7	0	0	0	0	0	0	
	+) ,	0	2	4	6	7	0	0	0	0	0	(1. Stellenversch.)
2. „ →	+) ,	7	4	0	1	0	0	0	0	0	0	
	+) ,	7	6	4	7	7	0	0	0	0	0	(Zwischensumme)
	+) ,	0	7	6	4	7	7	0	0	0	0	(2. Stellenversch.)
3. „ →	+) ,	0	0	0	0	0	0	0	0	0	0	
	+) ,	0	0	7	6	4	7	7	0	0	0	(3. „)
4. „ →	+) ,	9	8	6	8	0	0	0	0	0	0	
	+) ,	9	9	4	4	4	7	7	0	0	0	(Zwischensumme)
	+) ,	0	9	9	4	4	4	7	7	0	0	(4. Stellenversch.)
5. „ →	+) ,	0	0	0	0	0	0	0	0	0	0	
Resultat:	+) ,	0	0	9	9	4	$4_\triangle$	4	7	7	0[1]	(5. „)

[1]) Die Anzahl der Stellen, die sich zwischen dem Festkomma und dem ‚gedachten Komma' (△) befinden, ist beim Resultat der Multiplitation gleich der Summe der ‚Zwischenstellen' der Faktoren, vorausgesetzt, daß diese mit den gleichen Stellenwerten in den Zahlenbereich ($-1 < x < +1$) transformiert worden sind, wie dies im obigen Beispiel geschehen ist (246,70 $\triangleq$,24670 und 40,31 $\triangleq$,04031).

2. Rechtsverschiebung des Ergebnisses von 1) um eine Stelle (= dividiert durch 2) zur weiteren Addition des *Md* gemäß der nächsten Stelle des *Mr* (2^1) und Durchführung dieser Addition.
3. Rechtsverschiebung des Ergebnisses von 2) um eine Stelle zur weiteren Addition des *Md* gemäß der nächsten Stelle des *Mr* (2^2). Die Durchführung einer Addition unterbleibt, da diese Stelle des $Mr = 0$ ist.
4. Rechtsverschiebung des Ergebnisses von 3) um eine Stelle zur weiteren Addition des *Md* gemäß der nächsten Stelle des *Mr* (2^3) und Durchführung dieser Addition.
5. Rechtsverschiebung des Ergebnisses von 4) um eine Stelle = Endresultat (4 Stellenverschiebungen entsprechend den 4 Stellen des Multiplikators).

3. Die Division. Als Umkehrung der Multiplikation erfolgen auch die einzelnen Rechenschritte zur Durchführung der Division in elektronischen Rechenwerken in entgegengesetzter Weise:

$$\begin{array}{c}\text{Multiplikand} \cdot \text{Multiplikator} = \text{Produkt}\\ \xrightarrow{\hspace{6cm}}\\ \text{Quotient} \;=\; \text{Divisor} \;:\; \text{Dividend}\\ \xleftarrow{\hspace{6cm}}\end{array}$$

d. h. an die Stelle der Additionen mit dem Multiplikanden (Quotienten) nach Maßgabe der Größe des Multiplikators (Divisors) treten hier die Subtraktionen des Divisors (Multiplikators) vom Dividenden (Produkt) oder jeweiligen Dividendenrest — bzw. die Additionen des Dividenden oder jeweiligen Dividendenrestes und des Divisorkomplements —, deren Ergebnisse im Quotienten (Multiplikanden) zum Ausdruck kommen.

Nach der Löschung der Register und des Akkumulators und der Übertragung der Operanden aus dem Speicher in das Rechenwerk müssen der Dividend (*Dd*) und der Divisor (*Dr*) im Gegensatz zur Stellengleichheit der Faktoren bei der Multiplikation so im Akkumulator bzw. Register stehen, daß der zu ermittelnde Quotient ebenfalls im Zahlenbereich ($-1 < x < +1$) liegt. Die Division

$$19.454{,}877 : 50{,}31$$

kann vom Rechenwerk z. B. nach folgendem Ablaufschema durchgeführt werden (s. nebenstehende Tab.).

Im 1. Rechenschritt erfolgt die Übertragung des Dividenden und des Divisors aus den Registern III (Akkumulator) und II in das Addierwerk.

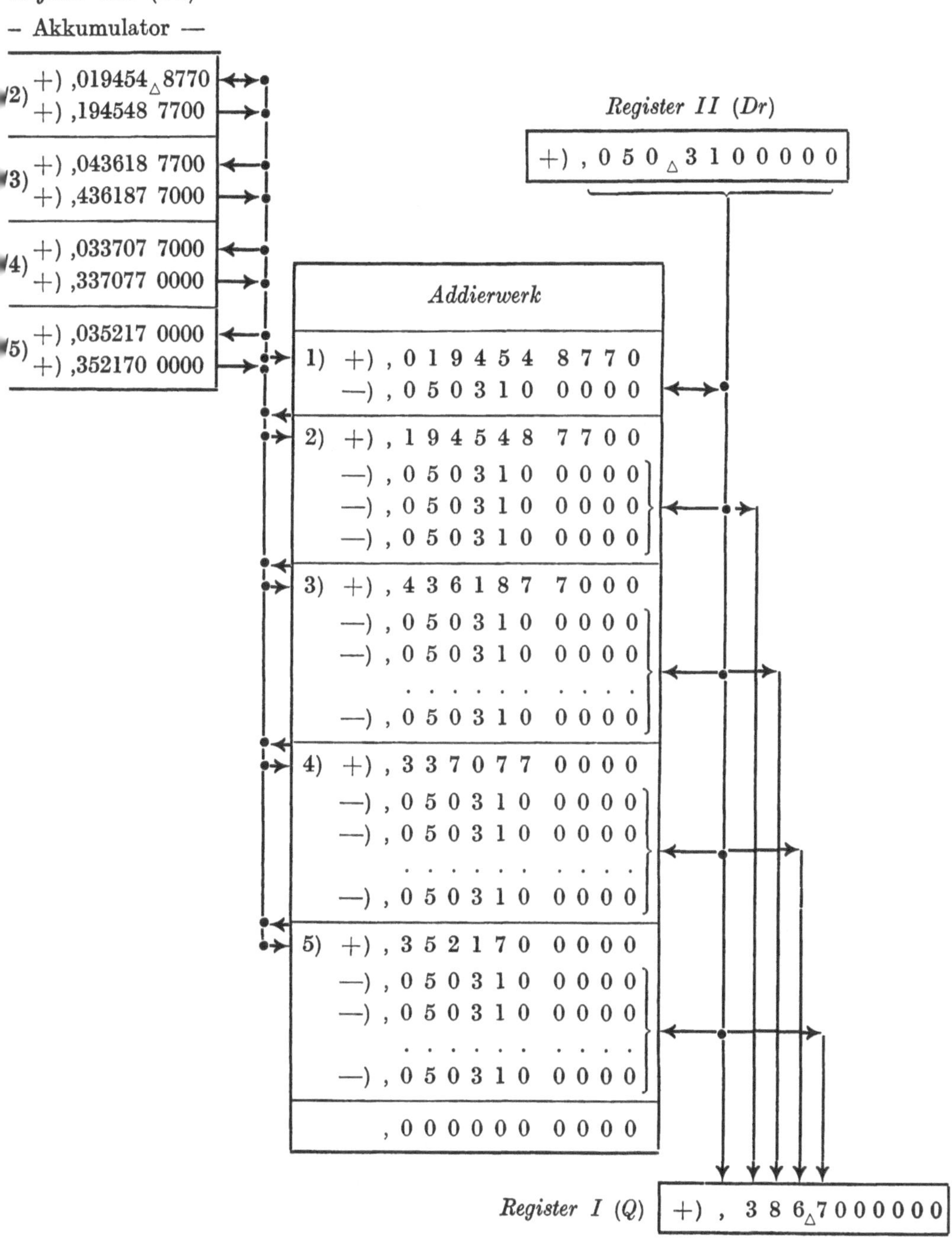
Register III (Dd)
– Akkumulator –
2) +) ,019454△8770
+) ,194548 7700
3) +) ,043618 7700
+) ,436187 7000
4) +) ,033707 7000
+) ,337077 0000
5) +) ,035217 0000
+) ,352170 0000
Register II (Dr)
+) , 0 5 0 △ 3 1 0 0 0 0 0
Addierwerk
1) +) , 0 1 9 4 5 4 8 7 7 0
—) , 0 5 0 3 1 0 0 0 0 0
2) +) , 1 9 4 5 4 8 7 7 0 0
—) , 0 5 0 3 1 0 0 0 0 0
—) , 0 5 0 3 1 0 0 0 0 0
—) , 0 5 0 3 1 0 0 0 0 0
3) +) , 4 3 6 1 8 7 7 0 0 0
—) , 0 5 0 3 1 0 0 0 0 0
—) , 0 5 0 3 1 0 0 0 0 0
—) , 0 5 0 3 1 0 0 0 0 0
4) +) , 3 3 7 0 7 7 0 0 0 0
—) , 0 5 0 3 1 0 0 0 0 0
—) , 0 5 0 3 1 0 0 0 0 0
—) , 0 5 0 3 1 0 0 0 0 0
5) +) , 3 5 2 1 7 0 0 0 0 0
—) , 0 5 0 3 1 0 0 0 0 0
—) , 0 5 0 3 1 0 0 0 0 0
—) , 0 5 0 3 1 0 0 0 0 0
, 0 0 0 0 0 0 0 0 0 0
Register I (Q)
+) , 3 8 6△7 0 0 0 0 0 0

Da der Divisor jedoch größer ist als der Dividend, erfolgt keine Subtraktion. Infolgedessen bleibt die Stelle vor dem Komma im Register I (Quotient) frei, d. h. aber, daß das Resultat ebenfalls im Zahlenbereich ($-1 < x < +1$) liegt.

Im 2. Rechenschritt wird der im Akkumulator um 1 Stelle nach links verschobene Dividend und der Divisor erneut in das Addierwerk übertragen. Da der Dividend jetzt größer ist als der Divisor, kann das Addierwerk nunmehr durch die Addition des Divisorkomplements den Divisor vom Dividenden subtrahieren. Dies kann so oft geschehen, bis der Dividend z. B. negativ geworden ist. In diesem Falle wird der Divisor wieder einmal hinzuaddiert, so daß der sich dann ergebende Dividendenrest kleiner als der Divisor ist. Während die Anzahl der durchgeführten Subtraktionen nun als 1. Stelle hinter dem Komma im Quotientenregister (I) erscheint, wird der im Akkumulator um eine Stelle nach links verschobene Dividendenrest und der Divisor zur Durchführung des 3. Rechenschrittes wieder in das Addierwerk übertragen, wo dieser erneut so lange von jenem abgezogen wird, bis der um 1 Stelle nach links verschobene Dividendenrest ebenfalls negativ geworden ist usw. Dies wiederholt sich so lange, bis der Quotient mit der gewünschten Genauigkeit (Anzahl der Stellen hinter dem ‚gedachten Komma') ermittelt worden ist. Die Stellung des ‚gedachten Kommas' beim Quotienten ergibt sich aus der Differenz der Anzahl der beim Dividenden einerseits und beim Divisor andererseits zwischen dem ‚festen' und ‚gedachten Komma' stehenden Stellen.

Bei der Division im Dualsystem ergibt sich entsprechend dem Multiplikationsbeispiel wiederum die Vereinfachung, daß jede Subtraktion (Addition des Komplements) des Divisors vom Dividenden oder jeweiligen Dividendenrest wegen der Basis 2 nur einmal durchgeführt wird, so daß die Umkehrung der beschriebenen Multiplikation $1101 \cdot 1011 = 1000\ 1111$ ($13 \cdot 11 = 143$) durch die entsprechende Division in folgender Weise vor sich geht (s. nebenstehende Tab.).

1. Verschiebung des Divisors um 4 Stellen nach links, da nunmehr der $Dr > Dd$ ist, erfolgt keine Subtraktion;

2. Verschiebung des Dd um 1 Stelle nach links und Subtraktion des Dr vom Dd (= 1 in der höchsten Stelle des Quotienten);

3. Verschiebung des Dividendenrestes um 1 Stelle nach links und Subtraktion des Dr vom Rest des Dd (= 1 in der folgenden Stelle des Quotienten);

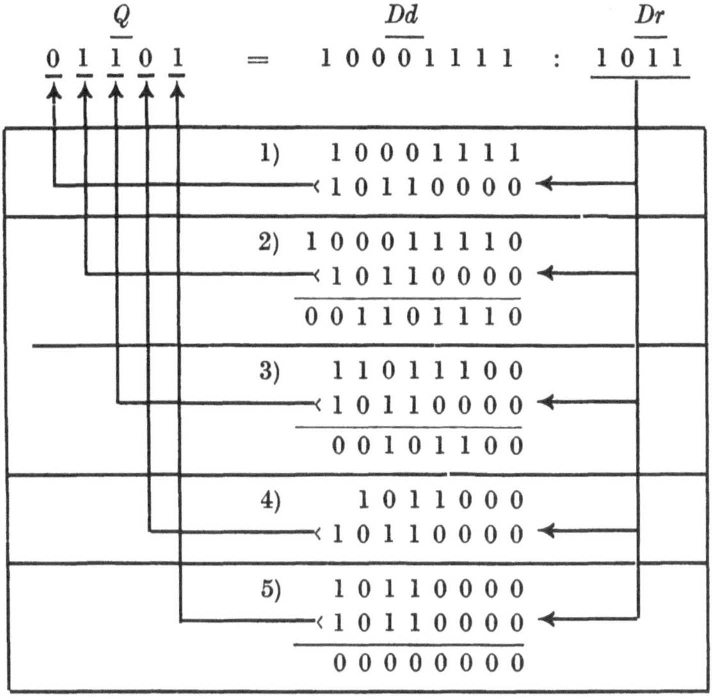

4. Verschiebung des Dividendenrestes um 1 Stelle nach links. Da $Dr > Dd$-Rest ist, erfolgt keine Subtraktion (= 0 in der folgenden Stelle des Quotienten);

5. Verschiebung des Dividendenrestes um 1 Stelle nach links. Nunmehr Dd-Rest $= Dr$ (= 1 in der folgenden Stelle des Quotienten).

Damit ist die Division abgeschlossen, da neben dem Divisor nunmehr auch der Dividend bzw. die jeweiligen Dividendenreste um insgesamt 4 Stellen nach links verschoben worden sind und ein weiterer Dividendenrest nicht mehr vorhanden ist.

Hätte die Aufgabe so gelautet, daß nach der Linksverschiebung des Divisors und des Dividenden (Dividendenrest) um jeweils 4 Stellen noch ein weiterer Dividendenrest verblieben wäre, so hätte nach der 4. Stelle des Quotienten das ‚gedachte' Komma gesetzt werden müssen, da der verbliebene Quotientenrest dann, entsprechend der Gleichheit der Stellenverschiebungen, $< \pm 1$ sein würde.

b) Die Register (Extraktion, Insertion, Substitution, Verschiebung, Normalisierung)

Das Register ist ein Hilfsspeicher mit der Kapazität eines ‚Wortes'. Als ‚Wort' bezeichnet man die Grund- oder Informationseinheit zur Datendarstellung und -verarbeitung in der Maschine, die in Mehrzweckanlagen im allgemeinen 6, 10 oder 12 Dezimal-, Buchstaben- oder sonstige Sinnzeichenstellen[1]) — ausgedrückt durch die entsprechende Anzahl binärer Symbole[2]) — umfaßt. Die Register haben die Aufgabe, die Operanden unmittelbar vor der eigentlichen Verarbeitung aufzunehmen, sie an das Addier- oder Vergleichswerk weiterzuleiten und ihren jeweiligen Inhalt bis zur Beendigung des Verarbeitungsprozesses zum jederzeitigen Zugriff — sowohl des ganzen Wortes als auch seiner einzelnen Stellen — bereit zu halten.

Eine solche Einrichtung ist notwendig[1]), da die Durchführung jeder Operation schrittweise vor sich geht, wobei entweder zwei Operanden, ein Operand und eine oder mehrere Stellen eines anderen oder jeweils eine oder mehrere Stellen zweier verschiedener Operanden, zur Bewirkung einer Operation (Vergleich, Rechnung) immer gleichzeitig benötigt werden. Ein Register hat demgemäß nicht nur Speicheraufgaben zu erfüllen, sondern muß im Gegensatz zu den Funktionen des Hauptspeichers seinen Inhalt auch stellenweise abgeben (Extraktion), ersetzen (Insertion, Substitution) und verschieben können.

Bei der Gleitkommarechnung ist die Extraktion z. B. immer in den Fällen erforderlich, wo der Exponent, wie in allen bisher gezeigten Beispielen, neben der Mantisse in einem Wort, einer Speicherzelle oder einem Register erfaßt wird (sogenannte ‚Ein-Wort-Darstellung'), da die Exponenten zur Bestimmung der Kommastellung oder der Anzahl der Stellenverschiebungen bei den Operanden, den Zwischenergebnissen der einzelnen Rechenschritte und des Endresultats unabhängig von den Mantissen miteinander addiert (subtrahiert) werden müssen. Bei der sogenannten ‚Zwei-Wort-Darstellung' wird der Exponent in einem zum jeweiligen Operanden-Wort gehörenden zusätzlichen Wort aufgenommen, so daß in diesem Falle die Extraktion entfällt:

‚Ein-Wort-Darstellung':

+) 0 0 0 0 1 2 4 5 8 6 (57	[3])

---

[1]) Soweit es sich nicht um eine ‚stellenadressierte' Maschine wie die IBM 1401 oder 1410 handelt.

[2]) s. S. 107ff.

[3]) s. S. 149ff.

‚Zwei-Wort-Darstellung‘:

+) 0 0 0 0 1 2 4 5 8 6

+) 0 0 0 0 0 0 0 0 0 7	[1])

Die Insertion wird häufig in Verbindung mit der Extraktion durchgeführt, wodurch sich eine gegenseitige Substitution der Registerinhalte oder ihrer einzelnen Teile bzw. Stellen ergibt[2]).

Für die Durchführung der Operationen im Rechenwerk sind insbesondere die Schieberregister von großer Bedeutung. Sie haben die Aufgabe, ihren Inhalt durch ein Steuersignal — den sogenannten Schiebeimpuls — entweder um eine Stelle nach links oder rechts zu verschieben. Hierzu müssen die Schiebeimpulse gegenüber den Ziffernimpulsen um eine halbe Impulsperiode verzögert sein. Bewirkt ein Schiebeimpuls sodann in allen bistabilen Multivibratoren der Schaltung, die sich in der Stellung „1“ befinden (= ‚ungerader Zustand‘: Ausgang A mit niedriger, Ausgang B mit hoher Spannung), ein ‚Umkippen‘ in die Stellung „0“ (= ‚gerader Zustand‘: Ausgang A mit hoher, Ausgang B mit niedriger Spannung)[3]), so befinden sich nach dem Schiebeimpuls zunächst sämtliche bistabilen Multivibratoren in der Stellung „0“. Anschließend wird jedoch an den Ausgängen der von der Stellung „1“ in die Stellung „0“ ‚umgekippten‘ Multivibratoren ein Ausgangsimpuls ausgelöst, der den jeweils folgenden Multivibrator (*M*) wiederum von „0“ in die Stellung „1“ ‚umkippt‘. Es ergibt sich demgemäß folgender Zusammenhang:

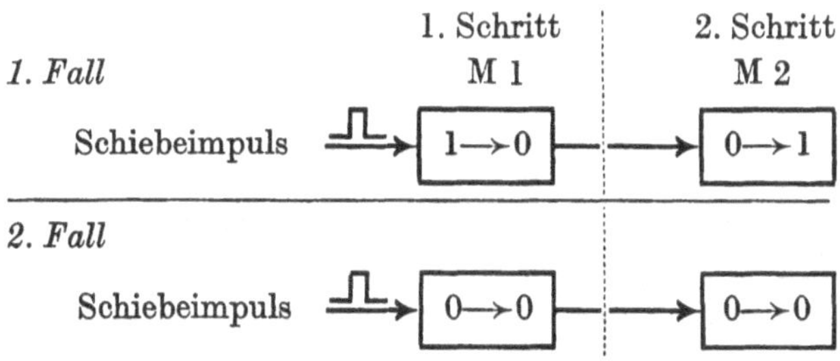

[1]) Da bei einer „Zwei-Wort-Darstellung“ genügend Stellen vorhanden sind, kann davon abgesehen werden, zum Exponenten noch eine Konstante zu addieren.
[2]) s. hierzu auch S. 143ff.
[3]) s. S. 114ff.

In einer aus 4 bistabilen Multivibratoren bestehenden Schaltung zur Speicherung einer dual-dezimalen Tetrade (= 1 Dezimalstelle) erfolgt eine Verschiebung daher in der folgenden Weise:

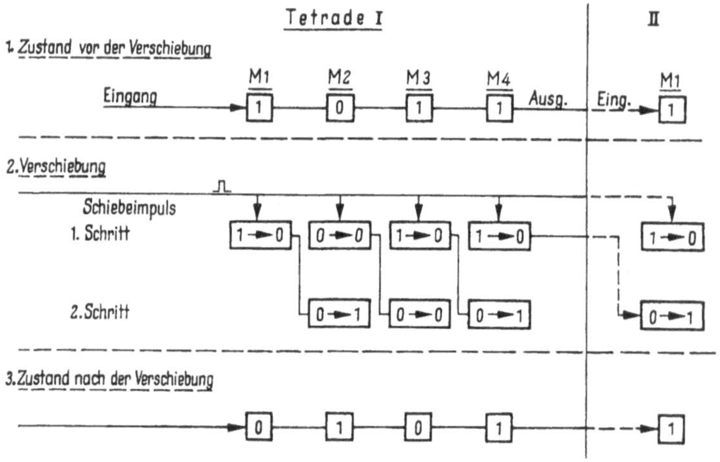

Abb. 39.

Da die Ausgangsimpulse von M 1, 3 und 4 erst nach der Beendigung des 1. Schrittes an die Eingänge von M 2 und 4 sowie an den Eingang von M 1 der Schaltung II gelangen dürfen, ist zwischen die bistabilen Multivibratoren jeweils ein Verzögerungsglied geschaltet[1]), das für den notwendigen Zeitabstand zwischen den beiden Schritten sorgt[2]). Bei einem Schieberegister dieser Art ist jeder Ziffernimpuls mit einem um eine halbe Impuls-

[1]) Neben den bereits beschriebenen Laufzeitketten (s. S. 70ff.) benutzt man als Verzögerungsglieder im allgemeinen monostabile Multivibratoren. Diese besitzen große Ähnlichkeit mit den bistabilen Multivibratoren, weisen diesen gegenüber jedoch infolge anderer Dimensionierung nur *einen* stabilen Zustand auf, in den sie wieder automatisch ‚zurückkippen', nachdem sie durch einen zu verzögernden Impuls zeitweilig einen ‚halbstabilen' Übergangszustand angenommen haben. Die Schaltung kann so dimensioniert werden, daß sie durch das ‚Zurückkippen' an ihrem Ausgang einen Impuls auslöst, der dem unverzögerten Impuls in Größe und Polarität genau entspricht. Auch verzerrt eingehende Impulse erhalten hierbei ihre ursprüngliche Form wieder, so daß sich der monostabile Multivibrator auch vorzüglich als Regenerierschaltung eignet. Infolge dieser Eigenschaften kann er ferner als Impulsformer verwandt werden.

[2]) Es gibt auch Schieberregister, bei denen an der Stelle eines Verzögerungsgliedes ein bistabiler Multivibrator verwandt wird, so daß für jede binäre Stelle zwei bistabile Elemente erforderlich sind. In diesem Falle erfolgt zunächst die Übertragung des Inhalts von M 1 nach M 1a und dann von M 1a nach M 2, so daß für eine Stellenverschiebung 2 Schiebeimpulse erforderlich sind, s. hierzu auch G. Haas, a. a. O., S. 70.

periode verzögerten Schiebeimpuls gekoppelt, so daß der 1. Multivibrator jeder Schaltung vor der Aufnahme eines Ziffernimpulses automatisch auf „0" gestellt wird.

Neben der Links- und Rechtsverschiebung um eine oder mehrere Stellen bilden die sogenannte Umlaufverschiebung und die Normalisierung Sonderfälle der Stellenverschiebung. Im Gegensatz zu einer normalen Verschiebung erscheinen bei einer Umlaufverschiebung (zyklische Verschiebung) die das Register auf der rechten Seite verlassenden Impulse in der höchsten Stelle desselben Registers wieder, wobei auch das Vorzeichen diese zyklische Bewegung mitmacht. Der Normalisierungsbefehl bewirkt die Verschiebung einer in halblogarithmischer Form dargestellten Zahl (‚gleitendes' Komma) in der Weise, daß der Inhalt der Stelle hinter dem Maschinenkomma immer von Null verschieden ist.

c) Das Addierwerk

Die Durchführung der arithmetischen Operationen im Rechenwerk beruht ebenso wie alle übrigen Vorgänge in der automatisierten elektronischen Datenverarbeitung auf den logischen Grundschaltungen des Verfahrens[1]), die auch dem in der Maschine realisierten binär-dezimalen Zahlensystem zugrunde liegen. Da der Rechenprozeß durch fortgesetzte Addition (Subtraktion) durchgeführt wird, lassen sich auch alle möglichen arithmetischen Aussagen und deren Verbindungen auf die logischen Grundverknüpfungen der Addition zurückführen. Dabei gelten für alle Anlagen, deren Rechenwerke nach einem dual-dezimalen Code arbeiten, die folgenden Grundregeln:

1) $0 + 0 = 0$, Übertrag: 0
2) $1 + 0 = 1$, Übertrag: 0
3) $0 + 1 = 1$, Übertrag: 0
4) $1 + 1 = 0$, Übertrag: 1

Bei der Addition zweier Dualziffern muß das Addierwerk demgemäß neben der sich aus den beiden Ziffern ergebenden Summe auch den möglichen Übertrag zur folgenden Stelle ermitteln und weiterleiten. Schaltungen dieser Art bestehen daher aus einem „Exclusiv-Oder-Gatter" und einem „Und-Gatter"[1]). Das „Exclusiv-Oder-Gatter" (*EO*) erfüllt die Bedingung: entweder — oder, d. h. es gibt nur dann einen Impuls an seinem Ausgang ab, wenn entweder am Eingang A oder am Eingang B ein Impuls bestimmter

[1]) s. S. 123ff.

Größe und Polarität wirksam wird, *nicht* jedoch dann, wenn beide Eingänge zugleich einen solchen Impuls erhalten. Es dient somit zur Durchführung der Additionen zu 2) und 3). Im Gegensatz dazu wird am Ausgang des „Und-Gatters" (U) nur dann ein Impuls ausgelöst, wenn sowohl am Eingang A als auch am Eingang B gleichzeitig ein Impuls bestimmter Größe und Polarität wirksam wird. Es dient daher in Verbindung mit dem „Exclusiv-Oder-Gatter" (EO) zur Durchführung der Addition zu 4) und somit zur Ermittlung des Übertrages:

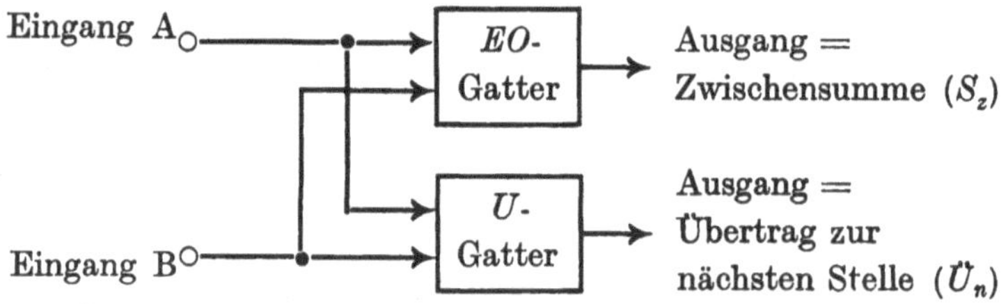

Blockschaltbild eines einfachen Addierwerks

Wird die Addition zweier Dualziffern aber als Glied einer endlichen Reihenfolge von Additionen — wie es für den Regelfall zutrifft — durchgeführt, so muß zu der ermittelten Summe bzw. zum ermittelten Übertrag auf die nächste Stelle ($\ddot{U}_n$) auch der Übertrag von der Vorstelle ($\ddot{U}_v$) berücksichtigt werden. Zu diesem Zweck werden daher zwei der oben beschriebenen Schaltungen, die man aus diesem Grunde auch als ‚halbe Addierwerke' bezeichnet, zu einem ‚ganzen Addierwerk' zusammengefügt. In diesem gelangt der Übertrag der Vorstelle ($\ddot{U}_v$) unmittelbar in das zweite ‚halbe Addierwerk' der Schaltung, so daß bei jeder Addition immer nur *ein* Übertrag zur nächsten Stelle entstehen kann[1]):

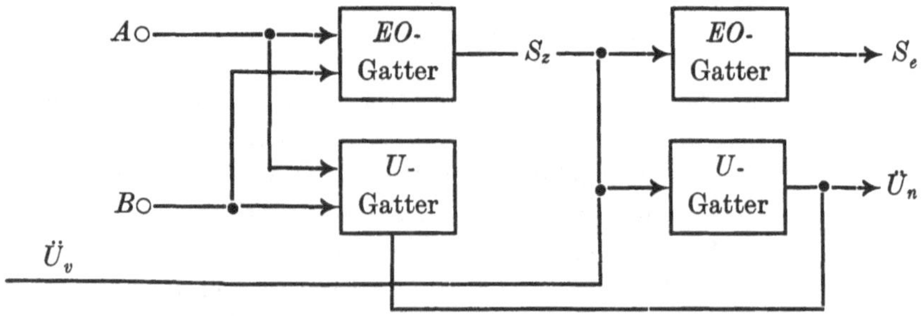

Blockschaltbild eines ‚ganzen' elementaren Addierwerks

[1]) s. auch G. Haas, a. a. O., S. 69.

Ist z. B. der Summand am Eingang $A = 1$, am Eingang $B = 0$ und der $\ddot{U}_v = 1$, so ist die Endsumme $(S_e) = 0$ und $\ddot{U}_n = 1$; ist der Summand am Eingang $A = 1$, am Eingang $B = 1$ und der $\ddot{U}_v = 1$, so ist das Ergebnis: $S_e = 1$, $\ddot{U}_n = 1$. Auch in diesem Falle wird die Impulskoinzidenz wiederum durch entsprechende Verzögerungsglieder herbeigeführt, die zwischen den einzelnen Gattern bzw. Schaltungen eingebaut sind.

Obwohl das beschriebene Addierwerk jeweils nur zwei einzelne Dualziffern addieren kann, ist es bei einer Weiterleitung der einzelnen Ergebnisse an einen Akkumulator, d. h. an ein die einzelnen Zwischensummen

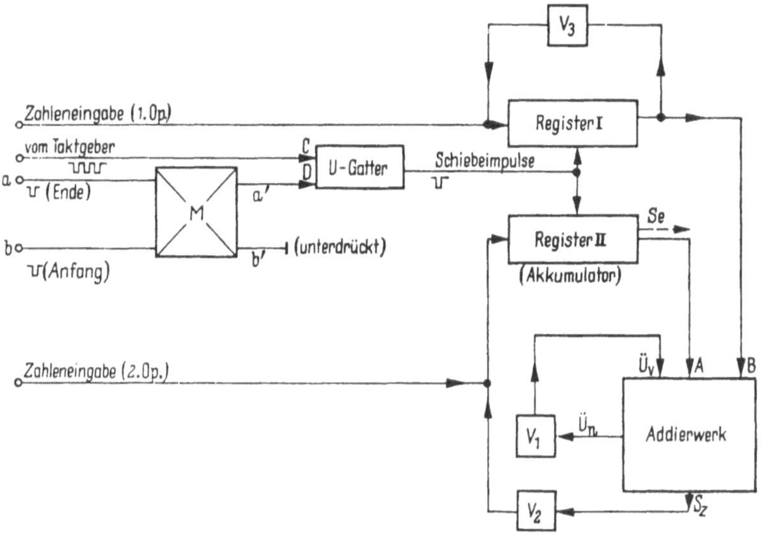

Abb. 40: Binäres Serienrechenwerk
(Nach T. E. Ivall, Electronic Computers, London 1956)

akkumulierendes Register[1]), und die Rückleitung des jeweils anfallenden Übertrags ($\ddot{U}_n$) an seinen Eingang ($= \ddot{U}_v$) durchaus in der Lage, im Rahmen der Registerkapazität auch jede größere Zahl zu addieren. Die einzelnen Ziffern dieser Summanden werden zu diesem Zweck nacheinander — beginnend mit der niedrigsten Stelle — addiert. Aus diesem Grunde wird dieses Addierwerk auch als binäres Serienrechenwerk bezeichnet. Zum Aufbau eines vollständigen elektronischen Serienrechenwerkes ist es allerdings notwendig, das elementare Addierwerk durch mehrere Schieberegister

---

[1]) s. auch S. 156f. und 159.

zu ergänzen, in denen die Operanden, die Teilergebnisse — z. B. bei der Multiplikation und der Division — und die Endresultate in entsprechender Weise verschoben werden können.

Eine Addition wird in einem Rechenwerk dieser Art z. B. in der folgenden Weise ausgeführt:

Im 1. Schritt werden die beiden Operanden nach Maßgabe des Befehls durch das Steuerwerk (Adressendecoder)[1]) aus dem Speicher in die Register I und II des Rechenwerks übertragen.

Im 2. Schritt wird durch die Entschlüsselung der Operationsinstruktion des Befehls im Operationsdecoder des Steuerwerks ein negativer Impuls an den Eingang *b* (Anfang) des Multivibrators (*M*) gesandt. Infolgedessen ‚kippt' der Multivibrator (*M*) aus seinem geraden Zustand (Ausgang *a'* hohe Spannung, Ausgang *b'* niedrige Spannung) in seine ungerade Stellung (Ausgang *a'* niedrige Spannung, Ausgang *b'* hohe Spannung), so daß nunmehr an dem mit dem Eingang *D* des „Und-Gatters" verbundenen Ausgang *a'* des Multivibrators (*M*) ein negatives Potential liegt, das jeweils mit den vom Taktgeber zum „Und-Gatter" geleiteten negativen Impulsen entsprechender Größe koinzidiert, so daß die negativen Taktgeberimpulse als Schiebeimpulse am Ausgang des „Und-Gatters" erscheinen. Die negativen Impulse des Taktgebers können das „Und-Gatter" so lange passieren, bis der Multivibrator durch einen negativen Impuls zum Eingang *a* (Ende) wieder in seinen geraden Zustand ‚zurückkippt' und damit die Koinzidenzspannung für das „Und-Gatter" aufhebt.

Im 3. Schritt wird durch die negativen Schiebeimpulse aus dem „Und-Gatter" je eine Ziffer der Summanden aus den Registern I und II gleichzeitig in das Addierwerk verschoben (Eingänge *A* und *B*).

Im 4. Schritt werden die beiden Ziffern addiert, und das Ergebnis gelangt als Zwischensumme (S_z) über das Verzögerungsglied V_2 in die höchste Stelle des Registers II (Akkumulator).

Im 5. und in den folgenden Schritten werden der 3. und 4. Schritt solange wiederholt, bis alle Ziffern der beiden Summanden stellenweise addiert und die Zwischensummen der einzelnen Additionen stellengerecht im Register II gesammelt bzw. akkumuliert worden sind. Mit dem Eingang der letzten Ergebnisziffer im *n*-ten Rechenschritt bewirkt sodann ein negativer Steuerimpuls am Eingang *a* des Multivibrators (*M*) wieder ein Umkippen in seinen ‚geraden Zustand', so daß an dessen Ausgang *a'* nunmehr wieder

[1]) s. S. 126ff.

ein hohes Potential liegt. Damit wird aber das „Und-Gatter" infolge der fehlenden Spannungskoinzidenz an seinen Eingängen wieder gesperrt (Ende der Operation). Während sich nun im Akkumulator das Resultat der Rechnung befindet, ist im Register I erneut der 1. Summand gespeichert, da dieser gleichzeitig mit der Verschiebung über das Verzögerungsglied V_3 wieder Stelle für Stelle dem Eingang des Registers I zugeleitet worden ist.

Serienwerke, die nach einem dual-dezimalen Code arbeiten, müssen aus den schon erwähnten Gründen[1]) durch entsprechende Korrekturschaltungen ergänzt werden. Diese werden, ähnlich wie die Schaltung des elementaren Serienrechenwerks, nach Maßgabe der Korrekturregeln aus den bereits ausführlich behandelten logischen Grundschaltungen zusammengesetzt[2]), so daß wir an dieser Stelle nicht weiter darauf einzugehen brauchen.

Die hier beschriebene Form des elementaren elektronischen Rechenwerks läßt sich im Hinblick auf den angestrebten Zweck durch eine geeignete Wahl des Zahlensystems bzw. -schlüssels und der in großer Zahl zur Verfügung stehenden elektronischen Bauelemente technisch in der verschiedensten Art und Weise variieren[3]).

Da es im Rahmen dieser Arbeit vor allen Dingen darauf ankam, die Grundlagen des Verfahrens im Hinblick auf seinen Einsatz im betriebswirtschaftlichen Bereich darzustellen, kann hier auf die Behandlung der einzelnen technischen Möglichkeiten zum Aufbau elektronischer Rechenwerke verzichtet werden. Dies um so mehr, als sie alle auf den gleichen Grundlagen beruhen[4]).

---

[1]) s. S. 82ff. und 118ff.

[2]) s. S. 122ff.

[3]) So können z. B. durch die Nebeneinanderschaltung von Serienrechenwerken Parallelrechenwerke aufgebaut werden usw.

[4]) Dies gilt für jede Form der binären Verschlüsselung, also nicht nur für Maschinen mit einem dual-dezimalen Code (s. S. 77ff.). Z. B. führt G. Haas, a. a. O., S. 72 und 73 hierzu in bezug auf ein biquinäres Rechenwerk aus: „Bei der Addition zweier biquinär verschlüsselter Dezimalzahlen können die quinären und die binären Teile getrennt addiert werden. Hierbei muß nur dafür gesorgt werden, daß der etwa entstehende „Innere Übertrag" (eine fünf) berücksichtigt wird. Die Quinärteile der beiden Summanden können eine Summe zwischen 0 und 8 liefern und unter Hinzufügung des Übertrages von der vorangehenden Dezimalstelle höchstens 9. Liegt die Summe zwischen 5 und 9, dann muß der Quinärteil um 5 verringert werden unter Abgabe des inneren Übertrages an den Binärteil der Summe. Hier können daher insgesamt von drei verschiedenen Stellen „Fünfer" (10) eintreffen: aus den Binärteilen der Summanden und aus dem Übertrag des Quinärteils der Summe. Die Addition der Binärteile und die Erzeugung des Übertrages zur nächsten Dezimalstelle entsprechen einer gewöhnlichen binären Addition zweier zweistelliger Summanden unter Berücksichtigung des Übertrages von der vorangehenden Dezimalstelle, sie kann also in einer Additionsschaltung — gemeint ist das Serienrechenwerk von Seite 167 (Anmerkung des Verf.) — vorgenommen werden. Die Addition des Quinärteils läßt

4. Der Speicher

Nachdem die verschiedenen Formen der Speicherung bereits in den Abschnitten über die elektronischen Bauelemente eingehend behandelt worden sind, soll nunmehr der Zusammenhang zwischen den Speicher- sowie den Vergleichs- und Rechenfunktionen des Verfahrens beschrieben werden.

Im gegenwärtigen Stadium der Entwicklung dominieren als Speicherelemente für Haupt-, Zwischen- (Puffer-) und Schnellspeicher (zur Aufnahme des Programms sowie für die Ein- und Ausgabe) noch eindeutig die magnetischen Materialien (Magnetkerne, -trommeln, -bänder, -platten), da sie wegen ihrer großen Zuverlässigkeit, ihrer fast unbeschränkten Lebensdauer, ihrer relativ kostengünstigen Herstellung[1]), ihrer großen Aufnahmefähigkeit, der Schnelligkeit, mit der sie Informationen aufnehmen und wieder abgeben sowie der geringen Zeiten, die zur Auffindung der einzelnen Speicherplätze erforderlich sind (Zugriffszeit) — das letztere gilt insbesondere für Magnetkernspeicher — allen anderen vergleichbaren Bauelementen mehr oder weniger überlegen sind. Die Steuerung der verbindenden Funktionen zwischen dem Speicher und den übrigen Organen des Verfahrens soll daher am Beispiel eines Magnettrommel- sowie eines Magnetkernspeichers dargestellt werden.

Die Registrierung in und die Übertragung aus einer bestimmten Speicherzelle eines Magnettrommelspeichers geschieht mit Hilfe sogenannter Schreib- und Leseschaltungen. Die Trommel selbst ist zu diesem Zweck mit besonderen Einteilungsmerkmalen ausgestattet, und zwar den Speichersektionen und Kanälen, wobei jeder Kanal eine bestimmte Anzahl von Speicherplätzen (-adressen) enthält. Jedem dieser Speicherplätze entsprechen nun genau ganz bestimmte Stellen der sogenannten Taktspuren, die im allgemeinen am Ende der Trommel gespeichert sind. Die Synchronisation

---

sich ebenfalls durch eine geeignete Kombination von Und- und Oder-Gattern durchführen, erfordert aber mehr Aufwand — als bei einem normalen dualdezimalen Serienrechenwerk (Anmerkung d. Verf.) —;" s. hierzu auch R. K. Richards: „Arithmetic Operations in Digital Computers", New York 1955.

Bei der Verwendung des reinen Dezimalsystems in der Maschine wird die Addition mit Hilfe der Impulszählung durchgeführt, wobei die sogenannten Ringzähler als Impulsuntersetzer im Verhältnis 1 : 10 arbeiten und auf diese Weise ebenso wie das elementare Rechenwerk mit Multivibratoren, „Und-Gattern" und Registern die einzelnen Rechenoperationen durchführen. Der hierbei entstehende größere Zeitaufwand wird in der Regel durch eine Parallelschaltung von elementaren Addierwerken ausgeglichen; s. hierzu auch S. 154ff. sowie P. A. Neeteson: „Some Principles of Decimal Electronic Computing", EAB 16 (1956).

[1]) Dies trifft allerdings für Magnetkernspeicher nur bedingt zu.

zwischen der vom Steuerwerk kommenden Adresse und dem entsprechenden Speicherplatz kommt nun dadurch zustande, daß die einzelnen magnetisierten Stellen der Taktspuren gezählt werden, und daß die fortlaufenden einzelnen Ergebnisse der Zählung gesondert für jede Spur bzw. Spurstelle in einer geeigneten Koinzidenzschaltung mit dem Inhalt der entsprechenden Stelle der Adresse verglichen wird. Bei Gleichheit zwischen dem Stand des Taktspurenzählers und der Adresse liefert die Schaltung sodann eine Koinzidenzspannung an die den einzelnen Suchmerkmalen des Speichers (Sektion, Kanal, Platz) zugeordneten und von dieser Seite her mit einem stetigen Koinzidenzpotential versehenen „Und-Gatter", wodurch diese für die Dauer der Koinzidenz, nämlich der Zeitspanne, die z. B. für die Übertragung eines Wortes notwendig ist, den Ausgang des entsprechenden Speicherplatzes öffnen. Dies geschieht in dem Augenblick, in dem sich einer der durch diese Schaltung gesteuerten Leseköpfe genau über dem Speicherplatz befindet, der mit der im Befehl angegebenen Adresse übereinstimmt.

Ist der Adressenschlüssel z. B. dreistellig und bezeichnet die 1. Stelle des Schlüssels die Speichersektion, die 2. Stelle den Kanal und die 3. Stelle den eigentlichen Speicherplatz, so läßt sich dieser Zusammenhang deutlich aus der folgenden Darstellung erkennen:

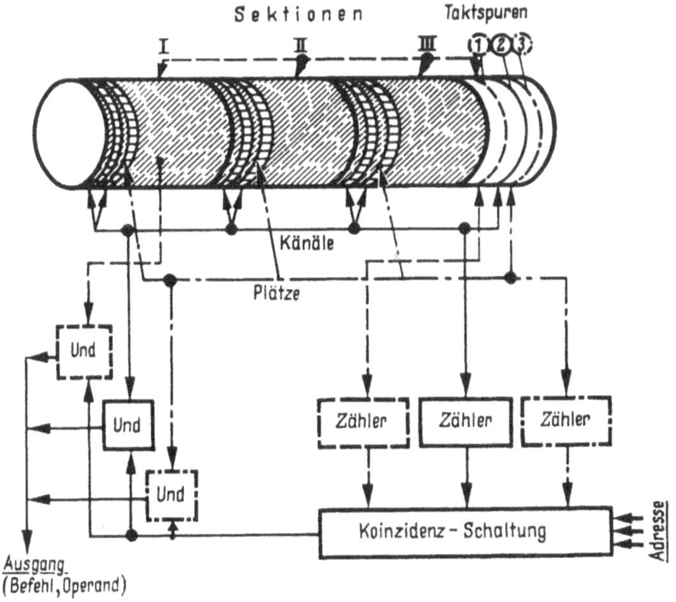

Abb. 41.

Bei der Datenspeicherung in einer Magnetkernmatrix (Ringkernspeicher) werden die beiden binären Zustände durch eine positive und eine negative Sättigungsremanenz in den einzelnen Ringkernen dargestellt. Das ‚Ablesen' eines bestimmten Ringkerns geschieht dann z. B. in der Weise, daß die diesem Ringkern zugeordneten horizontalen und vertikalen Leitungen — die Zeilen- und Spaltendrähte — jeweils einen Impuls von der Größe — $I_m/2$ erhalten[1]). Ist der betreffende Ringkern sodann im Zustand der positiven

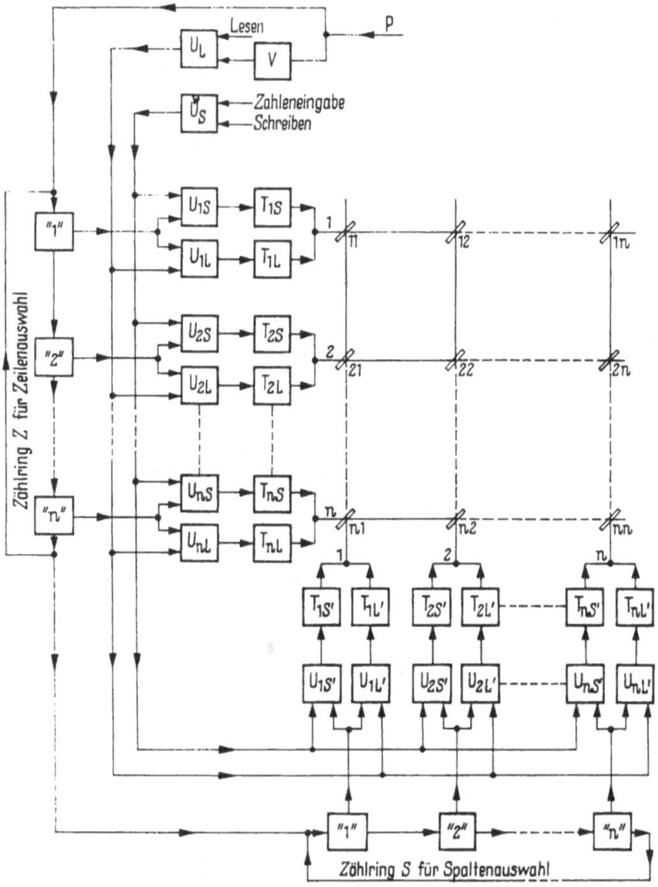

Abb. 42: **Blockschaltbild einer Speichermatrix mit Schreib- und Leseeinrichtung**
(Nach G. Haas, a. a. O.)

[1]) s. S. 62ff.

Sättigungsremanenz (= 1), so ‚kippt' er in den Zustand der negativen Sättigungsremanenz um (= 0), so daß in der diagonalen Leseleitung ein Ausgangsimpuls induziert wird. Wie das Blockschaltbild auf S. 172 zeigt, wird die Auswahl der Zeilen und Spalten durch zwei Ringzähler (Z und S) bewirkt, von deren bistabilen Elementen sich bei der Zählung nur jeweils eins im ‚geraden' Zustand befindet und dadurch den Stand der Zählung bestimmt[1]). Da alle bistabilen Multivibratoren eines Ringzählers mit einem Paar „Und-Gatter" verbunden sind, ist die Schaltung so aufgebaut, daß nur jeweils der Multivibrator im ‚geraden' Zustand die Koinzidenz- bzw. Durchlaßspannung für das „Und-Gatter" liefert.

Das ‚Ablesen' der gespeicherten Daten geschieht in folgender Weise: „Der 1. Taktgeberimpuls P bringt beide Ringzähler in die Stellung „1", die ihrerseits die Gatter U_{1L} und $U_{1L'}$ öffnen. Gleichzeitig gelangt der Impuls P nach einer Verzögerung in V an alle Zeilen- und Spalten-Lesegatter U_{iL} und $U_{iL'}$[2]). Er wird aber nur von den Gattern für die 1. Zeile und die 1. Spalte durchgelassen, wodurch die beiden Treiberstufen T_{1L} und $T_{1L'}$ je einen Impuls $-I_m/2$ liefern und der 1. Kern abgelesen wird. Der nächste P-Impuls bringt den Zählring Z in die Stellung „2" (S bleibt in Stellung „1"), so daß nunmehr der verzögerte Impuls das 2. Element der 1. Spalte abliest. Auf diese Weise werden der Reihe nach alle n Elemente der 1. Spalte abgefragt. Der Impuls $n + 1$ bringt den Zählring Z in die Stellung „1" zurück und stellt gleichzeitig den Zählring S in die Stellung „2", so daß nun alle Kerne der 2. Spalte abgelesen werden. Nach n^2 Impulsen wurde auf diese Weise die ganze Matrix der Reihe nach, Spalte für Spalte abgelesen. Das Schreiben neuer Informationen geht entsprechend vor sich, indem jetzt das Gatter U_S geöffnet wird, das nunmehr die Zahlenimpulse an die Schreibgatter U_{iS} und $U_{iS'}$ der einzelnen Zeilen und Spalten durchläßt. Deren Ausgänge speisen die Treiberstufen T_{iS} bzw. $T_{iS'}$, die jeweils positive Impulse $I_m/2$ in die Matrix schicken"[3]).

[1]) Hierzu kann man sich beim Ringzähler auch des „ungeraden" Zustands bedienen, s. hierzu auch S. 94ff.

[2]) $i = 1, \ldots, n$.

[3]) Zu erwähnen ist noch, daß die gespeicherten Daten beim obigen Beispiel durch den Lesevorgang gelöscht werden. Um den Inhalt der Speicherzellen zu erhalten, werden die abgelesenen Informationen daher anschließend durch entsprechende zusätzliche Schaltungen wieder in die gleichen Zellen „zurückgeschrieben". Die „Such"- oder „Zugriffszeit" zur Auffindung einer Information und ihrer Übertragung in das Vergleichs- oder Rechenwerk ist beim Magnetkernspeicher außerordentlich gering. Sie liegt unter 10 Mikrosekunden (s. auch S. 58ff.).

5. Das Gesamtsystem

Nach der Behandlung der theoretischen Grundlagen, der Bauelemente, der Organe sowie der Organeinheiten und ihrer Funktionen können wir nunmehr zur Betrachtung eines geschlossenen elektronischen Systems der betriebswirtschaftlichen Datenverarbeitung übergehen. Dieses besteht nun, entsprechend der besonderen Struktur der automatisierten elektronischen Datenverarbeitung und analog dem System der digitalen elektronischen Universal-Rechenanlagen, ebenfalls aus der Programmsteuerung mit der Speichereinheit sowie dem Vergleichs- und Rechenwerk, weist jedoch gegenüber den elektronischen Universalrechnern wesentliche Unterschiede auf. Kennzeichnend für diese sind insbesondere

a) das zeitlich-räumliche Ursachenphänomen der ökonomischen Fakten und Prozesse und das Problem der „Unmittelbarkeit“[1]),

b) die große Zahl der ein- und auszugebenden Daten,

c) die hohe Speicherkapazität,

d) die relativ hohen Suchzeiten der gespeicherten Daten[2]),

e) die Diskrepanz zwischen den rein elektronischen und den elektromechanischen Operationsgeschwindigkeiten (Lochkarten-, Lochstreifen-Ein- und -Ausgabe, Drucker-Ausgabe).

Diesen Besonderheiten kann die automatisierte elektronische Datenverarbeitung beim gegenwärtigen Stand der Entwicklung wirtschaftlich erst in einem relativ begrenzten Umfang gerecht werden, da vor allem die hohen Kosten der Bauelemente für Speicher mit minimalen Zugriffszeiten (z. B. Magnetkernspeicher mit Zugriffszeiten in der Größenordnung von Mikrosekunden) die Verwendung großer interner und externer Speicher (Magnettrommeln, -bänder, -platten, Lochkarten, Lochstreifen) mit relativ hohen Zugriffszeiten (bis zur Größenordnung von Sekunden) erforderlich machen. Es wird sich daher noch von Fall zu Fall als notwendig erweisen, einer programmgesteuerten Mehrzweckanlage eine oder mehrere Spezialanlagen vorzuschalten, z. B.

1. für die *unmittelbare* Erfassung (Uraufschreibung) und Ermittlung von Bestandsveränderungen, Einnahmen, Ausgaben, Kosten, Leistungen, Aufwendungen, Erträgen,

---

[1]) s. S. 103ff., 204ff. und 211ff.
[2]) Eine Ausnahme bilden hier lediglich die Magnetkernspeicher.

2. für die fortlaufende Belegerstellung (Arbeitsvorbereitung, Fakturen, Versandpapiere, Tagesauszüge),
3. für die Verkaufsabrechnung,
4. für die Umordnung bzw. Umsortierung und Weiterleitung großer Datenmengen nach sekundären, tertiären Merkmalen der Weiterverarbeitung (Bruttolohn-, Nettolohn-, Kostenarten-, Kostenstellen-, Kostenträger-, Material-, Anlagenrechnung),

wobei der Umfang der Programmsteuerung der vorgeschalteten Anlagen auf die geringeren Erfordernisse ihrer speziellen Einsatzgebiete reduziert werden kann.

Der Rahmen der vorliegenden Arbeit läßt es leider nicht zu, in diesem Zusammenhang auch auf die speziellen Anlagen der automatisierten elektronischen Datenverarbeitung einzugehen. Da aber auch diese Anlagen ausschließlich nach den Prinzipien der elektronischen Programmsteuerung arbeiten und diese im zweiten Hauptabschnitt unter dem Aspekt der betriebswirtschaftlichen Datenverarbeitung eingehend behandelt werden, können wir uns an dieser Stelle damit begnügen, das Gesamtsystem in seiner allgemeinen Form darzustellen. Es besteht aus:

a) der Zentralanlage, nämlich
   dem *Steuerwerk* mit
   1. der Speichereinheit,
   2. dem Vergleichswerk,
   3. dem Rechenwerk und
b) den externen Geräten für die Ein- und Ausgabe (Schreib- und Lesegeräte) sowie den Zusatzspeichern, und zwar
   1. für magnetische Informationsträger (Magnettrommeln, -bänder, -platten),
   2. für Lochkarten und -streifen und
   3. für die direkte Ein- und Ausgabe (Steuerpult, Schreibmaschine, Drucker).

Wie wir gesehen haben, wird das Zusammenwirken dieser Organe zu einem geschlossenen System der automatisierten elektronischen Datenverarbeitung durch die auf den Prinzipien des Aussagenkalküls beruhende Automatisierung der logistischen Funktionen (Programmsteuerung) erreicht. Infolgedessen kann die gegenseitige Abhängigkeit der einzelnen

Organe weitgehend aufgehoben werden, so daß diese auch gleichzeitig unabhängig voneinander ihre Funktionen ausüben können („Multiprocessing"). Während z. B. in der Speichereinheit Daten registriert werden, können zur gleichen Zeit im Vergleichswerk Sortierungen und im Rechenwerk arithmetische Operationen durchgeführt werden. Ferner ist es möglich, die Daten zur gleichen Zeit ein- und auszugeben. Aus diesem Grunde bezeichnet man die Anlagen auch als simultane Datenverarbeitungssysteme.

Durch die Eingabegeräte werden die Befehle und Daten in den Speicher übertragen. Da die Umwandlung der auf den Magnetbändern, den Lochkarten oder Lochstreifen markierten Informationen in elektrische Impulse mit einer wesentlich höheren Geschwindigkeit erfolgt als die elektromechanische Zuführung der Informationsträger zu den Lese- und Schreibschaltungen (Tastbürsten, Stanzen, Magnetköpfe, photoelektrische Zellen), verfügen die Ein- und Ausgabegeräte neben diesen in der Regel über einen sogenannten Pufferspeicher, in dem die Daten vor ihrer Übertragung in den Haupt- bzw. Schnellspeicher zunächst gesammelt werden; denn durch eine direkte Eingabe würden infolge des höheren Zeitaufwandes die Möglichkeiten der simultanen Datenverarbeitung wesentlich eingeschränkt. In diesem Zusammenhang ist noch zu erwähnen, daß die Umwandlung der in Lochkarten und Lochstreifen registrierten Daten in elektrische Impulse nicht nur auf elektromechanischem Wege durch das Abfühlen der Lochungen erfolgt, sondern auch nach dem bedeutend schnelleren photoelektrischen Verfahren durchgeführt wird[1]).

Sobald die notwendigen Befehle und Operanden in der Maschine gespeichert sind, nehmen die weiteren Operationen ihren Ausgang vom Steuerwerk[2]).

---

[1]) „Die Photozellen stellen einen sehr wichtigen und weit verbreiteten elektronischen Baustein dar. Wir unterscheiden zwischen den Hochvakuumzellen und den gasgefüllten Zellen. Der grundsätzliche Aufbau ist sehr einfach. In einem Glasgefäß, dessen Formgebung recht verschiedenartig sein kann, befindet sich zunächst eine meist stift- oder ringförmige Anode, der eine relativ großflächige Kathode gegenübersteht. Die Kathode ist versilbert, die Versilberung wird durch einen sehr dünnen Überzug eines Alkalimetalls künstlich aktiviert. Am bekanntesten sind die Überzüge aus Kalium, Caesium, Antimon usw. Legt man zwischen die Elektroden eine Spannung, so emittiert die Kathode Elektronen, falls sie von Lichtstrahlen getroffen wird. Ist die Zelle vollkommen luftleer, handelt es sich also um eine Hochvakuumzelle, so bildet sich ein reiner Elektronenstrom aus, der von der Kathode zur Anode fließt." H. Richter: „Elektronik in Selbstbau und Versuch", Stuttgart 1958, S. 20; s. auch S. 42ff.

[2]) Hierbei unterscheidet man zwischen Anlagen, bei denen die einzelnen Rechenschritte in bestimmten, zeitlich festliegenden Abständen durchgeführt werden (Synchron-Maschinen) und solchen, bei denen ein neuer Programmschritt nach der Beendigung des vorangegangenen durch ein besonderes Signal ausgelöst wird (Asynchron-Maschinen).

Wie aus dem Blockschaltbild zu ersehen ist, werden die Befehle, sei es kontinuierlich durch die fortlaufende Adressenzählung des Programm-

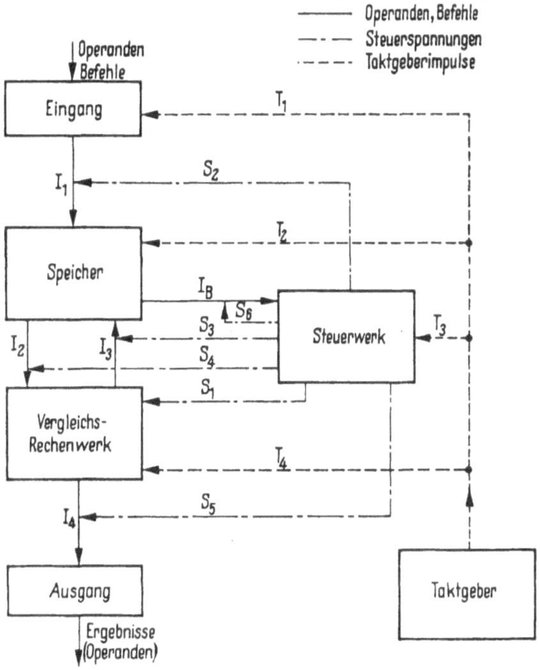

Abb. 43: Blockschaltbild des Gesamtsystems
(Nach G. Haas, a. a. O.)

schrittzählers[1]) oder diskontinuierlich durch ‚bedingte' und ‚unbedingte' Sprungbefehle (zyklische Programmfolge)[2]) in den Hilfsspeicher des Steuer-

[1]) s. S. 126ff.

[2]) Eine lineare Programmfolge liegt dann vor, wenn die Befehle des Programms in kontinuierlicher Reihenfolge aus dem Speicher abgerufen werden, so daß die jeweilige Zahl des Befehlsadressenspeichers, die sich nach jedem durchgeführten Befehl um „1" erhöht, in jedem Falle mit der Adresse des Befehls im Speicher identisch ist, d. h. es liegen keine Sprungbefehle oder Befehle zur Adressenmodifikation vor, z. B.:

Programmschritt (Befehlsadresse)	Operation	Operandenadr. im Speicher
1	Abfühlen einer Lochkarte und Inhalt nach	0051
2	Addiere Inhalt von	0051
3	Abfühlen nächste Lochkarte, Inhalt nach	0052
4	Addiere Inhalt von	0052
5	Speichere Ergebnis in	0800
6	Drucke Inhalt von	0800

(Fortsetzung S. 178)

werks übertragen (I_B). Von dort gelangen sie entsprechend ihrer Reihenfolge und Zusammensetzung in den Operations- und Adressenteil der Decoderschaltung, die ihrerseits wiederum die Übertragung der Operanden aus dem Speicher in das Vergleichs- oder Rechenwerk (S_4/I_2) und die Durchführung der im Befehl enthaltenen Operationsinstruktion (S_1) bewirkt. Anschließend gelangt das Resultat der Operation — soweit es nicht für den nächsten Programmschritt im Vergleichs- oder Rechenwerk verbleibt — durch einen weiteren Befehl entweder in den Speicher (S_3/I_3) oder unmittelbar in die Ausgabeaggregate (S_5/I_4). Nach der Durchführung des Programmschritts wird dem Rechenwerk sodann durch die Steuerspannung (S_6) über (I_B) der nächste Befehl zugeleitet. Der Taktgeber ist ein Impulserzeuger in der Art des bereits eingehend beschriebenen bistabilen Multivibrators[1]). Er liefert die Grundfrequenz der Anlage und versorgt damit ihre einzelnen Organe (T_1 bis T_4), wo sie im Zuge der Datenverarbeitung in mannigfacher Weise variiert wird. Seine Funktionsweise bestimmt daher den Arbeitstakt und somit die Grundgeschwindigkeit der Maschine. Er synchronisiert ferner die einzelnen Arbeitsgänge der voneinander abhängigen Organe.

Bei einer zyklischen Programmfolge liegen die einzelnen Befehle des Programms zwar auch in einer kontinuierlichen Reihenfolge vor, aber beim Ablauf des Programms werden einzelne Befehle oder ganze Befehlsfolgen übersprungen bzw. wiederholt. Da das Programm im allgemeinen nur Operationsanweisungen und Adressen, und nur in Ausnahmefällen (Adressenmodifikation) auch Operanden enthält, können bestimmte Operationen laufend mit den gleichen Adressen, aber verschiedenen Adresseninhalten wiederholt werden. Man spricht in diesem Zusammenhang auch von sogenannten ‚Unterprogrammen', die durch einzelne Befehle in praktisch beliebiger Weise in ein aufzustellendes Programm eingeordnet werden können. Ein einfaches Beispiel einer Einadressenmaschine könnte z. B. folgendes Aussehen haben:

Programmschritt (Befehlsadresse)	Operation	Operandenadr. im Speicher
1	Abfühlen, Inhalt nach	0051
2	Vergleiche Inhalt von (Reg. A)	0051
3	Abfühlen, Inhalt nach	0052
4	Vergleiche Inhalt von (Reg. B)	0052
5	Inhalt Reg. A größer, springe nach	0001
6	Inhalt Reg. B nach	0800
7	Addiere Inhalt von	0800
8	unbedingter Sprung	0001

(s. hierzu auch S. 139ff.).

Bezüglich der speziellen Fragen der Programmierung wird auf die ausführliche Darstellung von F. R. Güntsch, ,,Einführung in die Programmierung digitaler Rechenautomaten", Verlag Walter de Gruyter & Co., Berlin 1960, verwiesen.

[1]) S. 114ff.

B. Das Verfahren der automatisierten elektronischen Datenverarbeitung als Mittel zur Ordnung und Bestimmung der betriebswirtschaftlichen Prozesse

Wie bereits ausführlich dargelegt wurde, wird das Wesen der automatisierten elektronischen Datenverarbeitung durch die elektronische Programmsteuerung, d. h. durch die Automatisierung der logistischen Funktionen charakterisiert[1]. Da es sich bei dieser um ein numerisches Verfahren handelt, war daher zunächst die Frage zu untersuchen, inwiefern quantitative Untersuchungsmethoden zur Lösung der Probleme des *qualitativ* fundierten ökonomischen Erkenntnisgegenstandes herangezogen werden können. Hierbei waren wir zu dem Ergebnis gekommen, daß eine Bearbeitung ökonomischer Daten grundsätzlich mit einer Transformation der qualitativen Fakten in die quantitativen Größen des ökonomischen Wertebezugssystems verbunden ist, daß aber eine streng logisch-mathematische Determination der ökonomischen Prozesse an der zeitlich-räumlichen Diskrepanz sowie an den zeitlichen Überschneidungen der einzelnen Zwecksetzungen und Zweckerfüllungen scheitert; denn die endgültige Bestimmung einer geplanten ökonomischen Handlung erfolgt immer erst im Zeitpunkt der Zweckerfüllung[2].

In dem nun folgenden Hauptabschnitt haben wir uns daher mit dem wichtigsten Teil dieser Untersuchung auseinanderzusetzen, nämlich der Frage, welche Bedeutung die automatisierte elektronische Datenverarbeitung für die Durchführung der Maßnahmen besitzt, die die zeitlich-räumliche Überbrückung der Diskrepanz zwischen den Determinationen der Zwecksetzung und der Zweckerfüllung sowie ihre Koordination zum Ziel haben, und deren Beantwortung damit über das mögliche Ausmaß der Anwendung des Verfahrens im Bereich der betriebswirtschaftlichen Datenverarbeitung Auskunft gibt. Da es sich hierbei aber um das Problem der *Bestimmung* der betriebswirtschaftlichen Prozesse in seiner allgemeinen

[1]) s. hierzu Abschnitt A I und II, insbesondere S. 71ff. und 97ff.

[2]) s. S. 104ff.

Form handelt, beantworten wir hiermit auch gleichzeitig die entscheidende Frage nach der Bedeutung der automatisierten elektronischen Datenverarbeitung für die Ausübung der Leitungsfunktionen in der Unternehmung.

Es handelt sich hier also — wie ersichtlich — um Probleme grundsätzlicher Art, die nur dann in befriedigender Weise gelöst werden können, wenn über die in diesem Zusammenhang zu beurteilenden Beziehungen zwischen den Prinzipien der automatisierten elektronischen Datenverarbeitung und den Grundtatbeständen der ökonomischen Datenverarbeitung eindeutige Klarheit herrscht. Um diese zu erhalten, müssen wir uns daher nunmehr eingehend den letzteren zuwenden, wobei die besondere Natur des Untersuchungsgegenstandes weitgehend zu berücksichtigen ist.

I. Die Grundtatbestände der ökonomischen Datenverarbeitung

1. Die Finaldetermination der ökonomischen Fakten und Prozesse

Als Wirtschaften bezeichnen wir die planmäßige Tätigkeit zum Zwecke der Bedürfnisbefriedigung. Das übergeordnete Leitprinzip allen Wirtschaftens ist demnach die Deckung des Bedarfs, so wie er sich aus den Lebenserscheinungen, den Lebensformen und -verhältnissen der Menschen ergibt. Die Bedarfsdeckung ist ein Vorgang, der sich zwangsläufig aus der Existenz der Menschen herleitet und auf den Naturgesetzen der Selbsterhaltung und der Fortpflanzung beruht. Diese Naturgesetze sind die Ursache des Bedarfsdeckungszwanges, der alle Lebewesen beherrscht, die durch aktives Handeln ihre Bedürfnisse befriedigen und deren Wesenheit sich somit über die Stufe der Materie und des Organischen hinweg auch auf die Schicht des Seelischen, die sich im Bewußtsein äußert, erstreckt: die Menschen und die Tiere höherer Ordnung. Beider Wesen ist durch diese elementaren Naturtriebe gekennzeichnet.

Im Gegensatz zu den letzteren sind die Menschen jedoch als Wesen höherer Ordnung mit geistigen Fähigkeiten ausgestattet, vermöge derer sich ihr Bedarf nicht nur aus dem naturdeterminierten Triebbewußtsein, sondern auch aus dem geistigen Bewußtsein herleitet. „Dieses (geistige oder) menschliche Bewußtsein beginnt gerade damit, daß es sich von den Bedürfnissen des Tieres frei macht. Erst der Mensch vermag in seinem Handeln zielbewußt zu sein, er kann arbeiten, und erst durch diese ihm charakteristische Fähigkeit ermöglicht er die Kultur“[1]). Diese Stellung des Menschen wird bestimmt

[1]) „So stoßen im Menschen zwei heterogene Determinationen aufeinander: einmal die Naturdetermination, die nicht identisch mit der Kausaldetermination ist, sondern

a) durch seine Fähigkeit, die zukünftigen Ereignisse in gewissem Umfang voraussehen zu können (Vorsehung),

b) durch seine Fähigkeit, Zwecke zu setzen und sie zu realisieren (Zwecktätigkeit oder Vorherbestimmung),

c) durch seine Entscheidungsfreiheit,

d) durch seine Fähigkeit, die Werte zu erkennen (Wertsichtigkeit).

Die Bedarfsdeckung des Menschen steht daher im Gegensatz zur Bedarfsdeckung der Lebewesen niederer Ordnung unter dem Aspekt der Zwecktätigkeit oder Vorherbestimmung als Ausdruck des geistigen Bewußtseins des Menschen. Es ist das Kriterium, das den triebhaften Bedarfsdeckungszwang des Tieres von der geistig-bewußten Bedarfsdeckungsnotwendigkeit des Menschen unterscheidet und sie zu einer Wirtschaft erhebt. Es ist das, was in der einführenden Definition des Begriffs Wirtschaft mit dem Ausdruck ‚planmäßig' gekennzeichnet wurde. „Vorbestimmung ist die Macht, das Geschehen anders laufen zu lassen, als es von sich aus laufen würde, es gleichsam zu korrigieren. Kategorial ausgedrückt ist Vorbestimmung Zwecktätigkeit"[1]).

Als ein von Menschen geschaffenes Kulturgebilde ist die Wirtschaft im Gegensatz zum Kausalnexus in der Natur durch den Finalnexus gekennzeichnet, d. h. alle ökonomischen Handlungen der Menschen sind auf ein Ziel, nämlich auf die Deckung eines gegebenen Bedarfs ausgerichtet; sie sind finaldeterminiert oder zweckbestimmt. „Aristoteles folgend können wir im Finalnexus, in dem sich die *Zwecktätigkeit* ausdrückt, eine dreifache Überschichtung feststellen:

---

das darstellt, was Kant unter Neigung verstand und was man heute unter dem Begriff ‚Trieb' zusammenfaßt, und zum anderen die Wertgesetzlichkeit mit ihrer kategorischen Forderung. Der Mensch ist Schauplatz des Kampfes zweier heterogener Gesetzlichkeiten, die beide beanspruchen, ein und dieselbe menschliche Handlung zu determinieren." N. Hartmann, a. a. O., S. 108, 112 und 116.

[1]) „Wir haben nicht den prophetischen Blick, nicht einen Zukunftssinn, der den Ablauf der zukünftigen Ereignisse voraussähe. Im wesentlichen ist es nur der Zweig der apriorischen Erkenntnis, der uns auf Grund von Analogiebildungen an Hand von Erfahrungen einen Einblick in die Zukunft gestattet. Auf solcher Analogiebildung beruhen unsere Lebenserfahrung, unsere Menschenkenntnis u. a. Dieser begrenzte Blick in die Zukunft ist für den Menschen jedoch sehr wesentlich. *Er ermöglicht ihm überhaupt erst das Handeln.* Ohne ihn könnten wir uns auf das in der Zukunft auf uns eindringende gar nicht einrichten. Wir können auch gar nichts wollen, denn wollen können wir — während wir uns alles mögliche zu wünschen vermögen — immer nur das, wofür wir wenigstens grundsätzlich die Ansatzpunkte sehen oder, um mit Aristoteles zu reden, wofür wir in der Reihe der Mittel das erste oder die ersten Glieder in der Hand haben." N. Hartmann, a. a. O., S. 111.

a) Ein *Vorausprojizieren des Zweckes in die Zukunft* als rein geistiger, nicht realer Prozeß. Nur im Bewußtsein, nur in der Anschauungszeit, nicht aber in der realen Zeitordnung ist dieses Vorgreifen möglich.

b) Die rückläufige eigentliche *Finalbestimmung* der Reihe *der Mittel* durch den Zweck.

c) Die *Realisation des Zweckes* durch dieselbe, jetzt umgekehrt ablaufende Reihe der Mittel wie in b). In c) vollzieht sich die eigentliche Handlung"[1]).

Aus der Zwecksetzung — dem Vorausprojizieren des Zwecks — leiten sich die Einzelaufgaben ab, zu deren Lösung die Mittel (Organe, Stoffe) zu bestimmen sind, durch deren Funktion der gesetzte Zweck erfüllt wird. Diese Funktion, die eigentliche wirtschaftliche Handlung, ist ganz auf die Erfüllung des in der Zukunft liegenden und vom wirtschaftenden Menschen gesetzten Zweckes abgestellt; denn „die Vergangenheit und auch die Gegenwart, im engen Sinne des Wortes genommen, sind unveränderlich. Auch was in diesem Augenblick geschieht, ist nicht zu ändern. So bleibt für das Handeln nur die Zukunft offen. Es liegt im Wesen des Weltprozesses, im Wesen der Zeit, daß immer nur das, was noch auf uns zukommt, bestimmbar ist"[2]). Damit ist der Finalnexus aber ganz eindeutig durch die Zwecksetzung, den aus ihr abzuleitenden Aufgaben und deren Lösungen gekennzeichnet: Mittelbestimmung, Mittelfunktion und — durch diese — Zweckerfüllung.

Die Wirtschaft erweist sich hiermit aber als ein außerordentlich schwieriges Erkenntnisobjekt; denn ihr ‚Gegenstand' sind weder die Sachen (Güter, Leistungen) noch die menschlichen Individuen, sondern ausschließlich die *Beziehungen* zwischen diesen, oder, anders ausgedrückt, zwischen dem subjektiven, psychisch-geistigen und dem materiell-physischen Bereich. Diese Beziehungen sind aber ausschließlich qualitativer Natur, da ihr Inhalt immer durch den jeweiligen Grad der *Eignung* der Güter oder Leistungen für die menschliche Bedürfnisbefriedigung bestimmt wird. Die Quantität ist hier immer nur „ein Faktor für Eignung"[3]). Das Wirtschaften ist demgemäß mit allen Überlegungen, Willensakten und Handlungen identisch, die mit dem Ziel vorgenommen werden, planmäßig Güter (Leistungen) für die menschliche Bedürfnisbefriedigung zu erstellen bzw. bereitzustellen[4]), und es bezieht sich ferner auf alle Erfahrungen, die wir im Zuge dieser Prozesse sammeln. Hieraus folgt aber, daß die Wirtschaft als

[1]) N. Hartmann, a. a. O., S. 112.
[2]) N. Hartmann, a. a. O., S. 110.
[3]) H. Nicklisch, a. a. O.
[4]) In diesem Sinne auch W. Weddigen: „Theorie des Ertrages", Jena 1927, S. 108.

Erkenntnisobjekt einen außerordentlich vielschichtigen, komplexen Charakter hat[1]).

Soweit es sich um die Beschaffung der Güter aus der Natur handelt, erstreckt sie sich weit in das Gebiet der Naturwissenschaften bzw. der Technik, und wo es sich um die Beurteilung des Wertes der Güter oder Leistungen für den menschlichen Gebrauch handelt, weit in den Bereich der Psycho-Physiologie. Die Abgrenzung gegenüber dem Bereich der Naturwissenschaften bereitet dabei insofern keine besonderen Schwierigkeiten, weil der Mensch durch seine geistigen Fähigkeiten in der Lage ist, die naturgesetzliche Kausalität in den Dienst seiner Zwecktätigkeit zu stellen und sie damit dem ökonomischen Finalnexus zu unterordnen; denn unser Wissen um die Zusammenhänge in der Natur wird durch die Wirtschaftstechnik der menschlichen Bedarfsdeckung nutzbar gemacht. Dabei werden auch diejenigen Seinskategorien der Natur in der ökonomischen Realität wirksam, die außerhalb des rationalen Gegenstandsbereichs bzw. Erkenntnisvermögens der Menschen liegen; denn sie bilden, wenn auch nicht erkennbar, ebenfalls einen Bestandteil des allgemeinen oder speziellen Wertes der rationalen Güter (Leistungen). Weit schwieriger hingegen ist das Problem der Abgrenzung der ökonomischen Fakten und Prozesse gegenüber dem psycho-physiologischen Bereich, weil alle ökonomischen Prozesse unmittelbar an menschliche Willensäußerungen anknüpfen und der menschliche Willensakt in sehr starkem Maße von psycho-physiologischen Vorgängen beeinflußt wird[2]).

Gerade diese Tatsache zwingt uns aber dazu, bei der wissenschaftlichen Erforschung unseres Untersuchungsgegenstandes eine möglichst exakte

---

[1]) W. Weddigen, a. a. O., S. 36ff.

[2]) Im gleichen Sinne auch Liefmann: „Grundsätze der Volkswirtschaftslehre“, Jena 1917, Band I. N. Hartmann, a. a. O., S. 97 und 121ff. führt zu dieser Frage aus: „Es lassen sich vier Schichten in der realen Welt ausmachen: Materie (Anorganisches), Organisches, Seelisches und Geist. Raum, materielle Substanz und mathematische Struktur gehen von den niederen Schichten *nicht* bis in die des Seelischen durch. Das Seelische kann sich nicht aus den Gebilden des Anorganischen und auch nicht des Organischen zusammensetzen. Das bedeutet: die Akte des seelischen Seins, Gedanken, Gefühle, Wollen, Wünschen und Sehnen, bestehen nicht aus Atomen und Molekülen, sondern aus etwas ganz anderem . . . Die Naturgesetzlichkeit, die in den beiden unteren Schichten herrscht, hat im Reich des Seelischen zum großen Teil aufgehört . . . Das Seelische ist zwar gebunden an die physische Schicht, es kann nicht ohne sie bestehen, ist aber doch von ihr grundverschieden . . . Das Geistige hebt sich wiederum vom Seelischen vornehmlich ab durch seine Überindividualität. Jede seelische Sphäre ist eine individuelle. Der Mensch kann sein Bewußtsein und dessen seelischen Inhalt nicht gegen Bewußtsein und Bewußtseinsinhalt des Mitmenschen austauschen. Wenn im seelischen Bereich das Prinzip der Individualität herrscht, so gilt dies im Bereich des Geistes nicht. Der Geist ist in einem weiten Sinn gemeinsam. . . . Nur durch das Weiterreichen von Generation zu Generation ist das Fortbestehen des Geistes möglich.“

Trennung des rationalen vom irrationalen ökonomischen Gegenstandsbereich herbeizuführen und damit alle Imponderabilien soweit wie möglich auszuschalten.

Es ist daher zunächst zu untersuchen, wie dieses Ziel erreicht werden kann.

2. Betriebsaufgabe und Marktaufgabe

Infolge unserer arbeitsteiligen Wirtschaftsorganisation vollziehen sich die einzelnen Prozesse zum Zwecke der Bedarfsdeckung sowohl im einzelwirtschaftlichen (Betriebs-, Hauswirtschaften) als auch im gesamtwirtschaftlichen Bereich (Märkte). Demgemäß können wir auch zwischen einer innerbetrieblichen und einer außerbetrieblichen Sphäre der Zwecksetzungen und Zweckerfüllungen bzw. ihrer entsprechenden Aufgabenbereiche unterscheiden. Da die zwischen- und überbetrieblichen oder gesamtwirtschaftlichen Beziehungen auf den Märkten oder über die einzelnen Marktinstitutionen zustande kommen, kann dieser Zusammenhang auch in eine Betriebs- und in eine Marktaufgabe gegliedert werden. Die Betriebsaufgabe ist eine *spezielle* und *unmittelbare*, denn sie hat die Erstellung bestimmter Güter (Leistungen) zur Bedarfsdeckung zum Inhalt. Als Glied einer arbeitsteiligen Wirtschaftsorganisation bedarf der Betrieb zur Realisierung seiner speziellen Zwecke allerdings noch der *allgemeinen, mittelbaren* Funktion des Marktes.

Das Prinzip der Arbeitsteilung beruht bekanntlich darauf, daß der Einzelne seine ganze Produktivkraft möglichst ungeschmälert in den Dienst der allgemeinen Bedarfsdeckung stellt, indem er unter weitgehender Ausnutzung seiner besonderen geistigen und physischen Fähigkeiten Leistungen für fremden Bedarf erstellt und anbietet (Wertschöpfung), um aus dem Ertrag dieses Prozesses die Mittel für die eigene Bedarfsdeckung zu gewinnen. Der Markt stellt somit über den Preis als Ausdruck für die allgemeinen Kosten- und Nutzenwerte der Leistungen (rechnerischer Wert) die notwendige Verbindung zwischen den angebotenen und nachgefragten Güter- oder Leistungswerten her, subsumiert diese sozusagen (Marktaufgabe).

Als Bindeglied zwischen der Markt- und der Betriebsaufgabe fungiert hierbei der Unternehmer, der den jeweiligen Betriebszweck als Ausdruck der unternehmerischen Idee und Initiative aus der gegebenen Marktkonstellation ableitet und die spezielle Betriebsaufgabe fixiert, d. h. die erforderlichen Mittel bestimmt, aus dem Markt beschafft und durch die von ihm bewirkte und veranlaßte Ausübung ihrer Betriebsfunktionen den von ihm gesetzten Zweck realisiert. Die Betriebsaufgabe besteht demgemäß in der Erstellung (Wertschöpfung), die Marktaufgabe dagegen in der Bereitstellung und Verteilung (Absatz, Umsatz) der Güter oder Leistungen für die Bedarfsdeckung nach Maßgabe des Verhältnisses von Angebot und Nachfrage.

Aus dem mittelbaren Charakter der Marktaufgabe folgt aber zwangsläufig, daß sie im Grunde genommen ebenfalls auf den betrieblichen Wertschöpfungsprozeß zurückzuführen ist; denn der Betrieb muß sowohl

a) fremde Leistungen zur Bewirkung der eigenen Leistungen bzw. zur Deckung des eigenen Bedarfs nachfragen als auch

b) eigene Leistungen zur Bewirkung fremder Leistungen bzw. zur Deckung fremden Bedarfs anbieten

und ist somit durch seine Beschaffungs- und Absatzsektoren primär und unmittelbar an der Lösung der Marktaufgabe beteiligt. Infolge dieses Zusammenhangs zwischen der Betriebs- und der Marktaufgabe sowie der Koordinierung der *speziellen* Betriebsaufgaben durch die auf die *allgemeine* Bedarfsdeckung ausgerichtete Marktaufgabe ergibt sich ein dichtes Netz von Beziehungen zwischen den Zwecksetzungen und Zweckerfüllungen der einzelnen Betriebswirtschaften, das sowohl den Einwirkungen einzelwirtschaftlicher als auch gesamtwirtschaftlicher Tatbestände und Vorgänge — rechtlich-sozialer, finanz- bzw. kreditwirtschaftlicher Natur — unterliegt.

Obwohl der Inhalt aller ökonomischen Beziehungen grundsätzlich finaldeterminiert ist und unter dem Aspekt der ökonomischen Zwecktätigkeit auf dem Prozeß der Wertschöpfung beruht, kann eine auf dieser Grundlage realisierte Zwecksetzung eines Betriebes den Wert der Leistungserstellung eines anderen Betriebes nicht nur erhöhen, sondern auch sehr wohl entscheidend mindern[1]). Infolgedessen muß sich der von einer solchen Entwicklung betroffene Betrieb der nunmehr veränderten Marktlage anpassen, d. h. die Zwecktätigkeit des einen Betriebes ist die Ursache für die Wirkung, daß die Zwecksetzung und Zweckerfüllung des anderen Betriebes sich verändert. Daraus folgt aber, daß der ökonomische Finalnexus auch in seinen zwischen- und überbetrieblichen (gesamtwirtschaftlichen) Beziehungen von kausaldeterminierten Einwirkungen abhängig ist. Dieser Kausalnexus ist

---

[1]) Z. B. durch solche ökonomischen Leistungen, die einen bestimmten Bedarf in eine andere Richtung lenken oder die einen bisher latenten Bedarf sichtbar machen und dadurch eine Veränderung der Bedarfsstruktur herbeiführen (Mode, Geschmack, Stil, technischer Fortschritt).

aber weder ein naturnotwendiger noch ein gesetzlicher[1]), sondern ein wechselseitiger Ursachen-Wirkungskomplex, der sowohl durch das geistig-seelische als auch durch das Triebbewußtsein des Menschen determiniert wird[2]).

Soweit er vom geistigen Bewußtsein des Menschen bestimmt wird, kann er dem Zwecktätigkeitsdenken bzw. dem ökonomischen Finalnexus untergeordnet werden; denn der Finalnexus baut sich in diesem Falle über dem Kausalnexus auf, da man bei der Realisierung eines gesetzten Zwecks fest mit einer bestimmten Folge von Ursache und Wirkung rechnet[3]). Wird er hingegen durch das Triebbewußtsein bestimmt, so unterliegt er ausschließlich der naturgesetzlichen Determination[4]) und gehört damit weitgehend zum irrationalen Gegenstandsbereich. In diesem Falle können wir ihn aber nur in sehr unvollkommener Weise und insofern übersehen, als wir durch geeignete psychologische Untersuchungsmethoden tatsächlich konkrete Anhaltspunkte für die menschliche Verhaltensweise in den einzelnen Interessenlagen gewinnen können. Dies ist aber bei den meisten Tatbeständen, denen neben rationalen auch unwägbare Fakten zugrunde liegen, durchaus möglich.

Da der Mensch kein isoliertes Einzeldasein führt, sondern in der Gemeinschaft lebt[5]), ist er in seinem Verhalten von vornherein an die Regeln und Gesetze gebunden, die notwendig sind, das Leben der in der Gemeinschaft Verbundenen zu erhalten und zu fördern. Diese allgemein verbindlichen Konventionen sind aber das Ergebnis menschlichen Geistes, der sich als das allen *Gemeinsame* über die *individuelle* Zone des Seelisch-Triebhaften erhebt und diese zu bestimmen vermag[6]). Als sozial-rechtliche Bestimmung des Einzelnen und der Gemeinschaft auf der Grundlage der sittlichen Werte

---

[1]) Die naturnotwendige Kausalität drückt aus, daß im Zuge der Entwicklung das Spätere durch das Frühere bestimmt ist, und daß das Geschehen in einer unendlichen zeitlichen Reihenfolge weiterschreitet (causa transiens).

Die Gesetzlichkeit sagt hingegen aus, daß es eine Gleichartigkeit, ein stets bleibendes mathematisch determiniertes Verhältnis zwischen zwei sich ändernden Größen gibt (causa immanens).

[2]) s. Anmerkung 2 auf S. 128.

[3]) N. Hartmann, a. a. O., S. 22.

[4]) s. Anmerkung 1 auf S. 180.

[5]) Denn nur die Gemeinschaft garantiert dem Einzelnen die für die Erhaltung und Gestaltung seines Lebens notwendige Sicherheit.

[6]) Dies ist nicht so zu verstehen, daß der Mensch mit Hilfe seiner geistigen Fähigkeiten in der Lage wäre, die Naturgesetzlichkeit im Sinne der Zwecktätigkeit völlig aufzuheben. Dies ist selbstverständlich nicht möglich; denn nach dem „Gesetz der Stärke“ (s. N. Hartmann, a. a. O., S. 131) sind die niederen Schichten unserer Seinskategorien — Materie (Anorganisches) und Organisches, auf die sich erst die Schichten des Seelischen und Geistigen aufbauen — stärker als die höheren. Der Mensch ist aber sehr wohl in der Lage, die Naturprozesse unter Beachtung ihres gesetzlichen

und des Glaubens stellen die Konventionen daher auch die oberste Maxime für die Zwecktätigkeit und somit für das wirtschaftliche Handeln des Menschen dar, wobei seine Willensäußerung als faktisch erkennbarer Ausdruck sowohl seines naturdeterminierten irrationalen (seelisch-triebhaften) als auch seines finaldeterminierten, rationalen (seelisch-geistigen) Wesens nur nach Maßgabe dieser Maxime gültig oder rechtens ist. Nur auf dieser Grundlage ist daher eine in die Zukunft gerichtete ökonomische Datenverarbeitung sinnvoll möglich; denn nur so können die Imponderabilien aus dem Bereich des irrationalen, naturdeterminierten Wesens des Menschen mit der erforderlichen Sicherheit ausgeklammert und damit für die reine Zwecktätigkeit unschädlich gemacht werden.

Das ist die eine Seite des Problems. Die andere Seite ist durch das Maß an Ratio gekennzeichnet, das die einzelnen Menschen infolge ihrer physischen und seelisch-geistigen Konstitution in den Prozeß der Zwecktätigkeit hineinzulegen vermögen[1]) und wie weit sie in der Lage sind, ihre geistigen Fähigkeiten für die Realisierung der Werte und nicht für die schrankenlose Befriedigung ihrer naturdeterminierten Triebbedürfnisse einzusetzen. Auch die sich hieraus ergebenden Unwägbarkeiten können sowohl durch einzelwirtschaftliche als auch durch gesamtwirtschaftliche Maßnahmen eingeschränkt werden. Zu den Mitteln, um dieses Ziel zu erreichen, gehören insbesondere die öffentliche Unterrichtung und Aufklärung (Bildungswesen) und die Meinungsbeeinflussung im Rahmen der gesetzlichen bzw. konventionellen Möglichkeiten (freie Publizierung ökonomischer und soziologischer Tatbestände und Vorgänge, Werbung).

Ablaufs als Mittel in den Dienst seiner Zwecktätigkeit zu stellen. Durch eine geschickte Kombination der einzelnen Naturvorgänge ist es ihm dabei auch zweifellos möglich, bestimmte naturgesetzliche Wirkungen in seinem Sinne zu kompensieren oder vorübergehend aufzuheben.

[1]) Denn „auch logische und psychologische Gesetzlichkeit liegen im Menschen im Streit miteinander. Es besteht ein schönes übersichtliches System logischer Gesetze, das sich für die Richtigkeit unserer Folgerungen, unseres Denkens überhaupt, verbürgen könnte. Aber wir sind nicht gezwungen, den logischen Gesetzen zu folgen. Wir denken oft auch unlogisch, ja, wir können es erst durch eine lange Schulung zum logischen Denken bringen, und auch nicht alle Menschen vermögen es überhaupt zu erlernen. Offensichtlich besteht hier noch eine andere Gesetzlichkeit, der unsere Gedanken auch folgen können. Hume hat darauf hingewiesen, als er von der Macht der Assoziation über die Folge unserer Gedanken sprach. Der Ablauf unserer Vorstellungen ist nicht nur der logischen Gesetzlichkeit unterordnet, sondern auch den Gesetzen der Assoziation, die auf Grund von Erfahrung und Analogbildung unsere Vorstellungen so verketten, daß, wenn ich die eine denke, mir die andere sofort darauf einfällt, als ob sie innerlich etwas mit ihr zu tun hätte. Die Logik erklärt die Analogieschlüsse des assoziativen Denkens für gänzlich unhaltbar, vermag sie aber doch nicht zu verdrängen." N. Hartmann, a. a. O., S. 117.

Da eine möglichst exakte Trennung des rationalen vom irrationalen Gegenstandsbereich aber die Grundvoraussetzung der ökonomischen Datenverarbeitung bildet, wollen wir uns nach der Behandlung dieser Grundfragen nunmehr den speziellen Problemen der betriebswirtschaftlichen Datenverarbeitung zuwenden.

3. Der Betrieb als finaldeterminiertes System funktionaler Beziehungen

a) Der Transformations- und Wertbildungsprozeß

Die Frage der Trennung des rationalen vom irrationalen ökonomischen Gegenstandsbereich nimmt um so konkretere Formen an, je mehr wir uns von den mittelbaren Funktionen des Marktes den unmittelbaren Aufgaben des eigentlichen betrieblichen Wirtschaftens zuwenden; denn die Imponderabilien treten als Folge unvorhergesehener zeitlicher Überschneidungen der einzelnen Zwecktätigkeiten um so stärker in Erscheinung, je größer der zeitlich-räumliche Abstand zwischen den betrieblichen Determinationen der Zwecksetzung und Zweckerfüllung ist. Zwar wird die einzelne Betriebsaufgabe immer aus einer allgemeinen Marktaufgabe abgeleitet, sie ist aber im Zeitpunkt ihrer Ableitung in der Regel bereits ein konkreter, rechtlich fixierter Tatbestand, der durch die unternehmerischen Entscheidungen aus der Unbestimmtheit der allgemeinen Marktkonstellation herausgelöst worden ist. In einem auf solcher Grundlage beruhenden betriebswirtschaftlichen Finalnexus ist zwar im Zeitpunkt des Prozeßbeginns der gesetzte Zweck noch nicht realisiert, aber die Voraussetzungen zu seiner Erfüllung sind weitgehend gesichert[1]). Somit ergibt sich das zeitlich-räumliche Verhältnis zwischen der Determination der betrieblichen Zwecksetzung und der Zweckerfüllung aus der in ihren Grenzen festgelegten Betriebsaufgabe und weist damit im Gegensatz zu den allgemeinen, imponderablen Unsicherheitsfaktoren des Marktes ein außerordentlich stabiles Element auf[2]).

[1]) Jede betriebliche Tätigkeit wird durch einen Auftrag induziert. Die Voraussetzung zu seiner Annahme ist die Möglichkeit und der Wille zu seiner Durchführung. Sie hängen wiederum davon ab, ob das mit der Durchführung verbundene wirtschaftliche Risiko in einem angemessenen Verhältnis zu dem zu erwartenden Erfolg steht. Die Erfüllung dieser Voraussetzung kann als ausreichende Sicherung für die Erzielung der Übereinstimmung der Determinationen der betrieblichen Zwecksetzung und der Zweckerfüllung angesehen werden, so daß die obige Unterstellung als repräsentativ gelten kann.

[2]) Dieses stabilisierende Element überträgt sich naturgemäß auf der anderen Seite durch die betriebswirtschaftlichen Marktfunktionen (Beschaffung — Absatz) auch auf den Markt selbst. Da hier aber keine Möglichkeit besteht, die zeitlich-räumlichen Diskrepanzen zwischen den Zwecksetzungen und Zweckerfüllungen im Sinne einer allgemeinen Übereinstimmung der Determinationen zu überbrücken, ist ihre Wirkung hier nur eine sekundäre. Sie kann allerdings durch weitere Maßnahmen der Betriebe erheblich verstärkt werden, z. B. durch Standardisierung, allgemeine Qualitätsgewährleistung, Normung; s. hierzu auch S. 184f.

Da die Verarbeitung der *qualitativ* fundierten betriebswirtschaftlichen Daten ferner grundsätzlich im Rahmen des betrieblichen Wertebezugssystems, d. h. rational-mathematisch erfolgt, müßte eigentlich die völlige Übereinstimmung der Determinationen der Zwecksetzung und -erfüllung im betriebswirtschaftlichen Bereich gewährleistet sein. Trotzdem ist das, wie wir wissen, nicht der Fall; denn eine Beseitigung der Diskrepanzen, die durch den zeitlich-räumlichen Abstand zwischen diesen beiden Determinationen entstehen und damit zu unvorhergesehenen zeitlichen Überschneidungen führen, ist immer nur bis zu einem gewissen Grade möglich und hängt weitgehend von den zur Verfügung stehenden Hilfsmitteln ab. Bis zur Entwicklung der automatisierten elektronischen Datenverarbeitung war es z. B. nicht möglich, innerhalb eines größeren Bereichs die Auswirkungen einzelner Datenveränderungen unmittelbar auf alle in Betracht kommenden betrieblichen Tatbestände kontinuierlich zu ermitteln, so daß zahlreiche, sich aus solchen Veränderungen ergebenden sekundären, tertiären Wirkungen nicht erfaßt werden konnten. Infolgedessen wurden daher in der Regel auch nur diejenigen Primärfakten in den Prozeß der betriebswirtschaftlichen Datenverarbeitung einbezogen, die für die unmittelbare Durchführung der betrieblichen Tätigkeit unerläßlich waren. Eine unmittelbare und die wesentlichen Bereiche der betrieblichen Tätigkeit weitgehend umfassende Datenverarbeitung konnte es daher nicht geben. Man mußte sich vielmehr darauf beschränken, die primären Daten des Werteflusses in der Unternehmung *nachträglich* zu erfassen und aus ihnen die für die Durchführung der zukünftigen betrieblichen Tätigkeit notwendigen Schlüsse zu ziehen. Es handelt sich hierbei also um die übliche Form der sogenannten Vergangenheitsrechnung[1]), aus der von Fall zu Fall einzelne Plankalküle entwickelt werden. An eine umfassende Planungsrechnung war unter den gegebenen Umständen nicht zu denken.

Infolgedessen wurden auch solche qualitativen Probleme in der Regel nicht in die Datenverarbeitung einbezogen, deren Quantifizierung bzw. Transformation in das betriebliche Wertebezugssystem Schwierigkeiten bereiteten. Aus dieser Tatsache wurde sogar vielfach der Schluß gezogen, daß diese Fakten grundsätzlich nicht quantifizierbar seien[2]). In Wirklichkeit handelt es sich bei diesen jedoch um solche Imponderabilien, die immer nur in Verbindung mit rationalen Fakten auftreten und daher bei einer Anwendung geeigneter Verfahren in vielen Fällen tatsächlich determinierbar

[1]) s. Abschnitt B II.
[2]) s. W. Bierfelder, a. a. O.

sind, so daß das Ziel einer exakten Bestimmung der betriebswirtschaftlichen Fakten und Prozesse auch hier in einer durchaus befriedigenden Weise erreicht werden kann.

Infolge der Tatsache, daß es sich bei jeder betriebswirtschaftlichen Tätigkeit um einen Finalnexus handelt, der ausschließlich durch das jeweils maßgebliche betriebliche Wertebezugssystem determiniert wird[1]), muß grundsätzlich unterstellt werden, daß alle betriebswirtschaftlichen Daten — die wir ja generell als qualitativ fundiert erkannt haben — quantifiziert werden können. Dies leuchtet auch sofort ein, wenn wir in diesem Zusammenhang einmal die statistische Untersuchungsmethode betrachten. Da das Wesen der Statistik als angewandte Mathematik neben

a) der Zahlen- und Rechnungsmäßigkeit insbesondere

b) durch die qualitativen Fakten des jeweiligen Untersuchungsgegenstandes

charakterisiert wird[2]), hat Flaskämper diesen Tatbestand einmal sehr treffend als die „Parallelität zwischen den ‚zahlenlogischen' und den ‚sachlogischen' Beziehungen" bezeichnet[3]), denn die qualitativ fundierten ökonomischen Tatbestände und Vorgänge müssen statistisch nach Maßgabe ‚sachlogischer' Maximen in Zahlen transformiert werden[4]). Dies geschieht in der Weise, daß der jeweilige Sachverhalt zunächst in einer dem Untersuchungszweck entsprechenden Form geordnet wird. Hierzu werden alle qualitativen Merkmale der übergeordneten Zwecksetzung der Untersuchung zu einem ‚Oberbegriff' zusammengefaßt. Nach dem qualitativen Inhalt dieses Oberbegriffs ergibt sich nun die Ordnung des Stoffes in der Weise, daß die sich sachlich und formell entsprechenden Fakten nach dem

---

[1]) s. S. 97ff.

[2]) Die Statistik wird infolge ihres Mittelcharakters immer unter dem übergeordneten Aspekt derjenigen Gegenstandswissenschaft betrachtet, die sich ihrer als Mittel zur Erreichung ihrer wissenschaftlichen Ziele bedient. Da sie kein eigenes Erkenntnisobjekt besitzt, ist sie keine selbständige Wissenschaft im Sinne unserer Gegenstandswissenschaften. Sie ist vielmehr eine aus den mathematischen Gesetzen und Prinzipien abgeleitete und auf die wissenschaftlich-systematisierende Forschung der einzelnen Fachwissenschaften ausgerichtete Untersuchungsmethode und als solche im allgemeinen mit der Induktion identisch. Ausschlaggebend für die Art und Weise ihrer Anwendung ist also in jedem Falle der spezifische Charakter der jeweiligen Gegenstandswissenschaft. Man gliedert die Statistik daher auch entsprechend ihren Anwendungsgebieten z. B. in die betriebswirtschaftliche, die volkswirtschaftliche, in die einzelnen Zweige der naturwissenschaftlichen Statistik.

[3]) Paul Flaskämper: „Allgemeine Statistik", Teil I, Leipzig 1944, S. 23ff.

[4]) Den Begriff der „Zahlenlogik" wendet Flaskämper (a. a. O., S. 23ff.) auf alle mathematischen Begriffe und Verfahren der Statistik an [das Zählen, die Vergleichsrechnungen: Verhältniswert-, Mittelwert-, Indexziffern-, Streuungsrechnung (Dispersion, Korrelation), Interpolation]; sie bilden den eigentlichen Inhalt der Statistik als Technik bzw. angewandte Mathematik.

Prinzip der Gleichartigkeit einander zugeordnet werden. Je nach dem Grade der Gleichartigkeit der einzelnen Daten — Gleichartigkeit bedeutet hier nicht völlige Übereinstimmung — handelt es sich dabei um eine allgemeine, einfache Unterordnung, um eine mehrfache, nach dem jeweiligen Grad der Gleichartigkeit gestaffelte Unterordnung, um eine Unterordnung, in der die Merkmale bei gleichrangigem Verhältnis zum Oberbegriff entsprechend ihrer jeweiligen Gleichartigkeit einander nebengeordnet sind und in der jedem einzelnen Ordnungsbegriff selbst wiederum Daten oder Sachverhalte bestimmter Merkmalszusammensetzung untergeordnet werden, und zwar ebenfalls allgemein-einfach, mehrfach, mehrfach gestaffelt, nebengeordnet.

Diese Ordnung des Stoffes nach Maßgabe der inhaltlichen und formellen Gleichartigkeit der Begriffe und Kriterien sowie die Abgrenzung und Zusammenfassung der Daten und Sachverhalte mit gleichartiger Charakteristik unter einem Oberbegriff ist aber die Grundlage der Zählbarkeit und kann somit als die I. Stufe der Transformation qualitativer Sachverhalte in eine Form, die eine rational-mathematische Untersuchung des Stoffes gewährleistet, bezeichnet werden.

Da es sich aber bei diesen begrifflich bestimmten und geordneten ökonomischen Daten nicht um „Gegenstände an sich" handelt, die unabhängig voneinander bestehen, sondern um voneinander abhängige Größen eines finaldeterminierten, personen-sachbezogenen Zusammenhangs (Betrieb), wird durch ihre spezifische Stellung in dem so gegliederten Finalnexus auch gleichzeitig ihre Bedeutung im gegebenen Sachverhalt und damit ihr *spezifischer ökonomischer Wert* (Betriebswert) determiniert. Der Betriebswert der Güter (Leistungen) ergibt sich demgemäß aus dem gegenseitigen Abhängigkeitsverhältnis der betriebswirtschaftlichen Daten in ihren zeitlich-räumlichen und substantiell-qualitativen *Wertbeziehungen*[1]) nach Maßgabe der jeweils übergeordneten (obersten) betrieblichen Zwecksetzung[2]). Daraus folgt aber, daß die erste Stufe der Transformation auch gleichzeitig die erste Stufe des betriebswirtschaftlichen Wertbildungsprozesses ist, und daß dieser auf der Parallelität der ‚sach-' und ‚zahlen-

[1]) Ohne Relationen gibt es keine Werte und ohne einen übergeordneten Zweck gibt es keine ökonomischen Wertrelationen. Im Bereich der Wirtschaft sind die Zwecke von Menschen gesetzt und alle Beziehungen des ökonomischen Systems gehen vom Menschen aus und führen zwangsläufig wieder zu ihm hin. Das, was den Wert eines Subjektes oder Objektes für einen bestimmten Wirtschaftsprozeß ausmacht, ergibt sich aus dem Inhalt ihrer *Beziehungen* in Hinsicht auf die übergeordnete Zwecksetzung desselben; s. hierzu auch H. Nicklisch, a. a. O. und W. Weddigen, a. a. O.

[2]) S. auch S. 218ff.

logischen' Beziehungen beruht. Dies ist aber, obwohl der ursprüngliche und grundlegende, nicht der alleinige Bestimmungsfaktor des Betriebswertes.

Wie schon aus den Darlegungen über die Zusammenhänge zwischen der Markt- und der Betriebsaufgabe hervorging, bestehen zwischen diesen beiden Bereichen Beziehungen, die im Gegensatz zur Finaldetermination der innerbetrieblichen Fakten und Prozesse *kausaler* Natur sind und sich nur bedingt dem rationalen ökonomischen Zweckdenken unterordnen. Dies ergibt sich zwangsläufig aus der Tatsache, daß sich eine freie Verkehrs- oder Marktwirtschaft aus einer Vielzahl einzelner, selbständiger Unternehmen (Betriebe, Haushaltungen) zusammensetzt, die sich auf der Basis der Selbstverantwortlichkeit nach Maßgabe der allgemein anerkannten sozialrechtlichen Konventionen freiwillig nach besten Kräften an der *allgemeinen* Bedarfsdeckung beteiligen. Der freie, selbstverantwortliche Unternehmer wird daher durch keine überbetrieblichen, gesamtwirtschaftlichen Leitungsorgane in seiner Selbständigkeit beschränkt. Ein (rationaler) überbetrieblicher Finalnexus könnte aber nur dann zustande kommen, wenn die einzelbetrieblichen Zwecksetzungen der Unternehmen wiederum durch ein überbetriebliches Leitungsorgan auf eine überbetriebliche Zwecksetzung ausgerichtet würden; denn nur auf diese Weise könnte das Prinzip der Unmittelbarkeit zwischen den leitenden (überbetrieblichen) und den ausführenden (betrieblichen) Organen nach Maßgabe der überbetrieblichen Zwecksetzung erfüllt und damit die Identität zwischen den Determinationen der Zwecksetzung und der Zweckerfüllung auch im überbetrieblichen Bereich herbeigeführt werden.

Es handelt sich hier um die außerordentlich interessante Erscheinung, daß, obwohl das ökonomische Erkenntnisobjekt im *einzelnen* grundsätzlich finaldeterminiert ist, *insgesamt*, d. h. überbetrieblich, kein Finalnexus besteht, sondern daß er dort abbricht, wo die Herbeiführung der Identität zwischen der betrieblichen Zwecksetzung und Zweckerfüllung von nicht erkennbaren fremd- oder außerbetrieblichen Determinationen abhängig ist, z. B. dort, wo sich das Vorfeld der betrieblichen Tätigkeit in der Anonymität des Marktes verliert und wo der Betrieb seine Leistungen erstellt, obwohl er über die zukünftige Entwicklung nur *unbestimmte Erwartungen* hegt.

Der Grund, weshalb ein durchgehender (rationaler) Finalnexus im überbetrieblichen Bereich generell nicht existiert — und auch nicht existieren kann —, ergibt sich zwangsläufig aus der Tatsache, daß sich die für die Realisierung jedes ökonomischen Finalnexus ausschlaggebenden Prinzipien der Unmittelbarkeit und Identität hier nicht verwirklichen lassen; denn die gewaltigen zeitlich-räumlichen und substantiell-qualitativen Diskrepanzen, die sich bei der großen Masse einzelbetrieblicher Zwecksetzungen und Zweckerfüllungen notwendig zwischen diesen ergeben müssen, machen dies unmöglich[1]). Sie sind nur im Bereich einer einzelnen, selbständigen Unternehmung zu realisieren, und zwar auch hier nur bis zu einer gewissen, dem jeweiligen Stand der technisch-ökonomischen Entwicklung entsprechenden Größenordnung.

Dieses Phänomen, das Eucken als das Hauptproblem der ökonomischen Wissenschaften bezeichnet, das wegen seiner Zwiespältigkeit die ‚große Antinomie' in der wirtschaftswissenschaftlichen Forschung hervorgerufen habe[2]), zeigt sich aber in diesem Zusammenhang keineswegs als ein Widerspruch zwischen zwei als *gleichrichtig* erkannten Prinzipien oder Regeln (Antinomie); denn der wechselseitige Ursachen-Wirkungskomplex des Marktes ist zwar das Ergebnis finaldeterminierten, d. h. ökonomischen bzw. zwecktätigen Handelns, stellt aber selbst — nur für sich betrachtet — einen Prozeß dar, der *ausschließlich* durch eine wechselseitige Kausalität gekennzeichnet ist. Er ist daher immer nur vom einzelnen Betrieb aus, d. h. begrenzt und *für den Einzelfall, niemals aber in seiner Gesamtheit* (Regional-, Volkswirtschaft) rational-final zu determinieren. Da wir dies aber als das spezifische Kriterium des ökonomischen Erkenntnisgegenstandes betrachten, so müssen wir — streng genommen — *alle* globalen, gesamtwirtschaftlichen Daten grundsätzlich in den ökonomisch-*sozialwissenschaftlichen* Bereich verweisen; denn sie sind infolge ihres wechselseitigen Kausalzusammenhangs, der sich im Gegensatz zur ökonomischen *Zwecktätigkeit* sehr häufig geradezu durch eine betont unwirtschaftliche Gegensätzlichkeit der Beziehungen auszeichnet, nur soziologisch zu erklären.

Es ergibt sich somit die Frage, wie die den jeweiligen Betrieb betreffenden wechselseitigen Kausalbeziehungen des Marktes so in seinen Finalzusammenhang einbezogen werden können, daß auf dieser Grundlage eine rationale Determination der betrieblichen Fakten und Prozesse möglich ist und nicht durch das Auftreten von Imponderabilien erschwert oder gar unmöglich gemacht wird. Während die Betriebsaufgabe darin besteht, alle im Betrieb wirkenden Kräfte für die Erfüllung des *einen* maßgeblichen,

---

[1]) Damit wird aber auch die Theorie von der sogenannten „zentralgeleiteten Verwaltungswirtschaft" eindeutig ad absurdum geführt, s. hierzu auch W. Eucken: „Die Grundlagen der Nationalökonomie", Godesberg 1947, (5. Aufl.), S. 128ff. und 256ff.

[2]) W. Eucken, a. a. O., S. 3ff., 34ff. und 368ff.

übergeordneten (obersten) Betriebszwecks[1]) einzusetzen, nämlich zur Erzielung des maximalen Wertschöpfungseffekts, ist es die Aufgabe des Marktes, die Masse der einzelnen, unterschiedlichen Zwecksetzungen miteinander in Einklang zu bringen. Ausdruck dieses Verhältnisses von Angebot und Nachfrage zwischen den einzelnen finaldeterminierten Wertrelationen ist bekanntlich der Preis, der demgemäß eine *rein rechnerische Größe* darstellt und infolgedessen auch in einer allgemein anerkannten, an sich bestehenden Wert*maßeinheit* (Geld) ausgedrückt werden muß. Der Marktwert der Güter oder Leistungen — der sogenannte ‚objektive Tauschwert' — stellt sich daher im Gegensatz zum *speziellen*, nur auf den betriebswirtschaftlichen Wertschöpfungseffekt bezogenen Betriebswert immer als *allgemeiner* Nutzen- oder Kostenwert dar; denn die Marktinstitutionen[2]) sehen sich immer einer Fülle unterschiedlicher finaldeterminierter Wertrelationen gegenüber, so daß zur paarweisen Realisierung der einzelnen Zwecksetzungen jeweils eine gemeinsame Preisbasis gefunden werden muß.

Die Überführung einzelner Güter (Leistungen) aus dem Markt zur Verwirklichung einer speziellen betrieblichen Zwecksetzung verändert daher auch notwendig deren Wert; denn der spezielle ökonomische Wert eines Gutes (Leistung) wird immer durch den Inhalt seiner Beziehungen zum jeweils maßgeblichen, übergeordneten Zweck (Betriebs-, Konsumtionszweck) bzw. dem damit identischen Wertschöpfungseffekt bestimmt[3]). Wird daher ein Marktwert in einen spezifischen Betriebswert transformiert, so ist dieser im Verhältnis zu jenem um so größer, je höher der Wert der Zweckerfüllung ist, der — gemessen am allgemeinen Wertmaßstab des Geldes — durch den Einsatz dieses Mittels erzielt wird, d. h. je größer die betriebliche Wertschöpfung ist. Der Betriebswert eines Gutes (Leistung) ergibt sich demgemäß aus seinem Marktwert zuzüglich (abzüglich) der Differenz zwischen diesem und seinem Anteil am Marktwert des mit seiner Hilfe erstellten (bereitgestellten) und veräußerten neuen Gutes, d. h. seinem Anteil am betrieblichen Wertschöpfungseffekt[4]).

---

[1]) s. S. 201ff. [2]) s. S. 184f.

[3]) Der Begriff des Wirtschaftens als Ausdruck der ökonomischen Zwecksetzung und Zweckerfüllung hat somit den Begriff der Wertschöpfung zum Inhalt; denn Wirtschaften ist planmäßige oder zwecktätige Erstellung und Bereitstellung von Gütern (Leistungen) zur menschlichen Bedürfnisbefriedigung, und es liegt im Wesen der Zwecktätigkeit oder Vorbestimmung als Ausdruck des *geistigen Bewußtseins* des Menschen, daß dies mit der *größtmöglichen Zweckmäßigkeit* oder Ratio, d. h. mit einem Höchstmaß erreichbarer Wertschöpfung geschieht.

[4]) s. S. 218ff.

Da nun aber der allgemeine ökonomische Wert-Zahlbegriff (Marktwert) unmittelbar und faktisch immer *nur* dann ökonomische Relevanz erhält, wenn er Gegenstand eines speziellen ökonomischen Finalnexus wird, ist er diesem *notwendig untergeordnet*; denn es hängt ja ausschließlich von der *subjektiven* Einstellung und dem Willen des Zwecksetzenden ab, ob er ihn zur Bewirkung einer ökonomischen Handlung (Wertschöpfung) benutzt oder nicht. Die Zwecktätigkeit ist als Inhalt des Wirtschaftens Ausdruck des *geistigen* Bewußtseins des Menschen und kein instinktiver, triebhafter Bedarfsdeckungsakt. Aus diesem Grunde müssen die Marktwerte sich auch den finaldeterminierten (subjektiven) Wertrelationen unterordnen; denn im umgekehrten Falle würde der einzelne nicht mehr wirtschaften, sondern sich unter Aufgabe seiner geistigen Handlungsfreiheit einem physisch-triebhaften Bedarfsdeckungs*zwang* und damit den jeweiligen Gegebenheiten unterordnen[1]).

Wir müssen daher im Gegensatz zu Schmalenbach die Existenz eines selbständigen, vom einzelnen zwecksetzenden Subjekt (Unternehmer) abhängigen und nur auf den jeweils gültigen betriebswirtschaftlichen Finalnexus (Wertschöpfung) bezogenen Betriebswert ausdrücklich anerkennen und können demzufolge den Betriebswert *nicht* mit dem Marktwert gleichsetzen oder ihn als eine besondere Form des ‚objektiven Tauschwerts' unmittelbar aus diesem ableiten[2]); denn wenn der Betriebswert tatsächlich nur ein ‚*objektiver*' Tauschwert bzw. ein objektives Tauschwertverhältnis (‚optimale Geltungszahl')[3]) wäre, so würden die spezifisch *subjektiven* Wertrelationen, durch die jede betriebliche Tätigkeit durch die unternehmerische Leistung *überhaupt* geprägt wird (Unternehmeridee; die besondere Art, wie der Unternehmer den übergeordneten Betriebszweck setzt und die Betriebsaufgabe bestimmt), völlig außer acht gelassen. Ein vom Markt in den Prozeß der betrieblichen Leistungserstellung überführtes Gut kann aber so lange keinen ‚objektiven Tauschwert' mehr besitzen, als es noch Bestandteil eines auf eine spezifische Zweckerfüllung ausgerichteten betriebswirtschaftlichen Finalnexus ist und somit ganz unter dem subjektiven Aspekt des Unternehmens in Hinsicht auf das von ihm

---

[1]) s. S. 179ff.

[2]) Eugen Schmalenbach: „Pretiale Wirtschaftslenkung", Band 1, Bremen-Horn 1948, S. 14 und 22 sowie derselbe: „Kostenrechnung und Preispolitik", 7. Aufl., Köln und Opladen 1956, S. 139ff.

[3]) Schmalenbach hat durch die Prägung des Begriffs der „optimalen Geltungszahl" wohl selbst erkannt, daß es sich hierbei um eine grundlegende und selbständige Wertkategorie handeln müsse. Tatsächlich hat er ihn aber nicht in dieser Weise begründet („Pretiale Wirtschaftslenkung", Band 1, S. 14).

angestrebte Ziel (Wertschöpfung) behandelt und bewertet wird[1]). Streng genommen besitzt jedes Gut einen ‚objektiven Tauschwert' immer nur in dem Zeitpunkt, wo sich der Tausch — Umsatz (Beschaffung, Absatz) — tatsächlich vollzieht. Infolgedessen können wir wohl umgekehrt den Marktwert unmittelbar aus dem Betriebswert ableiten; denn jener ist — obwohl wechselseitig-kausaldeterminiert — ohne diesen weder denkbar noch tatsächlich existent.

Aus dieser Sicht klärt sich aber noch eine weitere, außerordentlich wichtige Frage, nämlich die nach dem Verhältnis zwischen den Kosten- und den Nutzenüberlegungen bei der Determination der betrieblichen Fakten und Prozesse. Welche liegen dem Unternehmer näher und welche beeinflussen seine Entscheidungen am stärksten? Psychologisch betrachtet sind dies sicherlich die Nutzenüberlegungen; denn Kosten sind und bleiben zwar unvermeidliche, aber auch höchst unerwünschte ‚Begleiterscheinungen', und wenn es irgendwie ginge, würde man nicht nur im einzelnen Falle — man denke nur an die (heute allerdings selten gewordene) Arbeits*freude* —, sondern ganz allgemein versuchen, auch die Kosten als solche für den Kostenträger in Nutzen zu verwandeln. Aber das ist nicht das ausschlaggebende Kriterium. Entscheidend ist vielmehr die Tatsache, daß die Aufwendung von Kosten faktisch überhaupt erst dann in Betracht kommt, wenn der voraussichtliche Nutzen (Wertschöpfung, Ertrag) bereits feststeht und innerhalb bestimmter Grenzen mit ausreichender Sicherheit realisiert werden kann. Es ist keineswegs so, daß wir zuerst irgendwelche Kostengüter erwerben, um uns dann schließlich zu überlegen, welchen Nutzen wir aus ihnen ziehen können. Zuerst steht immer der Nutzen im Vordergrund, und dann folgt erst die Überlegung, *welche* Kosten wir aufwenden müssen, um ihn tatsächlich zu erzielen, oder anders ausgedrückt: Kosten sind die Mittel, um den in der Zukunft liegenden Zweck (Nutzen, Wertschöpfung) zu verwirklichen. Kosten beziehen sich immer auf etwas Gegenständliches, in irgend-

---

[1]) Schmalenbach hat hier, scheinbar ganz von dem Gedanken einer *objektiven* betriebswirtschaftlichen Wertbildung beherrscht, übersehen, daß ein „objektiver" Kalkül unter *subjektiven* Aspekten nicht nur möglich, sondern auch die für den betriebswirtschaftlichen Finalnexus charakteristische Erscheinung ist; denn hier handelt es sich ja gerade darum, die sogenannten objektiven Realitäten des Marktes nach Maßgabe der subjektiven unternehmerischen Zwecksetzungen so zu gestalten, daß der höchstmögliche Wertschöpfungseffekt erzielt wird. Dies ist und bleibt der Gegenstand der Betriebsaufgabe. Ob der Unternehmer in der Lage ist, seine subjektiven Zwecksetzungen zu realisieren bzw. durch die Honorierung seiner Leistungen durch den Markt zu „objektivieren", stellt gerade das betriebswirtschaftliche Kernproblem in der zeitlich-räumlichen und substantiell-qualitativen Diskrepanz zwischen den Determinationen der Zwecksetzung und der Zweckerfüllung dar.

einer Weise schon Vorhandenes, Nutzen ist das, was wir anstreben: Kosten sind vergangenheitsbezogen[1]) — Nutzen ist zukunftsbezogen. Wie wir aber wissen, ist die Vergangenheit und auch die Gegenwart, im engeren Sinne des Wortes genommen, unveränderlich, und nur das, was noch auf uns zukommt, ist bestimmbar[2]). Aus dieser Tatsache müssen wir aber mit zwingender Notwendigkeit den Schluß ziehen, daß die Kosten (Vergangenheit) ökonomisch überhaupt nur dann einen Sinn haben, wenn sie in eine eindeutige Relation zum Nutzen (Zukunft) gebracht werden können. Als Bestimmungsgrund der Betriebswerte ist das Kosten-, somit dem Nutzen- oder Wertschöpfungsdenken eindeutig untergeordnet, so daß sich die noch von Schmalenbach vertretene These von der Präponderanz der Grenzkosten eindeutig in eine solche des Grenznutzens umkehrt. Welche eminente Bedeutung diese Tatsache insbesondere für die Weiterentwicklung des betriebswirtschaftlichen Plankalküls und darüber hinaus für die Lösung des eigentlichen betriebswirtschaftlichen Kernproblems, nämlich die Realisierung des Identitätsprinzips[3]), besitzt, soll an anderer Stelle erörtert werden[4]).

Indem wir nun aber zwischen einem solchermaßen begründeten *speziellen* (Betriebswert) und einem *allgemeinen* ökonomischen Wert-Zahlbegriff (Marktwert) unterscheiden, können wir durch den an sich bestehenden, allgemein anerkannten Wert*maßstab* (Geld) die notwendige Verbindung zwischen diesen beiden unterschiedlichen Wertbereichen herstellen und sind somit in der Lage, sowohl

a) die gesetzten Zwecke mit einem Maximum an Wertschöpfung oder einem Minimum an Wertaufwand zu verwirklichen, als auch

b) den Ertrag entsprechend den Leistungen oder Vereinbarungen der Beteiligten auf diese zu verteilen[5]).

Hieraus ergibt sich aber eindeutig, daß der Prozeß der betriebswirtschaftlichen Leistungserstellung einen in sich geschlossenen Finalnexus von Be-

[1]) Daß die Grenzkosten als maßgebliche Bestimmungsgröße für den (zukunftsbezogenen) Betriebswert unzulänglich sind, können wir auch aus der Tatsache erkennen, daß man in der jüngeren Vergangenheit — und auch in der Gegenwart — eifrig bemüht war bzw. ist, durch sogenannte *Plan*kostenrechnungen diesen Nachteil zu beheben. Dies ist aber, wie schon erwähnt, nur dann möglich, wenn die Grenzkosten zum jeweils maßgeblichen Grenznutzen bzw. betrieblichen Wertschöpfungseffekt in Beziehung gesetzt werden. Geschieht dies aber, so handelt es sich de facto nicht mehr um eine Plan*kosten*- sondern um eine Plan*nutzenrechnung*.

[2]) s. S. 182. [3]) s. S. 210. [4]) s. S. 218ff.

[5]) Unter dem Gesichtspunkt der Zwecksetzung kann jede ökonomische Tätigkeit und demgemäß auch jede Form der Ertragsverteilung realisiert werden.

schaffung, Produktion und Absatz darstellt, der vom Transformations- bzw. Wertbildungsprozeß beherrscht wird, und daß in diesem die Parallelität der zahlen- und sachlogischen Beziehungen die oberste Maxime bildet.

b) Zweck und Aufgaben der betriebswirtschaftlichen Datenverarbeitung

Da die planmäßige Realisierung der Zwecksetzung aber die richtige Beurteilung dieser Wertbeziehungen voraussetzt, hängt der wirtschaftliche Erfolg der Zweckerfüllung (Erzielung des maximalen Wertschöpfungseffekts) weitgehend von der richtigen Bestimmung der Mittel und der von ihnen auszuübenden Funktionen, d. h. von der Herbeiführung der Identität zwischen den Determinationen der Zwecksetzung und der Zweckerfüllung ab. Da sich aber sowohl das Vorausprojizieren des Zwecks als auch die Bestimmung der Mittel und Funktionen zu seiner Erfüllung ausschließlich auf die *Zukunft* bezieht, ist es erforderlich, diese Zukunft in ausreichendem Maße zu erhellen. Dies kann aber nur durch eine eingehende Untersuchung des Sachverhalts (Datenverarbeitung) geschehen. Diese besteht darin

1. alle Mittel (Organe, Stoffe) und Funktionen zu erfassen, die für die Realisierung des gesetzten Zweckes in Betracht kommen,
2. die Qualität und Quantität dieser Mittel (Funktionen) festzustellen und
3. aus diesen diejenigen Mittel (Funktionen) zu bestimmen, die die Realisierung des gesetzten Zweckes in der wirtschaftlichsten Weise gewährleisten. Dies geschieht durch die Feststellung
   a) in welchem Verhältnis die einzelnen Mittel (Funktionen) zum gesetzten Zweck stehen (Mittel — Zweckbeziehungen) und
   b) in welchem Verhältnis die einzelnen Mittel und ihre Funktionen zueinander stehen (Mittelbeziehungen), und zwar
      ba) in Abhängigkeit vom gesetzten Zweck und
      bb) unabhängig vom gesetzten Zweck.

Hierbei ist die grundlegende Festlegung des Rahmens einer ökonomischen Untersuchung bzw. Datenverarbeitung ein rein geistiger Prozeß, der insbesondere durch die Setzung der Zwecke, durch die Erfassung und Abgrenzung der unter 1. bezeichneten Mittel und ihrer Funktionen sowie durch die Feststellung ihrer Qualitäten und Quantitäten gekennzeichnet ist. Die Ordnung und Bestimmung der Mittel, durch deren Funktion die Verwirklichung des gesetzten Zweckes in der *wirtschaftlichsten* Weise herbeigeführt werden soll, ist hingegen ein Kalkül, der schon bei Planungen kleineren Umfangs so vielschichtig und kompliziert werden kann, daß der menschliche Geist ohne entsprechende Hilfsmittel nicht mehr in der Lage ist, ihn zu lösen. Er bildet daher bereits ein wichtiges Anwendungsgebiet der maschinellen und insbesondere der automatisierten elektronischen Datenverarbeitung.

ba) *Die betriebswirtschaftlichen Mittel*

Gegenstand der betriebswirtschaftlichen Datenverarbeitung ist der betriebswirtschaftliche Prozeß, d. h. alle Kalküle, Willensakte und Handlungen, die sich auf die betriebswirtschaftliche Zwecksetzung, ihre Aufgaben und deren Lösung beziehen: Mittelbestimmung — Mittelfunktion — Zweckerfüllung. Da sich aber jeder Prozeß aus einer Reihenfolge einzelner Zustände zusammensetzt, ist es zunächst notwendig, die Mittel zu behandeln, die den Inhalt der einzelnen Zustandsformen der betrieblichen Prozesse bilden.

Als menschliche Schöpfung wird die Existenz und Funktionsfähigkeit einer Betriebswirtschaft immer nur durch und mit dem Menschen gewährleistet; denn sie ist kein Organismus, der ein eigenes Lebensgesetz in sich trägt, sondern leitet dieses vielmehr vom wirtschaftenden Menschen ab. Ohne ihn könnte ein Betrieb weder entstehen noch selbständig arbeiten. Infolgedessen ist der Mensch trotz seiner schöpferischen Stellung im finaldeterminierten ökonomischen Zusammenhang notwendig ebenfalls ein „Mittel" der Betriebsprozesses; denn er setzt nicht nur die Zwecke, sondern er realisiert sie auch. Als betriebswirtschaftliches „Mittel‘ tritt der Mensch daher in *zweifacher* Weise in Erscheinung, nämlich

1. mittelbar, d. h. zur Ordnung und Bestimmung der betrieblichen Prozesse nach Maßgabe der übergeordneten Zwecksetzung (Leitung oder dispositive Tätigkeit im weiteren Sinne) und
2. unmittelbar, d. h. zur Ausführung der vorgedachten (geplanten) und vorherbestimmten Handlung (Zweckerfüllung): ausführende Tätigkeit oder eigentliche Leistungserstellung.

Demgemäß können die sachlichen Mittel des Produktionsprozesses

1. in die mittelbar dienenden Sachgüter, d. h. die sachlichen Mittel zur *Organisation* der Leitung der Betriebsprozesse, nämlich
   a) Grund und Boden, Vorrichtungen und Maschinen (Anlagen),
   b) sonstige Hilfsstoffe und

2. in die unmittelbar dienenden Sachgüter, d. h. die sachlichen Mittel zur Ausführung der vorherbestimmten betriebswirtschaftlichen Handlungen, nämlich
   a) Grund und Boden, Vorrichtungen und Maschinen (Anlagen) und
   b) Werkstoffe (Rohstoffe, halbfertige Erzeugnisse), Hilfs- und Betriebsstoffe

gegliedert werden[1]). Bei der unübersehbaren Fülle der Betriebsmittel müssen wir uns hier auf die Darstellung der allgemeinen Gliederungsgesichtspunkte beschränken. Einen eingehenden, detaillierten Einblick in die betrieblichen Prozesse erhalten wir jedoch durch die nunmehr folgende Behandlung der betriebswirtschaftlichen Funktionen dieser Mittel.

bb) *Die betriebswirtschaftlichen Funktionen*

1. Die leitenden und die ausführenden Funktionen. Wie bereits ausgeführt wurde[2]), ist die im Betrieb organisierte menschliche Zwecktätigkeit im Gegensatz zu den Bedarfsdeckungsakten der Lebewesen niederer Ordnung kein unmittelbares, instinktives Handeln von Fall zu Fall, sondern eine planmäßige Leistungserstellung, in der die eigentliche Handlung durch den Akt des ‚vorherbestimmenden' Denkens determiniert wird. Infolgedessen können wir den betriebswirtschaftlichen Finalnexus

a) in die *Leitungsfunktionen*, d. h. den rein geistigen Prozeß des Vorausprojizierens des Zwecks in die Zukunft (Betriebszweck, mittelbare Zwecke) sowie die eigentliche Finalbestimmung (Betriebsaufgabe), die Anordnung und Kontrolle und

b) in die *ausführenden Funktionen*, d. h. die eigentliche Handlung zur Realisierung des gesetzten Betriebszwecks,

gliedern.

Diese Zweiteilung der betriebswirtschaftlichen Prozesse ist von grundsätzlicher Bedeutung und trifft daher sowohl auf die Betriebsaufgabe in ihrer Gesamtheit als auch auf jede ihrer Teilaufgaben und somit auf jeden einzelnen Arbeitsakt zu; denn ohne Bestimmung ist keine ökono-

---

[1]) Soweit der betriebswirtschaftliche Prozeß nicht die Aufbereitung (Gewinnung) und Veredelung von Rohstoffen oder Gütern sowie die Herstellung neuer Bedarfsgüter aus vorbearbeiteten Stoffen oder Halbfertigfabrikaten zum Gegenstand hat, sondern die Darbietung von Dienstleistungen (immaterielle Güter), fallen die unter 2b) genannten Werkstoffe für die eigentliche Leistungserstellung fort.

[2]) s. S. 180f.

mische Handlung möglich. Leitung und Ausführung müssen sich daher im betriebswirtschaftlichen Finalnexus notwendig in jeder einzelnen Phase der betrieblichen Tätigkeit entsprechen. Während das Leiten mit der Zwecksetzung und Bestimmung der Betriebsaufgabe den *geistig-schöpferischen* Teil des Betriebsprozesses darstellt, ist die Ausführung *das Handeln nach Bestimmung*. Diese grundsätzliche Identität der Gegenstände der leitenden und der ausführenden Tätigkeit ist das spezifische Kriterium des ökonomischen Finalnexus, das uns am deutlichsten in der Person des einzelnen, selbständig wirtschaftenden Menschen entgegentritt. Aber nicht nur hier, beim sogenannten „Ein-Mensch-Betrieb"[1]), sondern auch in allen anderen Betrieben — vom Klein- über den Mittel- zum Großbetrieb — wird dieses im Wesen des Menschen begründete Identitätsprinzip nicht durchbrochen; denn jeder dieser Betriebe besteht aus einer entsprechenden Anzahl solcher „Ein-Mensch-Betriebe", die hier zur gemeinsamen Leistungserstellung nach Maßgabe *eines* übergeordneten Betriebszwecks zusammengefaßt werden.

2. Funktionssektoren und Funktionskreise. Nachdem wir den betrieblichen Finalnexus zunächst unter dem Aspekt einer einfachen Finalbestimmung in Verbindung mit einer unmittelbaren Handlung zur Realisierung eines gesetzten Zweckes betrachtet haben, können wir nunmehr zu der schwierigeren Behandlung der mittelbaren Zwecke bzw. Teilaufgaben übergehen; denn die Identität der Gegenstände der leitenden und der ausführenden Tätigkeit bedingt nicht, daß sowohl die leitende als auch die ausführende Funktion zur Durchführung einer bestimmten Zwecktätigkeit von derselben Person ausgeübt werden muß.

Durch das unterschiedliche Maß an Ratio und physischer Kraft, das die an der Leistungserstellung beteiligten Individuen in ihre Zwecktätigkeit hineinzulegen vermögen und bedingt durch die Tatsache, daß sich der Betriebsprozeß aus einer mehr oder weniger großen Zahl von Teilprozessen zusammensetzt, ergibt sich vielmehr die Notwendigkeit einer grundsätzlichen Trennung zwischen den leitenden und den ausführenden Funktionen; denn nur durch diese ist es möglich, die Vielzahl der einzelnen unterschiedlichen Handlungen des komplexen Betriebsprozesses durch die koordinierenden Denkakte der Unternehmensleitung auf den *einen* übergeordneten Betriebszweck zu projizieren und seine Durchführung damit zu determinieren. Da diese Trennung aber zwangsläufig zur Ausbildung besonderer Organe für eine „nur-ausführende" und eine „nur-leitende" Tätigkeit führt,

[1]) H. Nicklisch, a. a. O.

wird die zeitlich-räumliche Diskrepanz zwischen den Determinationen der Zwecksetzung und der Zweckerfüllung um so größer, je einseitiger dieses Prinzip verwirklicht ist; denn der Kopf des Leitenden ist nicht mit dem des Ausführenden identisch. Aus diesem Grunde muß es das oberste Prinzip jeder Betriebsorganisation sein, die leitenden und die ausführenden Funktionen so aufeinander abzustimmen, als würden sie nicht jeweils von verschiedenen Personen, sondern von ein und demselben Organ ausgeübt.

Aus diesem Grund kann der „Ein-Mensch-Betrieb" in der Tat als der Prototyp des Betriebs schlechthin bezeichnet werden; denn nur in der Person des einzelnen, selbständig wirtschaftenden Menschen finden wir eine völlige Verschmelzung der leitenden und der ausführenden Funktionen. Die grundsätzliche Trennung der *Funktionen* bedingt daher auch keineswegs eine grundsätzliche Trennung zwischen den leitenden und den ausführenden *Organen*, wie insbesondere Taylor es postuliert hat[1]). Eine Übereinstimmung der Determinationen der Zwecksetzung und der Zweckerfüllung ist viel mehr nur bei einer weitgehenden Synthese beider Funktionen gewährleistet[2]).

Betrachten wir das System der finaldeterminierten funktionalen Betriebsbeziehungen daher unter diesem Aspekt, so können wir von der Setzung des betriebswirtschaftlichen Endzwecks bis zu seiner Erfüllung folgende mittelbaren Zwecke bzw. Teilaufgaben, d. h. folgende Komplexe mittelbarer Denkakte (Planung, Vorherbestimmung) und Handlungen unterscheiden (s. nebenstehende Abb.).

Damit löst sich aber auch der Prozeß der Zweck*erfüllung* in eine Vielzahl einzelner *mittelbarer Denkakte und Handlungen* auf, so daß das Ergebnis der gesamten Zwecktätigkeit letztlich in der Koordination einer Vielzahl einzelner Denkakte und Handlungen bzw. in der Gesamtkoordination mehrerer untergeordneter Koordinationen und somit in der endgültigen Determination der Zweckerfüllung besteht. Um diesen Zusammenhang, der für die weitere Behandlung unseres Problems von ausschlaggebender Bedeutung ist, so klar wie möglich herauszustellen, wollen wir uns zweier Begriffe

---

[1]) F. W. Taylor/A. Wallichs: „Die Betriebsleitung", 3. Auflage, Berlin 1919.

[2]) Denn wir brauchen keine trennenden Schranken, sondern verbindende Übergänge, um Abweichungen zwischen den Determinationen der Zwecksetzung und der Zweckerfüllung zu verhindern und damit das Identitätsprinzip zu verwirklichen. Wie notwendig dies ist, erkennen wir an der in der betriebswirtschaftlichen Praxis immer wieder erneut erhobenen Forderung nach „team-work", wobei allerdings oft übersehen wird, daß eine solche „Mannschaft" organisatorisch nur *einen* „Kopf" besitzt, und daß dessen Qualität für ihren Erfolg oder Mißerfolg ausschlaggebend ist.

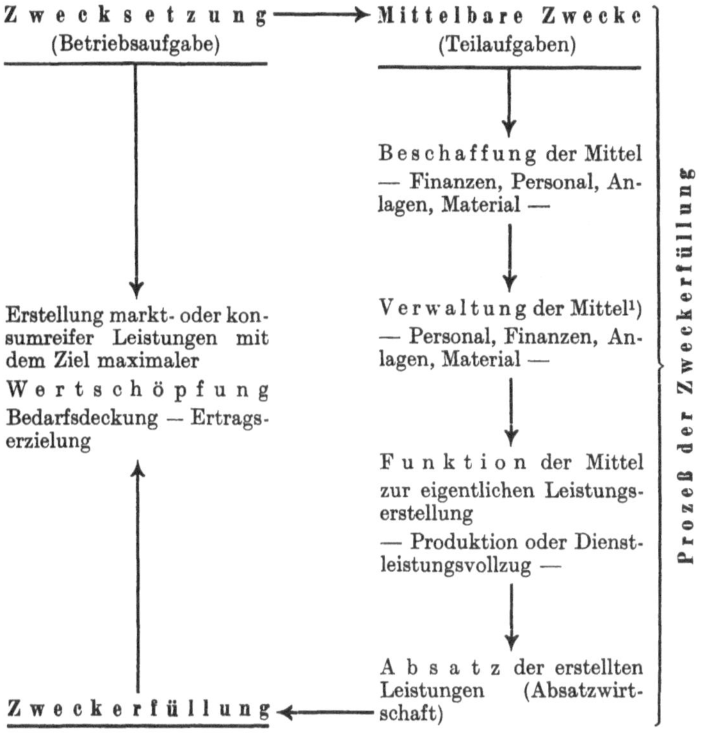

Abb. 44.

bedienen, die in ähnlichem Sinne bereits von Schmalenbach[2]) verwandt wurden und für die theoretische Interpretation der Beziehungen zwischen den leitenden und den ausführenden Funktionen außerordentlich nützlich sind.

Beim ersten der beiden Begriffe handelt es sich um den *Funktionssektor*. Seine Bildung beruht auf der Vorstellung, daß der betriebswirtschaftliche Finalnexus einem von der Zwecksetzung bis zur Zweckerfüllung immer wieder erneut zu durchlaufenden Zyklus vergleichbar und infolgedessen am anschaulichsten in der Form eines Kreises darzustellen ist. Stellt man sich nun das Zentrum dieses Kreises als den Ausgangspunkt des betriebswirtschaftlichen Prozesses vor:

---

[1]) = Sicherung, Ordnung, Kontrolle, Instandhaltung, Bereitstellung der Mittel für die eigentliche Leistungserstellung.

[2]) E. Schmalenbach: „Pretiale Wirtschaftslenkung", Band II: „Pretiale Lenkung des Betriebes", Bremen-Horn 1948, S. 18ff.

Der Autor benutzt diese Begriffe allerdings mehr im Sinne allgemeiner Ordnungsmerkmale, ohne dabei auf die Bedeutung einzugehen, die ihrem Inhalt nach dem Ergebnis der vorliegenden Untersuchung zukommt. So faßt er z. B. Funktionskreise zu Funktionssektoren zusammen und gerät damit sowohl in Gegensatz zur tatsächlichen als auch rein anschaulich-geometrischen Bedeutung dieser Begriffe.

betriebliche Zwecksetzung, Bestimmung der Betriebsaufgabe, Bestimmung der mittelbaren Zwecke sowie der Teilaufgaben und ihre Verteilung an die untergeordneten Organe, Organisation der Mittel (Unternehmerfunktion, Oberleitung),

so kann man sich dieses Zentrum durch eine Vielzahl einzelner Radien oder Radiusvektoren mit der Kreisperipherie verbunden denken. Hierdurch wird der den Prozeß der Zweckerfüllung (eigentliche Leistungserstellung) darstellende, zwischen dem Kreiszentrum und der Kreisperipherie gelegene Kreisinhalt in eine große Zahl einzelner Sektoren zerlegt, von denen jeder mit ganz bestimmten *ausführenden* Betriebsfunktionen identisch ist. Jeder durch einen entsprechenden Abschnitt des Kreisumfangs abgeschlossene Funktionssektor drückt somit durch seinen Anteil an der Kreisperipherie die Erfüllung des gesetzten mittelbaren Zweckes (Teilaufgabe) bzw. der durch das Kreissegment gekennzeichneten Funktionen aus, so daß die Summe aller Peripherieabschnitte gleich dem Umfang des Kreises ist und damit graphisch die Erfüllung des übergeordneten betrieblichen Gesamtzweckes anzeigt[1]).

Nun ist aber in unserer modernen, arbeitsteiligen Wirtschaftsorganisation infolge der Vielzahl, der Vielschichtigkeit und Kompliziertheit der betriebswirtschaftlichen Prozesse — vom Kleinbetrieb abgesehen — der *Abstand* zwischen den Organen der Oberleitung und den Organen der ausführenden Funktionen so groß, daß die Teilaufgaben der letzteren nicht mehr unmittelbar und kontinuierlich durch die Oberleitung determiniert werden können. Hieraus ergibt sich aber nach unseren bisherigen Überlegungen zwangsläufig die Notwendigkeit, ihn durch organisatorische Maßnahmen so zu überbrücken, daß die Determinationen der Zwecksetzung und der Zweckerfüllung trotz der faktisch vorhandenen zeitlich-räumlichen Diskrepanz so miteinander übereinstimmen, als ob eine stetige und unmittelbare Verbindung zwischen der Oberleitung und den Organen der einzelnen ausführenden Funktionen bestehen würde; denn die endgültige Bestimmung jedes betriebswirtschaftlichen Prozesses erfolgt immer erst im Zeitpunkt der Zweckerfüllung[2]). Dieses

[1]) Im Funktionsbereich der Produktion würden z. B. *sämtliche* Arbeitsgänge zur Herstellung *eines* Einzelteils, welches zur Endmontage eines Erzeugnisses benötigt wird, *einen* Funktionssektor bilden. Auf diesen würden dann entsprechend unserer Interpretation vom Kreiszentrum bis zur Peripherie *sämtliche* zur Herstellung dieses Einzelteils notwendigen Elemente des Betriebsprozesses entfallen, d. h. vom ersten Akt der Leitung bis zum letzten Akt der Ausführung.

[2]) s. S. 104f.

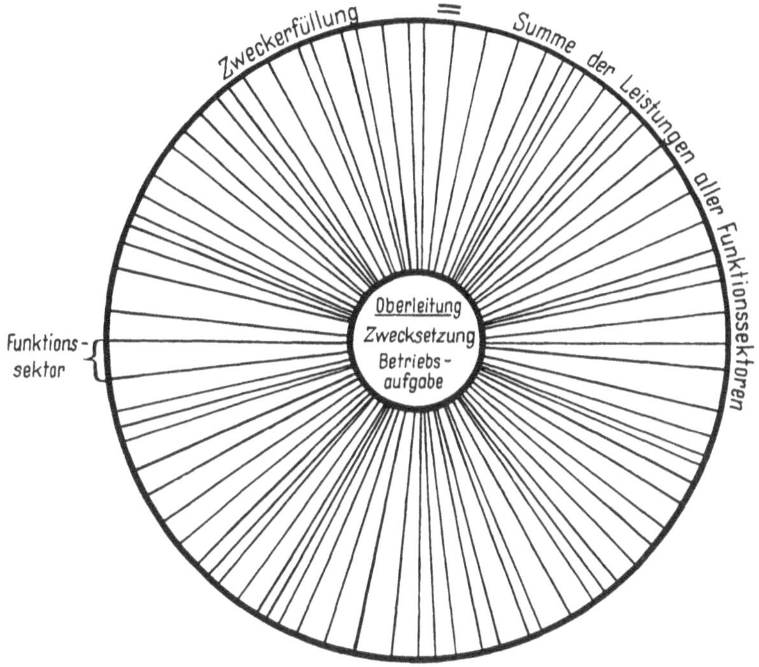

Abb. 45.

Phänomen, das wir das *Prinzip der Unmittelbarkeit* nennen wollen, ist die ausschlaggebende Voraussetzung für die Identität von Zwecksetzung und Zweckerfüllung bzw. der Gegenstände der leitenden und der ausführenden Tätigkeit und dominiert demgemäß nicht nur sämtliche betriebswirtschaftlichen, sondern darüber hinaus auch alle anderen Formen ökonomischer Leitungsprozesse[1]). Überall, wo die organisatorischen Voraussetzungen der Unmittelbarkeit nicht erfüllt sind, beruht eine Übereinstimmung von Zwecksetzung und Zweckerfüllung auf imponderablen Fakten.

Dieser zeitlich-räumliche Abstand zwischen der ursprünglichen Zwecksetzung (Kreiszentrum) und der endgültigen Zweckerfüllung (Kreisperipherie) wird nun in der Weise überbrückt, daß die Funktionen der Oberleitung über die sogenannten *Funktionskreise*[2]) unmittelbar an der Stätte der eigentlichen Leistungserstellung ausgeübt werden:

---

[1]) z. B. gesamtwirtschaftliche Leitungsprozesse.
[2]) s. Anmerkung 2, S. 203.

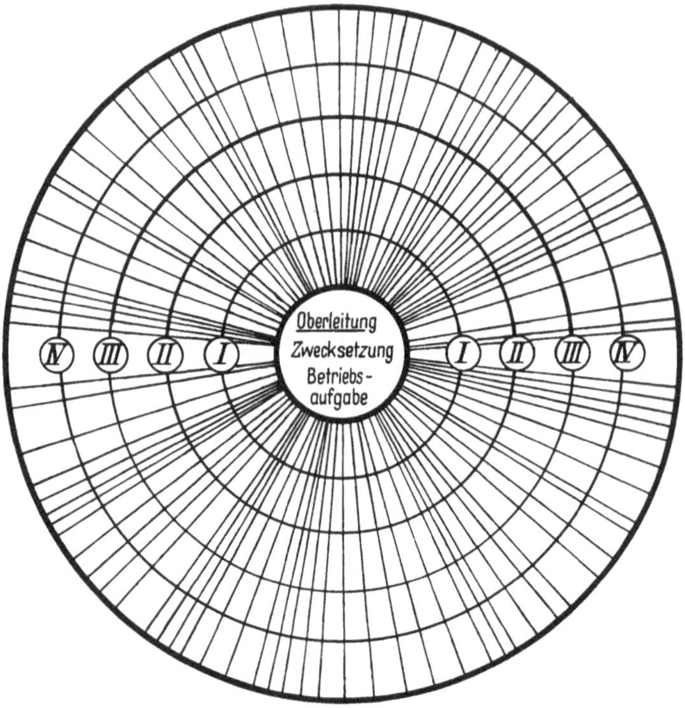

Abb. 46.

Die Funktionskreise (I—IV), die sich in einem den betrieblichen Notwendigkeiten entsprechenden Abstand mit einem vom Kreiszentrum aus jeweils zunehmenden Radius der Kreisperipherie nähern, gliedern infolgedessen die Funktionssektoren, d. h. den Prozeß der Zweckerfüllung, wiederum in einzelne Sektionen. Auf diese Weise ist die Oberleitung in der Lage, den Betrieb ihrer Konzeption gemäß bis zum letzten Arbeitsplatz zu durchdringen und damit die notwendige Identität zwischen der Zwecksetzung und der Zweckerfüllung herbeizuführen.

Daraus folgt aber, daß sich auch die Leitungsfunktionen selbst wiederum aus einem ‚eigentlich leitenden' und einem ‚ausführend leitenden' Teil zusammensetzen, und zwar aus

a) der *leitenden Tätigkeit im engeren Sinne*, nämlich dem rein geistigen aber nicht realen Prozeß des Vorausprojizierens des Zwecks in die Zukunft (Zwecksetzung) bzw. der Ableitung der speziellen Betriebsaufgabe aus der allgemeinen Marktaufgabe durch den Unternehmer[1]) — nur im Bewußtsein, nur in der Anschauungszeit, nicht aber in der realen Zeitordnung ist dieses Vorgreifen möglich[2]) — und

b) der *leitenden Tätigkeit im weiteren Sinne*[3]) (‚ausführende' leitende Tätigkeit), und zwar der geistig-realen Zwecktätigkeit

ba) der *Bestimmung* der betriebswirtschaftlichen Prozesse bzw. der Betriebsaufgabe. Diese besteht

1. in der *Erfassung* aller Mittel und Funktionen, die für die Realisierung des gesetzten Zweckes (Betriebszweck, mittelbare Zwecke) in Betracht kommen,
2. in der *Feststellung* ihrer Qualität und Quantität,
3. in der *Ordnung* der Mittel und Funktionen in bezug auf den gesetzten Zweck,
4. in dem *Kalkül* (Datenverarbeitung im engeren Sinne), in welcher Weise der gesetzte Zweck mit einem Höchstmaß erzielbarer Wertschöpfung realisiert werden kann (eigentliche Bestimmung der Betriebsaufgabe). Dies geschieht durch die Feststellung,

41) in welchem Verhältnis die einzelnen Mittel und Funktionen zum gesetzten Zweck stehen (Mittel—Zweckbeziehung) und

42) in welchem Verhältnis die einzelnen Mittel und Funktionen zueinander stehen (Mittelbeziehung), und zwar

421) in Abhängigkeit vom gesetzten Zweck (Betriebsaufgabe) und

422) unabhängig vom gesetzten Zweck, d. h. in Abhängigkeit von der Marktaufgabe,

bb) der *Anordnung* und

bc) der *Kontrolle*, die die richtige Ausführung der getroffenen Bestimmungen gewährleisten soll.

Die *Oberleitung* übt demgemäß sämtliche Leitungsfunktionen aus und erstreckt sich damit sowohl auf die leitende Tätigkeit im engeren als auch im weiteren Sinne; denn sie muß sowohl den Betriebszweck setzen als auch die Betriebsaufgabe bestimmen sowie die notwendigen Maßnahmen zu

---

[1]) s. S. 184ff.
[2]) s. S. 181f.
[3]) s. S. 199f.

ihrer Lösung — d. h. zur endgültigen Bestimmung der Betriebsprozesse in den einzelnen Funktionssektoren (Teilaufgaben) — anordnen und kontrollieren. Da sie aber als Leitung im eigentlichen Sinne ausschließlich durch den Unternehmer oder das an seiner Stelle befindliche Organ (Vorstand, geschäftsführendes Gremium) repräsentiert wird, kann sie unmöglich ‚in persona' die außerordentlich zahlreichen Leitungsfunktionen und die sich aus ihnen ergebende, in der Regel nicht übersehbare Fülle einzelner Leitungsakte in den einzelnen Funktionskreisen durchführen; hierzu muß sie daher notwendig zusätzliche Organe (Personen, Vorrichtungen) bestellen bzw. einrichten. Diese *leitenden* Organe der einzelnen Funktions*kreise* stehen damit den *ausübenden* Organen der einzelnen Sektionen der Funktions*sektoren* jeweils *unmittelbar* gegenüber, wobei die den einzelnen Sektionen zugeordneten Leitungsorgane der Funktionskreise sich jeweils an der mittelbaren Zwecksetzung der entsprechenden Leitungsorgane des übergeordneten Funktionskreises bzw. an der gesamtbetrieblichen Zwecksetzung der Oberleitung ausrichten müssen. Sie üben daher im Gegensatz zur Oberleitung ausschließlich eine *ausführende leitende Tätigkeit* aus, und zwar die geistig-reale Zwecktätigkeit der *Bestimmung* der betriebswirtschaftlichen Prozesse in der ihnen jeweils untergeordneten Sektion der Funktionssektoren sowie die Anordnungs- und Kontrollfunktion innerhalb derselben (Leitung im weiteren Sinne). Es handelt sich somit bei den Leitungsorganen in den einzelnen Funktionskreisen nicht um gleichberechtigte, nebengeordnete, sondern um untergeordnete Organe der Oberleitung (Leitung im eigentlichen Sinne), die jeweils ausschließlich für eine spezielle Teilaufgabe zuständig sind, da sie nicht durch das spezifische Kriterium der Leitung im engeren Sinne: den rein geistigen, aber nicht realen Prozeß des Vorausprojizierens des Betriebszwecks in die Zukunft (Unternehmeridee, gesamtbetriebliche Zwecksetzung) bzw. der Ableitung der speziellen Betriebsaufgabe aus der allgemeinen Marktaufgabe, gekennzeichnet sind[1]).

[1]) Dieses besondere, nur der Leitung im engeren Sinne eigentümliche Kriterium tritt keineswegs nur von Fall zu Fall in Erscheinung, etwa bei der Aufnahme oder Aufgabe der betrieblichen Tätigkeit oder bei nachhaltigen Veränderungen in der betrieblichen Zwecksetzung, sondern ist als das die Betriebsprozesse begründende Element kontinuierlich wirksam. Da sich die Oberleitung sowohl den variablen Markt als auch den veränderlichen Betriebsdaten gegenübersieht, ist der Inhalt des Betriebszwecks und damit die Betriebsaufgabe immer nur für ein kurzes Zeitintervall ein feststehendes Datum, das durch die Leitung im engeren Sinne laufend an die sich ändernden Markt- und Betriebsbedingungen angepaßt werden muß. Zwecksetzen als Leiten im engeren Sinne heißt daher ebenso laufende Koordinierung der Markt- und Betriebsdaten zur Überprüfung und Neuausrichtung des Betriebszwecks (Betriebs-

Aus dieser Tatsache ergibt sich aber nun ein außerordentlich interessantes und bedeutsames Phänomen: Während die Möglichkeit der *Bestimmung* der ausübenden Tätigkeiten bzw. der eigentlichen Handlungen um so mehr zunimmt, je wirksamer das Prinzip der Unmittelbarkeit zwischen den leitenden und den ausführenden Funktionen in bezug auf die endgültige Zweckerfüllung realisiert wird, je besser es also gelingt, die Funktionen der Oberleitung durch die Organe der Leitung im weiteren Sinne über die einzelnen Funktionskreise unmittelbar in den einzelnen Sektionen der Funktionssektoren, d. h. in unmittelbarer Verbindung mit den ausführenden Organen an der Stätte der eigentlichen Leistungserstellung auszuüben, um so weniger besteht für diese Leitungsorgane jedoch die Möglichkeit, ihre Bestimmungen im Sinne des übergeordneten Betriebszwecks miteinander zu koordinieren; denn je weiter sie sich über die einzelnen Funktionskreise vom Zentrum in Richtung auf die Peripherie des Betriebes entfernen und sich damit ganz auf eine bestimmte Teilaufgabe der endgültigen Zweckerfüllung konzentrieren, um so mehr geht ihnen zwangsläufig der gesamtbetriebliche Überblick verloren. Betrachten wir daher den betriebswirtschaftlichen Finalnexus in seiner Gesamtheit, so folgt *einer zunehmenden Bestimmbarkeit notwendig eine abnehmende Koordination* der Fakten und Prozesse bzw. umgekehrt.

Während das Schwergewicht der Aufgabe der Leitungsorgane in den äußeren Funktionskreisen somit auf der unmittelbaren Bestimmung der *einzelnen* Akte der ausführenden Tätigkeit oder eigentlichen Handlung liegt, tritt die Aufgabe der Koordination der Bestimmungen in den einzelnen Funktionskreisen um so stärker in den Vordergrund, je mehr sich diese dem Zentrum des Betriebes nähern, um in diesem selbst schließlich durch die Oberleitung in die Gesamtkoordination einbezogen zu werden. Eine Bestimmung durch die Leitungsorgane der äußeren Funktionskreise ist also erst dann richtig, wenn sie sich auf dem Wege über die inneren Funktionskreise schließlich durch die Leitung im engeren Sinne widerspruchslos in den durch die oberste betriebliche Zwecksetzung determinierten Rahmen einfügen läßt[1]).

---

aufgabe) und ist somit ein kontinuierlicher Anpassungsprozeß. Es ist das eigentliche Charakteristikum der Unternehmerfunktion bzw. der Oberleitung, durch das *nur* dieser Lenkungsbereich gekennzeichnet ist.

[1]) Damit findet aber auch das Problem der Zentralisation und der Dezentralisation der Leitungsorgane eine seiner Natur gemäße Erklärung; denn es zeigt sich, daß es wegen des Prinzips der Unmittelbarkeit unmöglich ist, die Leitungsorgane völlig zu zentralisieren, daß es aber auf der anderen Seite wegen der abnehmenden Koordination in bezug auf die oberste betriebliche Zwecksetzung gänzlich ausgeschlossen ist, eine völlige Dezentralisation herbeizuführen.

Erst dann ist die Voraussetzung zur Herbeiführung der Identität von Zwecksetzung und Zweckerfüllung weitgehend erfüllt, und die Organe der Leitung im weiteren Sinne haben die ihnen zugedachte Aufgabe der unmittelbaren Bestimmung trotz ihrer beschränkten Übersicht im Sinne der obersten, gesamtbetrieblichen Zwecksetzung gelöst.

Der Weg führt also von der planenden Vorherbestimmung durch die Oberleitung zum Zwecke der genauen Determination der einzelnen Fakten und Vorgänge zu ihren Leitungsorganen in den einzelnen Funktionskreisen, die infolge ihrer unmittelbaren Beziehungen zu den Objekten der Zweckerfüllung[1]) alle erforderlichen Einsichten in diese haben, und wandert von dort wiederum über die Stufen zunehmender Koordination der inneren Funktionskreise zur Oberleitung zurück, wobei dieser Weg in beiden Richtungen solange durchlaufen wird, bis durch die vollständige Koordination aller Bestimmungen die Identität der Determinationen der Zwecksetzung und der Zweckerfüllung und damit die endgültige Bestimmung der betrieblichen Fakten und Prozesse herbeigeführt worden ist (Prinzip der Identität).

Hierbei ist allerdings zu beachten, daß die einzelnen Wege nicht etwa alle in gerader Richtung zwischen dem Zentrum und der Peripherie des Betriebes, sondern ebenso innerhalb der einzelnen Funktionskreise verlaufen und auch einen oder mehrere derselben überspringen können. Zu den primären treten daher auch die sekundären Richtungen der Determinationswege innerhalb der einzelnen, in sich geschlossenen Funktionskreise. Ferner wird es in der Regel so sein, daß die einzelnen Determinationen schon vor Erreichung des eigentlichen Zieles — nämlich der endgültigen Bestimmung durch die Oberleitung — bei einem Funktionskreis unterbrochen und zur Vornahme von Korrekturen wieder an den jeweiligen Ausgangspunkt — entweder nach ‚innen‘ (Zwecksetzung) oder nach ‚außen‘ (Zweckerfüllung) zurückgeleitet werden. Wir haben es hier daher mit einem *doppelt* zweiseitig-funktionalen Abhängigkeitsverhältnis zu tun, und zwar

1. mit dem Verhältnis zwischen den einzelnen Organen der *verschiedenen* Funktionskreise (Stufen oder Ebenen) und ihren Funktionen nach Maßgabe des durch die Oberleitung gesetzten übergeordneten Betriebszwecks, der die *Einheit* der Leistungserstellung aller im Betrieb vereinigten Glieder bewirkt und sich daher selbst wiederum in mittelbare Zwecke und Teilaufgaben zur eigentlichen Zweckerfüllung gliedert, und zwar

---

[1]) s. S. 199f.

a) zur übergeordneten und

b) zur untergeordneten Funktion hin;

2. mit dem Verhältnis zwischen den einzelnen Organen der *gleichen* Funktionskreise (Stufen oder Ebenen) und ihren Funktionen nach Maßgabe des übergeordneten Betriebszwecks, wie es jeder ökonomischen Zwecktätigkeit infolge ihres teleologisch vorwärtsschreitenden Prozeßcharakters zugrunde liegt, und zwar

a) zur vorgeordneten und

b) zur nachgeordneten Funktion hin.

Daraus folgt aber eindeutig, daß der gesamte betriebswirtschaftliche Funktionalzusammenhang keineswegs ein einseitig von der Oberleitung über die nachgeordneten leitenden bzw. ausführenden Dienststellen, d.h. nur ein von ,oben' nach ,unten' verlaufender Prozeß ist, sondern ein sich wechsel-

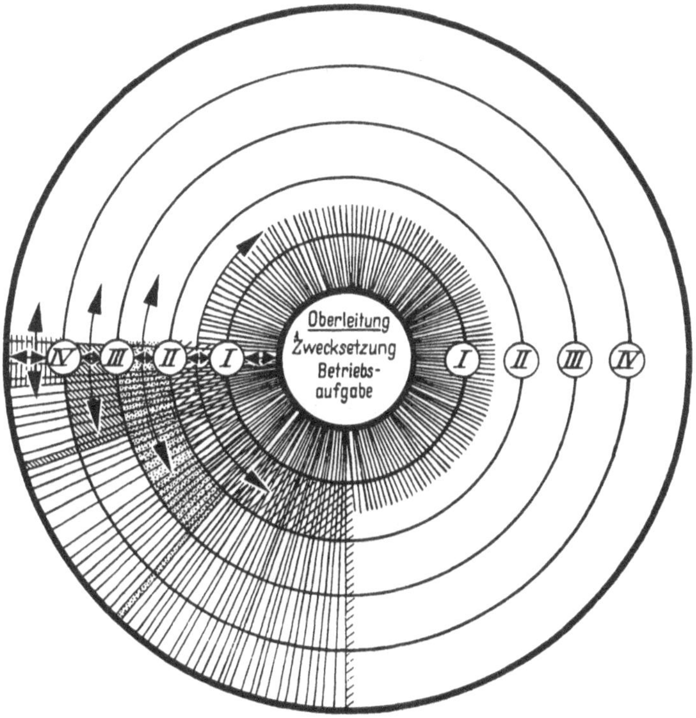

Abb. 47: Übersicht über die Leitungsprozesse

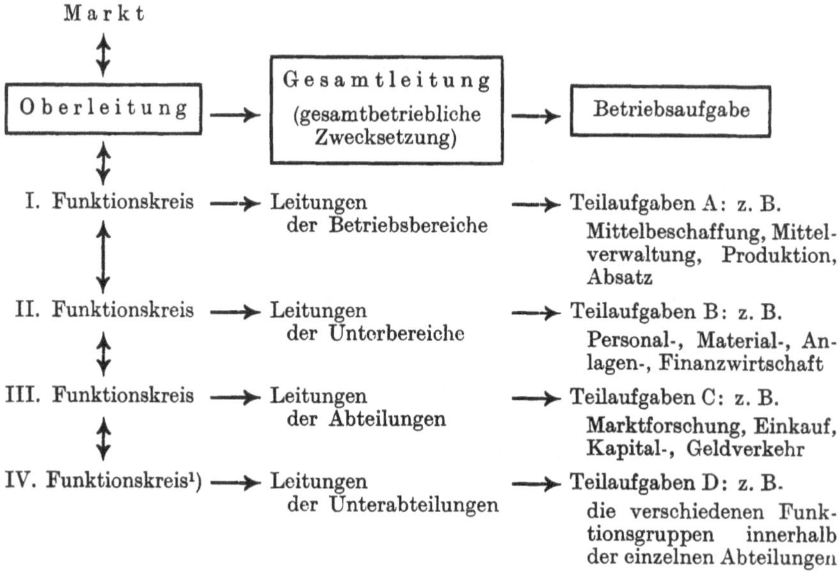

seitig beeinflussender Finalnexus im Sinne eines doppelt zweiseitig-funktionalen Abhängigkeitsverhältnisses, in dem die Oberleitung über ihre einzelnen Funktionskreise unmittelbar in allen Bezirken der betrieblichen Tätigkeit wirksam wird.

bc) *Die Realisierung der Prinzipien der Unmittelbarkeit und der Koordination im ‚zusammengesetzten' Betrieb*

Während beim „Ein-Mensch-Betrieb" infolge der organischen Einheit der leitenden und ausführenden Funktionen die Identität der Determinationen der Zwecksetzung und der Zweckerfüllung in jedem Falle gewährleistet ist, muß sie beim ‚zusammengesetzten' Betrieb — wie wir gesehen haben — durch die organisatorische Gliederung des Betriebsprozesses in Funktionssektoren und Funktionskreise erst herbeigeführt werden, wobei es zunächst auf die Realisierung des Prinzips der Unmittelbarkeit ankommt; denn die Identität ist infolge der Vielzahl der an den Betriebsprozessen beteiligten Organe nicht von vornherein gegeben, sondern muß erst durch den Leitungsprozeß herbeigeführt werden. Dies setzt aber notwendig die Unmittelbarkeit der Anschauung oder Wahrnehmung durch die Leitungsorgane voraus.

---

1) Die Anzahl der Funktionskreise richtet sich nach der Struktur und den Bedürfnissen einer Unternehmung.

Als zweites unentbehrliches Hilfsmittel der Determination haben wir ferner das Prinzip der Koordination genannt, das sich beim selbständig wirtschaftenden Menschen z. B. in seiner Kombinationsgabe äußert. Ähnlich wie hier ist seine Verwirklichung auch beim ‚zusammengesetzten' Betrieb unerläßlich, da es der Oberleitung nur über die stufenförmig zunehmende Koordination in den einzelnen Funktionskreisen möglich ist, alle Determinationen ihrer untergeordneten Leitungsorgane auf einen gemeinsamen Nenner zu bringen und damit auf die oberste betriebliche Zwecksetzung auszurichten; denn auch der ‚zusammengesetzte' Betrieb hat ebenso wie der „Ein-Mensch-Betrieb" grundsätzlich nur *einen* Betriebszweck, der *allen* betrieblichen Handlungen maßgeblich übergeordnet ist[1]). Da sich diese Koordination aber nur im realen Zeitablauf vollzieht, ohne daß es im allgemeinen möglich ist, aus diesem Grunde die einzelnen Betriebsprozesse zu unterbrechen, muß die endgültige Bestimmung eines Vorgangs zwar zeitlich vorher, aber in unmittelbarem Zusammenhang mit der Zweckerfüllung erfolgen, da nur so die zeitlich-räumliche Überbrückung zwischen den Determinationen der ursprünglichen Zwecksetzung und der endgültigen Zweckerfüllung und damit die Ausschaltung von Imponderabilien gewährleistet wird; denn ein Mangel in der Unmittelbarkeit führt in der Regel zur Aufhebung der Identität.

Diese kann daher in einem ‚zusammengesetzten' Betrieb, wo sie im Gegensatz zur organischen Einheit des „Ein-Mensch-Betriebes" über eine Vielzahl geistig und physisch mehr oder weniger unterschiedlich veranlagter Individuen zustande kommen muß[2]), nur dann erreicht werden, wenn zwischen den leitenden und den ausführenden Organen ein außerordentlich inniges, nur auf das gemeinsame Ziel der Realisierung des jeweils maßgeblichen übergeordneten Betriebszwecks ausgerichtetes Verhältnis besteht; denn bei einer Trennung von geistiger und körperlicher Arbeit wird die Identität der Determinationen von Zwecksetzung und Zweckerfüllung nur dann gesichert, wenn der ‚Kopf' des leitenden genau weiß wie der Kopf und somit der ‚Körper' des ausführenden Organs auf seine Determinationen reagiert.

Dies ist aber — genau genommen — eine unerfüllbare Forderung, denn wir können es Tag für Tag in der betriebswirtschaftlichen Praxis beobachten, daß ein und dieselbe Sache von verschiedenen Personen nicht in gleicher, sondern in durchaus verschiedener Weise aufgefaßt und behandelt

---

[1]) s. S. 201ff.
[2]) s. S. 202.

wird. Es ist zwar möglich, jeden einzelnen Vorgang bis ins kleinste Detail zu determinieren, aber es ist *nicht* möglich, die Identität von Zwecksetzung und Zweckerfüllung von vornherein zu garantieren; denn die endgültige Bestimmung erfolgt immer erst im Zeitpunkt der Zweckerfüllung, und was wir richtig determiniert haben, ist noch lange nicht richtig ausgeführt, von den zahlreichen Fehlermöglichkeiten bei den Determinationen durch die Leitungsorgane einmal ganz abgesehen. Lassen wir dieses Problem hier jedoch einmal unberücksichtigt, so ist das Zustandekommen der Identität aber ausschließlich von dem Verhältnis zwischen den leitenden und den ausführenden Organen abhängig und würde daher unseren Ausführungen zufolge streng genommen immer nur zufällig, niemals aber planmäßig fixiert zustande kommen.

Wäre dies wirklich so, gäbe es also keine Gewähr dafür, daß eine richtige Determination auch richtig ausgeführt würde, so wäre es in der Vergangenheit auch praktisch unmöglich gewesen, die heute tatsächlich existierenden Großbetriebe aufzubauen. Aus unseren empirischen Erkenntnissen heraus wissen wir also, daß es trotz der bestehenden Schwierigkeiten eine Gewähr für die Herbeiführung der Identität geben muß. Sie beruht darauf, daß es für jeden betriebswirtschaftlichen Prozeß eine Reihe charakteristischer, untrüglicher Kriterien über die einzelnen Phasen seines Ablaufs gibt, und daß die ausführenden Organe alle auftretenden Situationen beherrschen können, wenn sie auf der Grundlage ihrer Kenntnisse von diesen Kriterien die entsprechenden Maßnahmen durchführen. In diesem Wissen des einzelnen ausführenden Organs liegt sein eigener Entscheidungsspielraum im Sinne der durch die Oberleitung bewirkten und veranlaßten ‚ausführenden' Leitungsprozesse[1]).

Bei allen betriebswirtschaftlichen Prozessen — von völlig automatisierten Vorgängen abgesehen — verbleibt dem Menschen somit als ausführendes Organ ein echter Spielraum, in dem er durch die Entfaltung eigener Initiative und durch eigene Entscheidungen den Gang der Dinge in den einzelnen Situationen nach Maßgabe der übergeordneten Zwecksetzung beeinflussen kann, und wir sollten nicht so vermessen sein zu glauben, daß wir in der Lage wären, diesen Spielraum völlig aufzuheben und den Menschen zu einem geistlosen Roboter zu erziehen. Je größer unsere Erkenntnisse von den Dingen der realen Welt werden, um so mehr sind wir gerade auf diesen Spielraum angewiesen; denn die großen technisch-ökonomischen Probleme unseres Zeitalters können überhaupt nur durch eine weitgehende

---

[1]) s. S. 207.

geistige Einheit zwischen den Organen der leitenden und der ausführenden Funktionen verwirklicht werden; einer Einheit, die sich aus einer Vielzahl einzelner Individuen zusammensetzt, und in der die einzelnen Organe trotz ihrer unterschiedlichen Interessen, Neigungen und Fähigkeiten in ihrer Zusammenarbeit nur ein Ziel im Auge haben: die Realisierung des einen, für alle maßgeblichen übergeordneten Betriebszwecks, die über den Ertragsverteilungsprozeß auch die Grundlage zur Erfüllung ihrer eigenen, persönlichen ökonomischen Zwecksetzungen bildet. Je stärker diese geistige Einheit ist, um so größer ist auch — ökonomisch richtige Konzeption der Oberleitung vorausgesetzt — der Erfolg der gemeinsamen Arbeit. Weder diese geistige Einheit der leitenden und der ausführenden Tätigkeit noch die grundsätzliche Konzeption der Unternehmungsleitung: die unternehmerische Idee, das Setzen der Zwecke und die Festlegung der Betriebsaufgabe, sind aber zu automatisieren. Wohl hingegen ist das Prinzip der Unmittelbarkeit zwischen den Determinationen der Zwecksetzung und Zweckerfüllung und somit ihre Identität mit Hilfe der elektronischen Kommunikation und Programmsteuerung in hervorragender Weise zu verwirklichen. Der Begriff der Automation als solcher wird und muß daher notwendigerweise immer ein technischer sein; denn geschlossene ökonomische Abläufe sind nicht zu automatisieren. Die Bestrebungen sollten also dahin gehen, das Wissen des Einzelnen über den Betriebsprozeß so zu erweitern und zu vertiefen, daß sein eigener Wirkungsspielraum zu seinem festen, unverlierbaren geistigen Besitz wird, so daß er sich frei von Zweifeln und Unklarheiten in ihm bewegen kann, und er sollte nur dort eingeschränkt werden, wo die sozialen und ökonomischen Verhältnisse dies sinnvoll erscheinen lassen.

Das Problem der Bestimmbarkeit der ökonomischen Fakten und Prozesse erweist sich damit aber auch in hohem Maße als ein Problem der Kommunikation und der Datenverarbeitung. Der Kommunikation deshalb, weil das Prinzip der Identität nur dann zu erfüllen ist, wenn eine unmittelbare Verbindung zwischen den leitenden und den ausführenden Organen besteht, der Datenverarbeitung aber deshalb, weil die Kommunikation alleine nicht ausreicht, um aus der Summe verschiedener Bestimmungen die endgültigen Determinationen der einzelnen Fakten und Prozesse vorzunehmen. Hierzu sind in der Regel verzweigte und oft sehr komplizierte Kalküle durchzuführen.

Für die Datenverarbeitung und Kommunikation stehen uns aber schon heute elektronische Verfahren zur Verfügung (Programmsteuerung, Datenspeicherung, Regeltechnik), die es uns bereits in absehbarer Zeit ermöglichen werden, die immer wieder entstehenden zeitlich-räumlichen Diskrepanzen zwischen den Determinationen der Zwecksetzung und der Zweckerfüllung auszuschalten und damit die Prinzipien der Unmittelbarkeit und Identität auch in den Bereichen zu realisieren, wo es bisher nicht möglich war. Schon seit Jahrzehnten bedienen wir uns bei der Nachrichtenübermittlung über große und größte Entfernungen der segensreichen Einrichtungen der Elektronik (Funk, Telegraph, Telephon, Fernsehen), aber erst in den letzten Jahren kommen wir langsam zu der Erkenntnis, welche überragende Bedeutung sie auch für die Durchführung der betriebswirtschaftlichen Prozesse besitzt, zwischen denen zwar räumlich kleine, in ihren Auswirkungen auf den betrieblichen Wertschöpfungseffekt aber oft außerordentlich große ‚Entfernungen' zurückzulegen sind.

II. Die automatisierte elektronische Datenverarbeitung im Dienste der Unternehmensleitung

1. Der Plankalkül als Grundlage für die Determination der betriebswirtschaftlichen Prozesse

a) Die Beziehungen zwischen dem Plankalkül und den Daten der Vergangenheit

Wie im vorhergehenden Abschnitt ausgeführt wurde, wird jeder betriebswirtschaftliche Prozeß durch eine Reihe charakteristischer, nur ihn selbst kennzeichnender Kriterien bestimmt. Mit dieser Feststellung sollte in möglichst einfacher Weise das grundlegende Phänomen umrissen werden, ohne dessen Existenz eine Vornahme von Determinationen durch die Leitungsorgane der Unternehmung überhaupt nicht möglich ist, nämlich unsere Fähigkeit, uns auf Grund von Analogiebildungen, die wir durch die Anwendung unserer apriorischen Erkenntniskategorien auf die Gegenstände der Erfahrung gewinnen, einen Einblick in die Zukunft zu verschaffen. Auf solcher Analogiebildung beruht nicht nur unsere Lebenserfahrung, unsere Menschenkenntnis[1]), sondern letztlich unser gesamtes Wissen von den Dingen; denn sie bildet ja als Ausdruck der Verbindung apriorischer und aposteriorischer Prinzipien die Grundlage unseres Erkenntnisprozesses schlechthin[2]). Dieser, wenn auch begrenzte Blick in die Zukunft ist daher für den Menschen von

---

[1]) N. Hartmann: a. a. O., S. 111.

[2]) Immanuel Kant, „Kritik der reinen Vernunft", aus W. Del Negro: „Immanuel Kants Leben und Werk", Salzburg 1958, S. 40ff.; N. Hartmann, a. a. O., S. 40; W. Wundt, a. a. O., S. 13ff. und 54ff.

außerordentlich großer Bedeutung; denn „er ermöglicht ihm überhaupt erst das Handeln. Ohne ihn könnten wir uns auf das in der Zukunft auf uns Eindringende gar nicht einrichten". Es liegt im Wesen der Zeit und des Weltprozesses ganz allgemein, daß immer nur das, was noch auf uns zukommt, bestimmbar ist; denn „die Vergangenheit und auch die Gegenwart, im engeren Sinne genommen, sind unveränderlich"[1]). Betrachten wir die Determinationen der Leitungsorgane daher unter diesem Aspekt, so erkennen wir deutlich, daß sie mit dem Tatbestand identisch sind, den wir bei der Behandlung des betriebswirtschaftlichen Finalnexus als das Vorausprojizieren des Zwecks in die Zukunft bezeichneten und für den wir daher in der Überschrift zu diesem Kapitel den Begriff des Plankalküls verwandt haben.

Nun handelt es sich aber bei den ökonomischen Fakten und Prozessen im Gegensatz zu den naturwissenschaftlichen nicht um kausal-, sondern um finaldeterminierte Zusammenhänge. Der Unterschied zwischen der kausalen und der finalen Bestimmung besteht aber gerade darin, daß ein Kausalnexus naturgesetzlich, ein Finalnexus hingegen durch die menschliche Ratio determiniert wird. Der erstere besteht an sich, unabhängig vom Menschen und von der menschlichen Ratio, der andere kann hingegen nur durch die letztere determiniert werden und setzt demgemäß die Erkenntnis der Zusammenhänge, zumindest aber eines Teils derselben, voraus; „denn wollen können wir — während wir uns alles mögliche zu wünschen vermögen — immer nur das, wofür wir wenigstens grundsätzlich die Ansatzpunkte sehen oder, um mit Aristoteles zu reden, wofür wir in der Reihe der Mittel das erste oder die ersten Glieder in der Hand haben". Daraus folgt aber notwendig, daß wir einen betriebswirtschaftlichen Finalnexus nicht alleine durch Analogiebildungen determinieren können, sondern daß wir hierzu weitere Bezugsgrößen benötigen.

Da Analogiebildungen z. B. in der Weise zustandekommen, daß wir die qualitativen Tatbestände durch geeignete Verfahren quantifizieren, um sodann nach rational-mathematischen Methoden die zwischen ihnen bestehenden Beziehungen zu ermitteln, sind wir auf der Grundlage der hierbei gewonnenen Erkenntnisse in der Lage, die Kriterien der einzelnen betriebswirtschaftlichen Abläufe nach Maßgabe des Rationalprinzips bzw. des maximalen Wertschöpfungseffekts (ökonomisches Prinzip), bezogen auf die Vergangenheit, zu fixieren. Dies ist aber noch keineswegs ausreichend, um die *zukünftigen* Abläufe zu determinieren. Soweit die apriorischen

[1]) N. Hartmann, a. a. O., S. 110.

Prinzipien daher nur auf die Daten der Vergangenheit bezogen werden, ist das Resultat sowohl für die abgelaufene als auch für die zukünftige Entwicklung bedeutungslos, eine historische Reminiszenz; denn die Vergangenheit ist unveränderlich und kann auch nicht als Maßstab für die Determinationen der zukünftigen betriebswirtschaftlichen Prozesse dienen, da infolge der Dynamik des Wirtschaftsablaufs auch die Zwecksetzungen der Leitungsorgane einem ständigen Wandel unterworfen sind, so daß die einer vergangenen niemals mit denen einer zukünftigen Phase identisch sind. Die Daten der Vergangenheit können daher nur dann in die Zukunft weisen, wenn das Ergebnis ihrer rationalen Untersuchung auch genau mit den in der Zukunft zu realisierenden Zwecksetzungen in Beziehung gesetzt wird. Diese Überlegung bildet aber den spezifischen Inhalt des betriebswirtschaftlichen Plankalküls, der sich *in dieser Form* ganz eindeutig als die eigentliche Grundlage für *alle* Determinationen des Leistungsvollzuges durch die Leitungsorgane der Unternehmung erweist. Obwohl es sich nicht immer vermeiden läßt, daß der Plankalkül auch nicht eindeutig bestimmbare bzw. irrationale Fakten berücksichtigen muß, so ist sein Inhalt selbst jedoch ausschließlich rational fundiert; denn ein Plankalkül *muß* zu seiner Durchführung *alle* Fakten als in einer *bestimmten* Form gegeben (Status) voraussetzen, da er sich sonst seiner eigentlichen Grundlage beraubt und sich dann in seiner Gesamtheit im irrationalen Gegenstandsbereich zu verlieren droht. Als Kernproblem des betriebswirtschaftlichen Finalnexus verbleibt damit also nach wie vor die Frage, wie die vorherbestimmten Fakten und Prozesse auch tatsächlich realisiert werden können, d. h. wie die Identität von Zwecksetzung und Zweckerfüllung herbeigeführt werden kann. Wie schon im einzelnen ausgeführt wurde, können wir dies nur dann erreichen, wenn das Prinzip der Unmittelbarkeit in den Beziehungen zwischen den leitenden und den ausführenden Organen bei der Durchführung des Betriebsprozesses erfüllt wird. Welche Bedeutung die automatisierte elektronische Datenverarbeitung für die Erreichung dieses Zieles hat, soll im übernächsten Abschnitt näher behandelt werden. Vorher wollen wir uns zunächst noch mit den betriebswirtschaftlichen Grundlagen des Plankalküls beschäftigen.

b) Das betriebswirtschaftliche Wertebezugssystem als Grundlage des Plankalküls

Als Ursprung oder Ausgangspunkt eines jeden betriebswirtschaftlichen Finalnexus hatten wir das Vorausprojizieren des Zwecks (Nutzen-, Wertschöpfungseffekt) in die Zukunft als einen rein geistigen, nicht realen Prozeß bezeichnet[1]) und waren im weiteren Verlauf unserer Überlegungen zu dem Resultat gekommen, daß es sich hierbei um einen *Plankalkül* handelt, der

1. aus der rational-mathematischen Untersuchung der Daten der Vergangenheit nach Maßgabe der übergeordneten betrieblichen Zwecksetzung (Maximierung des Wertschöpfungseffekts, bezogen auf die Vergangenheit) und
2. aus den Relationen zwischen den Ergebnissen dieser Untersuchung und den in der Zukunft zu realisierenden Zwecksetzungen (Maximierung des Wertschöpfungseffekts, bezogen auf die Zukunft)

besteht. Wir hatten ferner festgestellt, daß, wenn auch die Determinationen der ursprünglichen Zwecksetzung nicht von vornherein mit denen der endgültigen Zwecksetzung bzw. Zweckerfüllung identisch sind, zunächst eine solche Identität unterstellt werden muß, da sich der Plankalkül ansonsten im Bereich der Imponderabilien oder des Irrationalen verlieren würde.

Die Grundlage des Plankalküls bildet somit das bereits eingehend erörterte betriebswirtschaftliche Wertebezugssystem, als dessen Inhalt die *Betriebswerte* anzusehen sind. Diese ergeben sich, wie wir sahen, aus der spezifischen Wertrelation der Markt- bzw. Kostengüterpreise der Betriebsmittel zum maßgeblichen, übergeordneten Betriebszweck (maximaler Nutzen- oder Wertschöpfungseffekt, bezogen auf die Zukunft). Durch die Transformation der allgemeinen Marktwerte in die spezifischen Betriebswerte erhalten wir in den letzteren zuverlässige *Maßgrößen*, um den betrieblichen Wertschöpfungseffekt (Ertrag, Gewinn)[2]) unter den jeweils gegebenen Bedingungen auch tatsächlich zu maximieren. Wie ist es aber möglich, so wird man hier mit Recht fragen, die gegebenen Kostengüter (Marktwerte der *Vergangenheit*) auf den in der *Zukunft erwarteten*, also noch gar nicht realisierten Nutzen zu beziehen und dennoch eine *zuverlässige* Maßgröße, eben den Betriebswert, für die Erfüllung des gesetzten Betriebszwecks zu erhalten? Wir stehen hier ganz offensichtlich wiederum vor unserem eigentlichen Kernproblem, nämlich vor der Frage, wie wir das Prinzip der Identität von Zwecksetzung und Zweckerfüllung mit einem maximalen Wertschöpfungseffekt realisieren können.

---

[1]) s. S. 181ff.

[2]) Da der Wertschöpfungseffekt sich aus dem Verhältnis der Kostengüter- zu den Nutzengüterpreisen (Marktpreise der durch den Betrieb erstellten Güter) ergibt, kann er in der praktischen Rechnung auch unmittelbar auf die Leistungseinheit und somit auf den Stückgewinn bezogen werden (s. auch Abschnitt B, II, 2).

Um diesen Zusammenhang möglichst klar zu erkennen, müssen wir nochmals auf das dem Prinzip der Unmittelbarkeit zugrundeliegenden Phänomen der zeitlich-räumlichen Überbrückung zwischen Zwecksetzung und Zweckerfüllung oder zwischen Bedarf und Bedarfsdeckung, wie Nicklisch es formulierte[1]), eingehen. Streng genommen können wir nämlich einen betriebswirtschaftlichen Finalnexus immer nur dann logisch-mathematisch determinieren, wenn *zuvor* bereits im überbetrieblichen Bereich eine grundlegende Abstimmung zwischen den Zwecksetzungen und Zweckerfüllungen der beteiligten Betriebe herbeigeführt worden ist (z. B. durch den Abschluß von Lieferverträgen)[2]); denn in unserer arbeitsteiligen Wirtschaftsorganisation stellt die Zwecksetzung des einen häufig schon die Zweckerfüllung des anderen Betriebes dar und umgekehrt[3]). Auf dieser Grundlage können wir unsere Kostengüterpreise unter Berücksichtigung des normalen Betriebsrisikos ohne weiteres auf den nunmehr festliegenden betrieblichen Wertschöpfungseffekt (Gewinn pro Leistungseinheit) projizieren und damit unsere Betriebswerte bestimmen. Wir haben uns daher jetzt mit der Frage zu beschäftigen, wie dies im einzelnen durchzuführen ist.

2. Der Weg vom Plankalkül zur endgültigen Determination der betriebswirtschaftlichen Fakten und Prozesse (die Betriebswertrechnung)

Da sich das gesamte betriebswirtschaftliche Wertebezugssystem und somit jeder Betriebswert aus der übergeordneten betrieblichen Zwecksetzung, d. h. aus der Größe des maximal erreichbaren Wertschöpfungseffekts herleitet, müssen wir auch den Plankalkül notwendigerweise *primär* von der Nutzen- und erst sekundär von der Kostenseite her betrachten[4]).

---

[1]) H. Nicklisch, a. a. O.

[2]) Leider stellt heute das, was generell zur Sicherung dieses so außerordentlich wichtigen ökonomischen Zusammenhangs dienen sollte, nämlich die sogenannten „Allgemeinen Geschäfts- und Lieferungsbedingungen", häufig genau das Gegenteil hiervon dar. Es kann gar nicht genug betont werden, daß es bei dem ständigen Wachstum der Wirtschaft mehr und mehr darauf ankommt, klare, unmißverständliche und auch *zu erfüllende* Bindungen einzugehen und nicht solche, bei denen man sich über „Generalklauseln für alle Fälle" und sonstige sonderbare Formulierungen von vornherein darauf einzurichten versucht, die eingegangenen Verpflichtungen „je nach Lage" wieder lösen zu können.

[3]) s. hierzu S. 184ff.

[4]) Dies trifft allerdings nicht für diejenigen Fälle der betrieblichen Leistungserstellung zu, wo eine einmal gegebene betriebliche Zwecksetzung nicht an die wechselnden Marktbedingungen angepaßt werden kann. In einem solchen Falle tritt naturgemäß primär die Entwicklung der Kosten in den Vordergrund. Da sich aber die Tätigkeit des Unternehmers in der Marktwirtschaft gerade durch seine Freizügigkeit hinsichtlich seiner betrieblichen Zwecksetzungen auszeichnet und diese hier überhaupt das entscheidende Kriterium des Wirtschaftens darstellt, können wir diese Fälle hier ausklammern, ohne daß unsere Überlegungen hierdurch beeinflußt werden; s. hierzu auch S. 194ff.

Wir gehen hierbei in der Weise vor, daß wir die Stückgewinne[1]) aller in den Produktionsprogrammen vorgesehenen Erzeugnisse auf die ‚*maßgeblichen Teileinheiten*' des betrieblichen Leistungsvollzuges projizieren. Als maßgebliche Teileinheiten (Teilaufgaben) können wir in Anlehnung an die durch den übergeordneten Betriebszweck (Maximierung des Wertschöpfungseffekts) herbeigeführte ‚Einheitlichkeit' des gesamten Betriebsprozesses diejenigen mittelbaren Zwecke des Produktionssektors bezeichnen, die in den Funktionsgruppen, Fertigungsabteilungen (-unterabteilungen), Fertigungsbereichen (-unterbereichen)[2]) infolge ihrer zeitlich-räumlichen und substantiell-qualitativen Beziehungen *einheitliche Kostengüterkombinationen* bilden.

Der Betriebswert ist also grundsätzlich kein Einzelwert, sondern ein ‚*Einheitswert*' und umschließt somit immer eine größere Zahl einzelner Markt- oder Kostengüterwerte, ohne daß diese selbst jedoch in Betriebswerte transformiert werden müssen[3]). Bezeichnen wir den Stückgewinn des Produktes j mit s_j und die Kosten der Betriebsmittelkombination i (maßgebliche Teileinheit des Betriebsprozesses) zur Herstellung einer Produkteinheit j mit k_{ij}, so erhalten wir das Nutzen-Kostenverhältnis

$$\frac{s_j}{k_{ij}} = \text{Stückgewinn des Produktes } j\text{, bezogen auf 1 Kosteneinheit (1,— DM) der Betriebsmittelkombination } i,$$

das wir hier mit b_{ij}, d. h. als das *Betriebswert-Verhältnis* der Betriebsmittelkombination i in bezug auf die Herstellung des Produkts j, bezeichnen wollen. Daraus folgt aber, daß die Höhe des Betriebswerts einer bestimmten Betriebsmittelkombination davon abhängt, welche Erzeugnisse durch ihren Einsatz jeweils hergestellt werden, wobei wir der Einfachheit halber eine volle Kapazitätsausnutzung unterstellen wollen. Da wir ferner aus den erwähnten Gründen (s. Anmerkung 4), S. 220) davon ausgehen können, daß hinsichtlich der zu erzeugenden Produkte und der Gestaltung des Produktionsprogramms im Rahmen der betrieblichen Tätigkeit Wahlfreiheit besteht, und die übergeordnete Zwecksetzung des betriebswirtschaftlichen Finalnexus durch die Maximierung des Wertschöpfungseffekts gekennzeichnet ist, wird die Höhe der Betriebswerte also aus-

[1]) Produktpreis abzüglich aller direkt zurechenbarer Kosten (proportionale Kosten).
[2]) s. S. 210f.
[3]) Durch die getrennte Behandlung der Kostengüter als Einzelwerte und nutzenbezogene Einheitswerte (Betriebswerte) können die Kosten- und Nutzeneinflüsse im Zuge der Rechnung sowohl im Verhältnis zu- als auch unabhängig voneinander erfaßt werden.

schließlich durch das optimale Produktionsprogramm bestimmt; denn da der Betriebswert die Maßgröße für die wirtschaftlichste Verwendung der Betriebsmittel darstellt, kann er nicht anders determiniert werden[1]).

Die Verwendung des Betriebswertes in der Form des Verhältniswertes ergibt sich aus der Notwendigkeit, daß die voneinander abweichenden Betriebswerte einer Kostengüterkombination nur auf einer gemeinsamen Grundlage miteinander verglichen werden können. Unterstellen wir z. B., daß die aus den Funktionsgruppen m (= 1, 2, 3) bestehende Kostengüterkombination i dann optimal genutzt wird, wenn die Erzeugnisse j (= 1, 2, 3) in der mengenmäßigen Zusammensetzung von 2, 4 und 10 Einheiten hergestellt werden und ergibt sich je Erzeugniseinheit

1. für m_1 ein Betriebswertverhältnis von 0,5:

$$\frac{s_1}{k_{i1}} = \frac{5}{10}$$

2. für m_2 ein Betriebswertverhältnis von 0,375:

$$\frac{s_2}{k_{i2}} = \frac{30}{80} \qquad \text{und}$$

3. für m_3 ein Betriebswertverhältnis von 0,7:

$$\frac{s_3}{k_{i3}} = \frac{140}{200}$$

so erhalten wir bei einem optimalen Produktionsprogramm (Produkt $j_1 = 2$, $j_2 = 4$ und $j_3 = 10$ Einheiten) für die gesamte Kostengüterkombination i (maßgebliche Teileinheit) ein *optimales und daher als Maßgröße zu setzendes Betriebswertverhältnis von 0,594,* denn

$$\begin{array}{rcrcl} 0{,}5 & \cdot & 2 & = & 1{,}0 \\ 0{,}375 & \cdot & 4 & = & 1{,}5 \\ 0{,}7 & \cdot & 10 & = & 7{,}0 \\ \hline & & 16 & & 9{,}5 \end{array}$$

$$\frac{9{,}5}{16} = 0{,}59375$$

[1]) Die ausschließliche Produktion des Erzeugnisses mit dem höchsten Stückgewinn ist aus Gründen der Beschäftigung, der Preisschwankungen auf der Kosten- und der Nutzengüterseite und der Betriebskapazität in der Regel weder möglich noch wirtschaftlich sinnvoll. Schon geringe Veränderungen in der Bedarfsstruktur können in einem solchen Falle die Existenz eines Unternehmens ernsthaft gefährden.

Aus diesem können wir nunmehr auch durch einfache Multiplikation mit dem Kostengütereinsatz je Erzeugnis in den einzelnen Funktionsgruppen m $(=1, 2, 3)$ deren Anteil am Stückgewinn (Rente, fiktive Kosten)[1]) der Produkte $j\,(=1,2,3)$ und damit ihr optimales Betriebswertverhältnis ermitteln.

Durch die laufende Ermittlung der *faktischen Betriebswerte* der einzelnen Funktionsgruppen bzw. Betriebsmittelkombinationen (,maßgebliche Teileinheiten') während des Betriebsprozesses und durch ihren Vergleich mit den jeweils *gesetzten optimalen Betriebswerten* können infolgedessen sowohl die Nutzen- (Ertrags) als auch die Kostenabweichungen sofort festgestellt werden und finden daher auf diesem Wege ihren Niederschlag *unmittelbar* in den Determinationen der Leitungsorgane. Hierdurch erhält aber der gesamte betriebswirtschaftliche Prozeß eine Zwangsläufigkeit, die ihn immer wieder auf das Ziel der Realisierung des maximalen Wertschöpfungseffektes hinlenkt, wobei auch die gesetzten Betriebswerte durch diese laufende Vergleichsrechnung automatisch korrigiert werden. Durch entsprechende Vergleiche mit den Betriebswerten, die bei den anderen möglichen Programmfolgen für die jeweiligen Betriebsmittelkombinationen zu setzen wären, ist dann ferner sofort zu ersehen, durch welches Fertigungsprogramm der maximale Wertschöpfungseffekt zu erzielen ist[2]).

Eine in solcher Weise durchgeführte Betriebswertrechnung erfüllt somit genau das, was Schmalenbach als oberstes Postulat für alle ökonomischen Handlungen bezeichnet hat, nämlich die Durchführung wirtschaftlicherer, aber die Unterlassung unwirtschaftlicher Produktionen[3]).

3. Die Verwirklichung des Identitätsprinzips durch den Einsatz der automatisierten elektronischen Datenverarbeitung und der elektronischen Kommunikation

Nach den im vorhergehenden Abschnitt angestellten Überlegungen taucht natürlich sofort die Frage auf, *wie* und *inwieweit* wir auf Grund dessen überhaupt

---

[1]) s. auch M. Beckmann, a. a. O.

[2]) Da infolge der Dynamik des Wirtschaftsprozesses (Beschäftigungsschwankungen, Preisveränderungen durch Bedarfsverschiebungen oder als Folge technischen Fortschritts usw.) das optimale Produktionsprogramm immer nur zeitweilig zu realisieren sein wird und sich infolge der wechselseitigen Einflüsse auch hinsichtlich des Programmoptimums selbst bedeutsame Veränderungen ergeben können, müssen wir die festgestellten Abweichungen zu allen in Betracht kommenden Programmen in Beziehung setzen, sei es nun, daß diese zum Zeitpunkt der Zwecksetzung optimal waren oder nicht; denn nur auf diese Weise ist es möglich, die *jeweils* optimale Programmfolge mit Sicherheit angeben zu können.

[3]) E. Schmalenbach, a. a. O. (Pretiale Wirtschaftslenkung, Band 1).

a) das optimale Produktionsprogramm finden und

b) sicherstellen können, daß wir im Zuge der betriebswirtschaftlichen Prozesse auch immer das jeweils optimale Produktionsprogramm tatsächlich durchführen.

Wie aus der Gliederung dieser Frage leicht zu erkennen ist, handelt es sich bei der Teilfrage zu a) um die übergeordnete (ursprüngliche) betriebliche Zwecksetzung bzw. um den eigentlichen Plankalkül, den wir als die Grundlage der Determinationen der Unternehmensleitung bezeichnet haben, bei der Teilfrage zu b) aber um das eigentliche betriebswirtschaftliche Kernproblem, nämlich um die Herbeiführung der Identität der Determinationen der Zwecksetzung und der Zweckerfüllung, die, obwohl sie unter dem *Nutzen*aspekt der Maximierung des Wertschöpfungseffekts steht, auch notwendig das Kostenproblem (Minimalkostenkombination) einschließt[1]). Es kann daher kein Zweifel darüber bestehen, daß die Teilfrage zu b) gegenüber der zu a) genannten die weitaus umfassendere ist und in der betrieblichen Realität daher auch das größere Gewicht besitzt; denn der geistige, aber nicht reale Prozeß der ursprünglichen Zwecksetzung vollzieht sich immer nur im Bewußtsein, in der Anschauungszeit, nicht aber in der realen Zeitordnung, während seine Realisierung sowohl aus dem geistig-realen Prozeß der Vorherbestimmung, die mit der endgültigen Zwecksetzung oder Determination endet, als auch aus der eigentlichen Handlung oder Zweckerfüllung besteht und darüber hinaus auch die richtige Erkenntnis von der ursprünglichen Zwecksetzung voraussetzt. Die Teilfrage zu b) ist daher durch eine dreifache Problemstellung gekennzeichnet[2]):

1) die ursprüngliche Zwecksetzung
2) die endgültige Zwecksetzung } = leitende Tätigkeit im engeren und weiteren Sinne
3) die eigentliche Handlung oder Zweckerfüllung = ausführende Tätigkeit im engeren Sinne

Die Frage, ob das optimale Produktionsprogramm in jedem Falle gefunden, d. h. ob der ursprüngliche Zweck überhaupt gesetzt werden

[1]) Umgekehrt ist das nicht der Fall. Die unter dem *Kosten*aspekt stehende Betrachtung schließt zwar Nutzenüberlegungen ein, beantwortet aber *nicht* die Frage nach dem optimalen Produktionsprogramm. Sie gibt lediglich Auskunft über die kostengünstigste Gestaltung *einer* ganz bestimmten Produktion und sagt daher auch nur etwas über deren Nutzen aus. Von den Kosten ausgehend können wir daher niemals zur Bildung eines Betriebswertes kommen, s. hierzu auch S. 194ff.

[2]) s. S. 206ff.

kann, können wir von vornherein bejahen, wenn die unternehmerische Idee und Initiative wirksam geworden sind; denn dann handelt es sich um einen Kalkül, durch den zwar auch unbekannte Größen ermittelt werden, der aber von festen oder als fest unterstellten Voraussetzungen ausgeht[1]). Die Frage hingegen, ob auch die Identität zwischen der ursprünglichen und der endgültigen Zwecksetzung bzw. Zweckerfüllung von vornherein gewährleistet werden kann, müssen wir in allen Fällen verneinen; denn die endgültige Bestimmung erfolgt immer erst im Zeitpunkt der Zweckerfüllung und wird damit de facto von den eigentlich ausführenden und nicht von den leitenden Organen vorgenommen[2]). Die endgültige Bestimmung durch die leitenden Organe ist immer eine ‚endgültige *Vorher*bestimmung' (Zwecksetzung), die wegen der Trennung zwischen den leitenden und den ausführenden Funktionen zeitlich niemals mit der eigentlichen Zweckerfüllung zusammenfallen kann[3]). Die endgültige Zwecksetzung ist aber immer erst das *Ergebnis* des Leitungsprozesses, der mit der ursprünglichen Zwecksetzung beginnt, dessen Resultat aber in der Regel mehr oder weniger von dieser abweicht.

Dennoch bildet das optimale Produktionsprogramm als ursprüngliche Zwecksetzung naturgemäß die Grundlage aller betrieblichen Leitungsprozesse. Man wird daher auch trotz gewisser Ermittlungsschwierigkeiten heute nur wenige Betriebe finden, die nicht ein unter bestimmten Betriebsbedingungen optimales Programm aufweisen können und dies nicht auch tatsächlich von Fall zu Fall durchführen. Zur Realisierung des maximalen Wertschöpfungseffekts genügt es aber nicht, eine oder gar mehrere Möglichkeiten optimaler Gestaltung des Produktionsprogramms zu kennen; nein, die *ganze* Skala aller in Betracht kommenden und auf die ursprüngliche Zwecksetzung bezogenen Produktionsprogramme — der optimalen wie der (zu diesem Zeitpunkt noch) nicht optimalen — muß bekannt, d. h. laufend Gegenstand unserer Beobachtung und unseres Kalküls sein, wenn wir in der jeweiligen Situation wissen wollen, welches von ihnen infolge der zahlreichen, durch die Dynamik des Wirtschaftsablaufs sowohl auf der Nutzen- als auch auf der Kostengüterseite hervorgerufenen Veränderungen tatsächlich das optimale Programm ist und somit das jeweils maßgebliche Betriebswertverhältnis bestimmt. Dies ist aber ein Kalkül, den wir schon

[1]) s. S. 218.

[2]) s. hierzu auch die Darlegungen über den „Leitungs"- oder „Entscheidungsspielraum" der eigentlich ausführenden Organe auf S. 214f.

[3]) s. S. 104f. Eine Ausnahme bildet hier — wie bereits erwähnt — lediglich der „Ein-Mensch-Betrieb" (S. 200ff.).

bei relativ kleinen Produktionsprogrammen nur schwerlich ohne Hilfe entsprechender mathematischer, im betriebswirtschaftlichen Rechnungswesen bisher nicht üblicher Methoden durchführen können. Es handelt sich hierbei um eine Rechnung mit Unbekannten-Gleichungen 1. Grades, zu deren Durchführung man sich wegen des Umfangs der Beziehungen zwischen den einzelnen Größen (Gleichungen) des Matrizenkalküls bedient[1]).

Da sich bei dessen Anwendung auf den betriebswirtschaftlichen Finalnexus über den Bereich einer einzelnen Rechnung hinaus aber größere *zyklische* Abläufe ergeben, und das zyklische *Programm* schlechthin das Wesensmerkmal der automatisierten elektronischen Datenverarbeitung ist[2]), können wir das Verfahren in ganz hervorragender Weise zur Lösung solcher Aufgaben einsetzen. Man hat daher die auf der Grundlage des Matrizenkalküls entwickelten Methoden zur Ermittlung des optimalen Produktionsprogramms unter der Bezeichnung „*Lineare Programmierung*" (Linear Programming) zusammengefaßt. Die bekannteste und praktisch bedeutsamste Methode ist das von George B. Dantzig entwickelte „Simplex-Verfahren"[3]), bei dem — analog dem bereits beschriebenen Gaußschen

[1]) s. S. 138ff.

[2]) s. S. 74ff. und 138ff. (Schaubild s. S. 141).

[3]) G. B. Dantzig: „Application of the Simplex Method to a Transportation Problem" in T. C. Koopmans: „Activity Analysis of Production and Allocation", Chap. 23, New York: Wiley 1951.

Als Simplex bezeichnet man in der Geometrie das Polyeder (vielflächiger Körper) mit der geringsten Anzahl von Ecken, nämlich das Tetraeder (Vierflächner). Der Grund, das Verfahren so zu bezeichnen, wird verständlich, wenn wir uns ganz allgemein ein Polyeder in ein dreidimensionales Koordinatensystem projiziert denken. Der konvexe, in sich geschlossene Körper wäre dann einem Betrieb vergleichbar, dessen Produktionskapazitäten (Kostengüterkombinationen) durch die äußeren Flächen des Polyeders begrenzt würden. Seine Ecken bzw. Kanten würden demgemäß auch für die einzelnen Kostengüterkombinationen die äußersten Grenzen ihrer Kapazität darstellen, so daß alle Punkte innerhalb des konvexen Polyeders durch diese Ecken dominiert würden. Ein optimales Produktionsprogramm kann also statisch-geometrisch durch diese Ecken determiniert werden. Hierzu hat Dantzig den häufig als „*Eckenprinzip*" bezeichneten Satz aufgestellt, der — ganz allgemein formuliert — besagt, daß die Anzahl der Erzeugnisarten eines *optimalen* Produktionsprogramms immer gleich oder kleiner der Anzahl der als „maßgebliche Teileinheiten" des Betriebsprozesses zu bezeichnenden Kostengüterkombinationen (Ecken) *sein kann*.

Es versteht sich natürlich von selbst, daß es sich beim Betriebsprozeß nicht um ein quantitatives Problem handelt und daß nicht die „Ecken" das optimale Produktionsprogramm bestimmen, sondern daß es von den spezifischen Betriebswertverhältnissen (Nutzen-Kostenbeziehungen) abhängt, welches Programm optimal ist. Rein technisch-mengenmäßig, d. h. ohne Beachtung dieses qualitativ fundierten Zusammenhangs, hat das Eckenprinzip für die ökonomische Analyse *keine* Bedeutung. Aus diesem Grunde ist auch die Auffassung Koopmans („Activity Analysis of Production and Allocation", New York 1951), die Stückgewinne als sogenannte fiktive Kosten (Effizienzpreise) nur auf die „knappen" oder „nicht beliebig vorhandenen" *Mengen*einheiten der Kostengüterkombinationen zu verrechnen, für eine Betriebswertrechnung in dem hier interpretierten Sinne *nicht* haltbar (in deutscher Sprache ist die Theorie Koopmans

Algorithmus[1]) — in der Weise verfahren wird, daß man, ausgehend vom Gesamtgewinn eines beliebigen (gesetzten) Produktionsprogrammes, durch Iteration, d. h. durch wiederholtes (zyklisches) Einsetzen verschiedener Produkte mit den jeweils entsprechenden Stückgewinnen und Mengen, die Gesamtgewinne aller in Betracht kommender Programme und damit auch den maximalen Gewinn bzw. das optimale Produktionsprogramm ermittelt, und zwar unter den Nebenbedingungen, daß die vorhandenen Produktionskapazitäten nicht überschritten werden (II) und negative Produktmengen nicht auftreten dürfen (III). Es ergibt sich somit folgender linearer Ansatz:

$$\text{I)} \qquad \sum_{j=1}^{p} s_j x_j \text{ Max}$$

wobei s_j die Stückgewinne und x_j die unbekannten Mengen der in Betracht kommenden Produkte j (= 1, . . . p) sind. Die Nebenbedingungen lauten:

$$\text{II)} \qquad \sum_{j=1}^{p} m_{ij} x_j \leqq c_i \qquad (i = 1, \ldots n)$$

$$\text{III)} \qquad x_j \geqq 0 \qquad (j = 1, \ldots p)$$

d. h. daß das Produkt aus den Mengeneinheiten (m) je Kostengüterkombination i (= 1, . . . n), die wir für die Produktion eines Erzeugnisses j benötigen, und der Stückzahl (x) je Produkt j (= 1, . . . p) nicht größer sein darf als die vorhandene Kapazität c_i der Betriebsmittelkombinationen i.

Da wir die Stückgewinne nach dem Grenznutzenprinzip aber nur auf die Betriebsmittelkombinationen projizieren können, deren Kapazität durch das jeweilige Produktionsprogramm voll ausgenutzt ist — bzw. auf die ausgenutzten Teile dieser Kapazitäten[2]) —, können wir ferner unterstellen, daß für den maximalen Gewinn (optimales Produktionsprogramm) die Bedingung der vollen Kapazitätsausnutzung der vorhandenen Betriebsmittelkombinationen gilt. Wir müssen daher nunmehr, um die Ungleichung der Nebenbedingung zu II in eine Gleichung zu verwandeln und damit diesen Tatbestand auszudrücken, zur linken Seite der Ungleichung die

in dem Buche von M. J. Beckmann: „Lineare Planungsrechnung", Ludwigshafen 1959, behandelt). Zum Simplex-Verfahren siehe auch die sehr anschauliche und ausführliche Darstellung dieser Methode von A. Charnes, W. W. Cooper und A. Henderson: „An Introduction to Linear Programming", 7. Aufl., New York, Wiley 1958. Eine Arbeit in deutscher Sprache stammt von W. Krelle und H. P. Künzi: „Lineare Programmierung", Zürich 1958.

[1]) s. S. 134 ff.

[2]) Überschüssige Kapazitäten verursachen zwar Kosten, können aber naturgemäß keinen Nutzen abwerfen.

sogenannten Schlupfvariablen (slack variables) y_j hinzufügen, so daß sich nunmehr die Gleichung

$$\text{IV)} \qquad \sum_{j=1}^{p} m_{ij} x_j + y_j = c_i \qquad (i = 1, \ldots n)$$

ergibt.

Wir suchen nunmehr für sämtliche gegebenen Betriebsmittelkombinationen i $(= 1, \ldots n)$ entsprechend ihren zur Herstellung der Produkte j $(= 1, \ldots p)$ benötigten Einsatzmengen diejenigen unbekannten Produktmengen x_j, die die obige Gleichung in der Weise erfüllen, daß die Schlupfvariable y_j gleich 0 wird. Wie aus dem obigen Ansatz unschwer zu erkennen ist, handelt es sich bei $\sum_{j=1}^{p} m_{ij}$ um eine Matrix M mit i Zeilen und j Spalten, während es sich bei x_j, y_j und c_i um Spaltenvektoren handelt. Wir können daher zur *statischen* Ermittlung der unbekannten Mengen x_j des optimalen Produktionsprogramms und somit des maximalen Wertschöpfungseffekts in ähnlicher Weise verfahren, wie es im Beispiel auf den Seiten 134ff. geschehen ist[1]).

Da es sich hierbei aber um die ursprüngliche Zwecksetzung bzw. um die ursprüngliche Bestimmung der Betriebswerte (Teilfrage zu a)[2]) handelt, die ja erst über die Leitungsprozesse zur endültigen Determination der Zwecksetzung und somit zur eigentlichen Zweckerfüllung führt (Teilfrage zu b), haben wir jetzt den eigentlichen Prozeß der Datenverarbeitung noch vor uns, und wir erkennen deutlich die großen Schwierigkeiten, die es zur Realisierung des Prinzips der Identität zu überbrücken gilt. Dies bedingt nämlich, daß die Wirkung der zunehmenden Bestimmbarkeit bei abnehmender Koordination und der zunehmenden Koordination bei abnehmender Bestimmbarkeit der betrieblichen Fakten und Prozesse[3]), die bei der Ausübung der Leitungsfunktionen im ‚zusammengesetzten Betrieb' eintritt, durch den Einsatz geeigneter Hilfsmittel entweder aufgehoben oder aber so stark reduziert wird, daß das Prinzip der Unmittelbarkeit in den Beziehungen zwischen der Oberleitung, ihren Organen in den Funktionskreisen und den ausführenden Organen in den Funktionssektoren bzw. die Einheit zwischen leitender und ausführender Tätigkeit auch als tatsächlich realisiert gelten kann; denn den einzelnen Leitungsorganen ist es völlig

[1]) Es zeigt sich also, daß es sich hier schon bei relativ kleinen Produktionsprogrammen um einen außerordentlich umfangreichen Kalkül handeln kann.

[2]) s. S. 223f.

[3]) s. S. 214f.

unmöglich, die für sie sekundären, tertiären Beziehungen in den ihnen über- oder untergeordneten Funktionskreisen zu überblicken, geschweige denn, sie zu beurteilen und entsprechende Schlüsse aus ihnen zu ziehen. Die geistige Aufnahmefähigkeit und Beweglichkeit des Menschen reicht hierzu einfach nicht aus. Andererseits ist es aber in vielen Fällen überhaupt nur auf diesem Wege möglich, das Prinzip der Unmittelbarkeit zu realisieren. Ein Leitungsorgan, das sich mit Rücksicht auf die Auswirkungen seiner Maßnahmen auf die über-, neben- und untergeordneten Organe der entsprechenden Funktionskreise bzw. -sektoren nicht entscheiden kann, bevor nicht durch zeitraubende Ermittlungen hierüber Klarheit geschaffen worden ist, kann natürlich nicht unmittelbar reagieren[1]). Dieser Mangel in der Unmittelbarkeit ist aber ein Unsicherheitsfaktor, der sich infolge des betriebswirtschaftlichen Finalzusammenhangs auf den gesamten Betrieb überträgt und durch seine akkumulierende Wirkung neue Imponderabilien hervorruft und damit schließlich die Verwirklichung des Identitätsprinzips in Frage stellt oder überhaupt unmöglich macht.

Was bedeuten nun aber die automatisierte elektronische Datenverarbeitung und Kommunikation in diesem Zusammenhang sowie in Hinblick auf die ständig wachsenden Betriebsgrößen und die Unmöglichkeit, das Prinzip der Unmittelbarkeit noch generell zu realisieren. Nach dem Ergebnis unserer bisherigen Untersuchung können wir diese Frage jetzt ganz präzise beantworten: Die automatisierte elektronische Datenverarbeitung und Kommunikation haben für die Unternehmensleitung die Bedeutung von ‚ausführend' leitenden Organen. Als solche können sie im Gegensatz zum Menschen die einzelnen betrieblichen Tatbestände und Prozesse zwar weder selbständig erfassen, noch selbständig die Ausführung einer Entscheidung anordnen. Sie können aber im Rahmen einer ihnen übertragenen Aufgabe — eines Programms — selbständig Entscheidungen treffen, und die Unternehmensleitung kann jederzeit bestimmen, in welchem Umfang dies geschehen soll; denn das Verfahren führt seine Operationen mit einer im Verhältnis zur Aktionsschnelligkeit des menschlichen Verstandes so außerordentlich hohen Geschwindigkeit durch, daß wir es durch ein Zahlenverhältnis kaum richtig auszudrücken vermögen; d. h. aber, daß es mit eben dieser Geschwindigkeit außer den genannten Ausnahmen (Erfassung, Durchführungsanordnung) selbständig alle Funktionen ausüben kann, die für die Determination und Kontrolle der betriebs-

---

[1]) s. S. 209f.

wirtschaftlichen Fakten und Prozesse notwendig sind und die

1. in der *Feststellung* ihrer Qualität und Quantität,
2. in der *Ordnung* der Mittel und Funktionen in bezug auf den gesetzten Zweck,
3. in dem *Kalkül*, in welcher Weise der gesetzte Zweck mit einem Höchstmaß erzielbarer Wertschöpfung realisiert werden kann — dies geschieht durch die Feststellung,
   31) in welchem Verhältnis die einzelnen Mittel und Funktionen zum gesetzten Zweck stehen (Mittel — Zweckbeziehung) und
   32) in welchem Verhältnis die einzelnen Mittel und Funktionen zueinander stehen (Mittelbeziehung), und zwar
      321) in Abhängigkeit vom gesetzten Zweck (Betriebsaufgabe) und
      322) unabhängig vom gesetzten Zweck, d.h. in Abhängigkeit von der Marktaufgabe —,
4. in der *Kontrolle* der Determinationen

bestehen[1]).

Wären wir z. B. für einen bestimmten Betrieb in der Lage, alle ermittelten Betriebswerte — das betriebliche Wertebezugssystem — in einer solchen Anlage zu speichern[2]) und die Daten durch entsprechende elektronische Kommunikationswege von jedem Leitungsorgan aus unmittelbar in die Maschine zu leiten, so würde diese als verbindendes ,,Denkzentrum" zwischen der Unternehmensleitung als Leitung im engeren Sinne und den ,ausführend' leitenden Organen als Leitung im weiteren Sinne fungieren, das die von beiden Seiten gestellten Fragen — entsprechende Programmierung vorausgesetzt — mit elektronischer Geschwindigkeit beantwortet. Damit würden aber sowohl die Unternehmensleitung als auch die ,ausführend' leitenden Organe von der eigentlichen Datenverarbeitung weitgehend befreit. Die erstere könnte sich somit nahezu ausschließlich ihrer eigentlichen Aufgabe, nämlich der leitenden Tätigkeit im engeren Sinne (spezifische Unternehmeraufgabe), die letzteren aber ausschließlich der Erfassung, Weitergabe (Kommunikation), Bestimmung, Anordnung und

---

[1]) s. S. 207.

[2]) In diesem Zusammenhang sei allerdings nochmals an die auf S. 174f. beschriebene Notwendigkeit eines differenzierten und weitgehend auf die Besonderheiten des jeweiligen Betriebes ausgerichteten Verfahrens der Datenverarbeitung (Programmsteuerung) erinnert.

Kontrolle, d. h. der Tätigkeit zuwenden, die die Unmittelbarkeit im eigentlichen Sinne herbeiführt und die daher ganz besonders durch das Phänomen gekennzeichnet ist, das eine Maschine niemals besitzen kann: den *persönlichen ‚Entscheidungsspielraum'*. Diesen können wir uns aber nur dann in ausreichender Weise sichern, wenn wir die Fülle der Probleme, die uns in der Gegenwart und Zukunft in so unendlicher Vielfalt gestellt werden, mit Hilfe solcher maschinellen Hilfsmitteln lösen können, wie sie uns heute mit der elektronischen Programmsteuerung und Kommunikation zur Verfügung stehen.

Literatur

1. *Aiken, Howard H.*: Manual of Operation for the Automatic Sequence Controlled Calculator (MARK I), Bd. 1, Cambridge/Mass. 1946.
   — Description of a Relay Calculator (MARK II). Annals of the Computation Laboratory of Havard University, Bd. 24, Cambridge/Mass. 1949.
   — Manual of MARK III, Cambridge/Mass. 1951.
2. *Beckmann, Martin J.*: Lineare Planungsrechnung (Linear Programming), Ludwigshafen 1959.
3. *Beste, Theodor*: Die kurzfristige Erfolgsrechnung, Leipzig 1936.
4. *Bierfelder, Wilhelm*: Wege und Irrwege mathematischen Denkens in Wirtschaftstheorie und Unternehmenspolitik, Nürnberg 1958.
5. *Burger, Ewald*: Einführung in die Theorie der Spiele, Berlin 1959.
6. *Charnes, A.*, *Cooper, W. W.* und *Henderson, A.*: An Introduction to Linear Programming, 7. Aufl., New York 1958.
7. *Couffignal, Louis*: Denkmaschinen, Stuttgart 1955.
8. *Dantzig, George B.*: Application of the Simplex Method to a Transportation Problem, in Koopmans, T. C.: Activity Analysis of Production and Allocation, chap. 23, New York 1951.
9. *Dosse, Joachim*: Der Transistor, 3. Aufl., München 1959.
10. *Eucken, Walter*: Die Grundlagen der Nationalökonomie, 5. Aufl., Godesberg 1947.
11. *Flaskämper, Paul*: Allgemeine Statistik, 1. Teil (Band), Leipzig 1944.
12. *Güntsch, Fritz R.*: Einführung in die Programmierung digitaler Rechenautomaten, Berlin 1960.
13. *Gutenberg, Erich*: Grundlagen der Betriebswirtschaftslehre, Bd. 1, 2. Aufl., Berlin 1955.
14. *Haas, G.*: Grundlagen und Bauelemente elektronischer Ziffern-Rechenmaschinen, erschienen in: Valvo Berichte, Bd. 4, Heft 2, 4 und 5, Hamburg 1958.
15. *Hartmann, Nicolai*: Einführung in die Philosophie, 4. Aufl., Hannover 1956.
16. *Hilbert-Ackermann*: Grundzüge der theoretischen Logik, 2. Aufl., Berlin 1938.
17. *Höfling, E.*: Atombau und Quantentheorie, Bonn 1956.
18. *Ivall, T. E.*: Electronic Computers, London 1956.
19. *Kant, Immanuel*: Kritik der reinen Vernunft, aus Del-Negro, W.: Immanuel Kants Leben und Werk, Salzburg 1958.
20. *Koopmans, T. C.*: Activity Analysis of Production and Allocation, New York 1951.
21. *Krelle, W.*, *Künzi, H. P.*: Lineare Programmierung, Zürich 1958.
22. *Liefmann, Robert*: Ertrag und Einkommen auf der Grundlage einer rein subjektiven Wertlehre, Jena 1907.
    — Grundsätze der Volkswirtschaftslehre, Jena 1917.

23. *Neeteson, P. A.*: Some Principles of Decimal Electronic Computing, EAB 16, 1956.
24. *Nicklisch, Heinrich*: Die Betriebswirtschaft, 7. Aufl., Stuttgart 1929.
25. *Nordsieck, Fritz*: Rationalisierung der Betriebsorganisation, 2. Aufl., Stuttgart 1955.
26. *Richards, R. K.*: Arithmetic Operations in Digital Computers, New York 1955.
27. *Richter, Heinz*: Elektronik, Technik der Zukunft, 5. Aufl., Würzburg 1958.
— Neue Schule der Radiotechnik und Elektronik, Bd. 1 und 2, Stuttgart 1958.
— Elektronik im Selbstbau und Versuch, 1. Teil (Band), 3. Aufl., Stuttgart 1958.
— Transistor-Praxis, 4. Aufl., Stuttgart 1959.
28. *Rutishauser, H.*, *Speiser, A.*, *Stiefel, E.*: Programmgesteuerte digitale Rechengeräte (elektronische Rechenmaschinen), Basel 1951.
29. *Rutishauser, Heinz*: Automatische Rechenplanfertigung bei programmgesteuerten Rechenmaschinen, Basel 1956.
30. *Schmalenbach, Eugen*: Selbstkostenrechnung und Preispolitik, 6. Aufl., Leipzig 1934.
— Pretiale Wirtschaftslenkung, Bd. 1 und 2, Bremen-Horn 1948.
— Kostenrechnung und Preispolitik, 7. Aufl., Köln-Opladen 1956.
31. *Schönpflug, Fritz*: Das Methodenproblem in der Einzelwirtschaftslehre, Berlin 1932.
32. *Taylor, F. W.*: The Principles of Scientific Management, 1912; in der deutschen Übersetzung von Roesler: Grundsätze der wissenschaftlichen Betriebsführung, Berlin 1913.
— Shop Management, 1911; in der deutschen Übersetzung von Wallichs, A.: Die Betriebsleitung, 3. Aufl., Berlin 1919.
33. *Thüring, Bruno*: Methoden der Programmierung, 1. Teil (Band), Baden-Baden 1957.
34. *Valentiner, Siegfried*: Vektoren und Matrizen, Band 354/354a der Sammlung Göschen, Berlin 1958.
35. *Weddigen, W.*: Theorie des Ertrages, Jena 1927.
36. *Westphal, C. H.*: Physik, 12. Aufl., Berlin 1947.
37. *Wiener, N.*: Cybernetics, New York 1949.
38. *Wieser, W.*: Organismen, Strukturen, Maschinen, Frankfurt 1959.
39. *Wundt, Wilhelm*: Logik, Bd. 1, 4. Aufl., Stuttgart 1919.
40. Zeitschrift: elektronische datenverarbeitung (electronic dataprocessing), Braunschweig 1959.
41. Zeitschrift: Elektronische Rechenanlagen, München/Wien 1959.
42. Zeitschrift: Ionen und Elektronen, Düsseldorf.
43. Zeitschrift: Unternehmensforschung (Operation Research), Würzburg.
44. *Zemanek, Heinz*: Elementare Informationstheorie, Wien/München 1959.
45. *Zurmühl, R.*: Matrizen, 2. Aufl., Berlin/Göttingen/Heidelberg 1958.
46. *Zuse, Konrad*: Über den Plankalkül, erschienen in der Zeitschrift: Elektronische Rechenanlagen, Heft 2, München 1959.

Namen- und Sachregister

Abhängigkeitsverhältnis, doppelt zweiseitig-funktionales 104, 210ff.
Ablaufplan 15, 73
Ablenkplatten 40ff.
— system 42
„8-4-2-1-Code“ 86ff., 107ff.
Addierwerk 129f., 165ff.
Addition 15, 73, 151ff.
Adressendecoder 114ff., 129
— modifikation 106f., 112, 114, 177f.
Aicken-Code 86ff., 107ff.
Aicken, Howard H. 17f., 20, 22, 31, 86, 148f.
Akkumulator 112, 154ff.
Alwag 20
Amplitude 28, 114ff.
— Amplitudenabstieg 71
— Amplitudenanstieg 71
Analogiegerät (Analogrechner) 24, 145
Analytical Engine 16, 20
Anode 28ff.
— Anodengleichstrom 34
— Anodenstromkreis 30
— Anodenverlustleistung 45
Ansprechdauer 29
Antinomie 193
Arbeitspunkt 34
— teilung 184f.
— widerstand 35, 124ff.
Aristoteles 15, 180ff., 217
Asynchron-Maschinen 176
Atomphysik 26ff., 47ff.
Ausbreitungsgeschwindigkeit 25f., 29
Austrittsgeschwindigkeit 30, 44f.

Babbage, Charles 16, 20
Bardeen 53
Basis 54ff.
— schaltung 56
Bauelemente, elektronische 29ff., 106, 114ff.
—, ferroelektrische 67f.
—, kinematische elektronische 69ff.
Beckmann, M. J. 133, 223, 226ff.
Bedarfsdeckungsprinzip 14, 180ff., 220
Bedingungsschaltung 34, 53, 62, 70ff., 122
Befehl 111ff.
— Befehlsadresse 106, 129f.
— Befehlsadressenspeicher 111, 129f.
— Befehlsdecoder 106, 114ff.
— Befehlsmodifikation 112, 114
Bell Telephone Laboratoris 18, 53
Bendix 20
Bense, Max 12f.
Beste, Theodor 8
Bestimmbarkeit, abnehmende 209ff.
—, zunehmende 209ff.
Betriebsaufgabe 184ff., 230
Betriebseinheit 103, 200ff.
Betriebssicherheit der Röhren 35
Betriebswert 6, 103ff., 191ff., 219
— rechnung 220ff.
Bewegungsenergie 44f.
Beziehungen, qualitative 14, 131ff., 179ff.
—, quantitative 14, 131ff., 188ff.
Bierfelder, W. 15, 102, 189
Binärsystem 26, 38f., 43, 47, 61f., 66f.
— code 83ff., 107ff.
Biquinärcode 169
Bit 67
Bollée, Léon 17
Brattain 53

Bremsgitter 36f.
Brennspannung 46
Buchhaltung, doppelte 67
Buchungsautomaten 12f.
Bull 22, 93, 109, 150
Burroughs 20

Charnes, A. 227
Code, dual-dezimaler 18, 38, 83ff., 106ff., 145
—, biquinärer 39, 93ff., 169
Codierung 107ff.
Collector 54ff.
Complex Computer 90
Cooper, W. W. 227
Couffignal, Louis 12ff., 73, 76, 82, 102

Dantzig, George B. 226ff.
Datenverarbeitung, konventionelle 16
—, ökonomische 97ff.
—, simultane 176
—, zyklische 132ff.
Datum 11
Decoderschaltung 106, 126f.
Defektelektronen 49ff.
Denkgesetze 14
Determination, ökonomische 102ff.
Dezentralisation 209
Dezimalsystem 83 ff.
Differenzierschaltung 39, 69ff.
Differenzierung 7
Diffusionsstrom 50 ff.
— spannung 54
Diode 30f., 44, 51ff.
Dipol 66
Disjunktion 38, 75, 122f.
Division 158ff.
Doppeltriode 37ff.
Dosse, J. 49f.
Dreier-Excess-Code 89ff., 107ff.
Drucker, elektronischer 42f.
Dualsystem 17, 78ff.
Durchführungsphase 128ff.
Durchgriff 34f.
Durchlaßrichtung 52
Durchlaßspannung 51

Eccles-Jordan-Schaltung 114
Eckenprinzip 226
Eckert, Presper J. 18, 22, 26
EDPM (Electronic Data Processing Machine) 18ff., 107f., 111
Eigenkapazität 52
Einadressenmaschine 107, 112, 129f.
Eingangswiderstand 57f.
„Eins-aus-Zehn-Code“ 96f.
Electrologica 22
Electronic Printer 42f.
Elektroden 30f., 51 f.
— kapazität 35f.
Elektrodynamik 24ff.
Elektromagnetismus 59ff.
Elektronenemission 30ff., 44ff.
— geschwindigkeit 31, 36f., 44f.
— physik 24ff.
— röhren 26 ff.
— schalen 47
— volt 45
— wall 36, 50
Elektronik 5, 27, 216
„Elektronische Rechenanlagen“ (Zeitschrift) 43
Emitter 54 ff.
— schaltung 58
Eniac 18, 26
Enneode 36
Entkoppelung 53
Entscheidung, logistische 71ff., 130 ff.
Erkenntniskategorien 14
Eucken, W. 193
Exclusiv-Oder-Gatter 123ff., 165ff.
Extraktion 113, 162

Fanggitter 36 f.
Feld, elektrisches 25
Feldstärke 60ff., 68
Ferractoren 26
Ferranti 22
Ferritkerne 27, 62ff.
Finaldetermination 14, 180ff.
— nexus 74f., 217
— nexus, ökonomischer 101ff., 132, 181ff.
Flaskämper, Paul 190

Flächentransistor 56
Flip-Flop 18
— schaltungen 37ff., 114, 145
Forest de 27
Formieren 52
Frequenz 28f., 34, 52, 66, 69ff.
— teilung 38
— untersetzung 34, 114ff.
Funktionen, elektromechanische 16
—, operative 73
— Funktionsbegriff 99ff., 132
— Funktionskreis 201ff., 229
— Funktionssektor 201ff., 229

Gasatome 44f.
— entladung 45
Gatter 38, 53, 70f.
— schaltung 122ff.
Gedächtnis 14
Geldbegriff 104
Germanium-Diode 26, 51ff.
Gesetze, mathematische 15, 77ff.
Gesetzmäßigkeiten, aposteriorische 15, 73
—, apriorische 15, 73
Gewicht, dezimales 83ff.
Gitterstrom 34
— vorspannung 34, 57
Gleichrichterröhre 32
Glimm-Relaisröhre 46
Golddrahtdiode 52
Goldstine, Hermann H. 18, 22, 26
Grenzfrequenz 46
— kosten 196ff., 224ff.
— kosten, Präponderanz der 197
— nutzen 196ff., 224ff.
Großhundertsystem 78
Grundfrequenz 128
— schaltung, logische 71ff., 122ff., 165ff.
— verknüpfungen, logische 37f., 70

Haas, G. 35, 53, 66, 68, 71, 95, 117ff., 164ff.
Halbleiterdiode 51ff., 125
— bauelemente, elektronische 26f., 47ff., 125f.
Haloid Xerox 23, 42
Haltestromkreis 46
Hartmann, Nicolai 11, 15, 99ff., 181ff., 216f.
Henderson, A. 227
Heptoden 36f.
Hexagesimalsystem 78
Hexoden 36
Hilbert-Ackermann 75
Hochpaß 39
Hochvakuum-Elektronenröhren 29ff., 45, 56f., 120f., 124
Höfling, O. 27
Honeywell 20
Hystereseschleife 59ff.
— verluste 64

IBM 18ff., 67, 93, 107f.
Identität 15, 100f., 193
Identitätsprinzip 105, 210ff., 223ff.
Informationseinheit 128f.
Imponderabilien 105, 182ff.
Impuls 25
— differenzierung 39, 69ff., 128
— erzeugung 34, 114ff.
— folgefrequenz 28, 128
— formung 34, 38
— länge 28
— periode 28, 128
— regeneration 38f.
— untersetzung 34, 114ff., 128
— verzögerung 38, 69
Indexrechnung 112
Indikatoren 107ff.
Induktion 60ff.
Innenwiderstand 34, 45, 52f.
Insertion 113, 162
Institut Blaise Pascal 17, 22, 82
Instruktion 111ff.
International Computer and Tabulator (ICT) 22
Intermetall 57
„Ionen und Elektronen“ (Zeitschrift) 45
Ionenröhren 26, 44ff.
Ionisation 44ff., 49
Isolator 48
Iteration 132
Ivall, T. E. 129, 167

Jouleeffekt 69

Kalkül, logischer 73ff., 97f.
Kant, I. 100, 216
Kapazität 35f., 52, 226ff.
Kategorien 72f.
Kathode 28ff., 46
—, kalte 45
Kathodenheizung, direkte 30
—, indirekte 30
Kathodenstrahlröhre 22, 24, 40, 42
— -Zählröhre 40ff.
Kausalnexus 101, 181, 185f., 217
— determination 180ff.
Kippschaltung 37ff., 46, 114
— vorgang 117ff.
Kirchhoffsche Gesetze 33
Koinzidenzschaltung 37f., 53, 62, 70f., 122ff.
Koerzitivkraft 61
Komma, festes 146ff.
—, gleitendes 146ff.
Kommunikation 5ff., 72f., 105, 215f., 223ff.
Komplement 86
— bildung 151ff.
Kondensator 36, 38f., 56, 67f.
Konjunktion 38, 75, 122f.
Koopmans, T. C. 226f.
Koordination, abnehmende 209ff.
—, zunehmende 209ff.
Korrekturbedingungen 83ff.
Kortzfleisch von, Gert 8
Kraftlinienfeld, elektromagnetisches 59ff.
Kreisschaltung 74f., 131f.
Krelle, W. 227
Künzi, H. P. 227
Kybernetik 72f.

Ladungsbild 42f.
Laufzeitketten 39, 69ff., 118
—, magnetostriktive 69
—, piezoelektrische 69
Lebensdauer der Elektronenröhre 35
Leibniz 81
Leiter, elektrischer 48
Leitungsfunktionen 5f., 200ff.
Lenkungsorgane, aktive 131ff.
—, passive 73
Lenkungsprozeß 13ff., 201ff.
Lesen, photoelektrisches 23
Leuchtschirm 41f.
Lichtemission 44f.
— geschwindigkeit 25, 27
Lieben von 27
Liefmann 183
Linear Programming 7
Linse, elektronenoptische 40ff.
Lochelektronen, positive 49ff.
Lochkartenverfahren 12f., 16, 25, 72f., 74, 133
Logik 11, 97ff., 187
Logistik 5, 13ff., 71f., 82, 130ff.

Magnetbandspeicher 23, 26, 65f., 170
Magnetisierungseffekt 59ff.
Magnetkernmatrix 62ff.
— ringe 26, 62ff.
— speicher 111, 170ff.
Magnetplattenspeicher 26, 65f., 170
— tontechnik 66
— trommelspeicher 65f., 170ff.
MARK I 18, 26
Marktaufgabe 184ff., 230
— wert 7, 103ff.
Maschinenschlüssel 107ff.
Mathematik 73f., 77ff., 97ff.
Matrizenkalkül 7, 134ff., 227ff.
Mauchly, John 18, 22, 26
Maximierung 220ff.
Maxwell 25
Mehradressenmaschine 107, 112
Mehrgitterröhren 36f.
Miniaturisierung 58f.
Mischer 16
Molekularmagnetismus 59
Monrobot 20
Multiplikation 154ff.
Multiprocessing 176
Multivibrator, bistabiler 37ff., 94ff., 114ff., 167ff.
—, monostabiler 39f., 71, 164

Nachrichtenübermittlung 72f., 229ff.
National Elliott 21
Negation 75, 122f.
Neumann von, John 19, 22, 82
Nicklisch, Heinrich 6, 14, 76, 182, 191, 201, 220
Normalisierung 113, 165
Nullenunterdrückung 113

Oder-Gatter 122f.
Oktoden 36
Ontologie 15
Operandenadressen 106
Operationen, arithmetische 113, 128, 151ff.
—, logistische 113, 128, 130ff.
Operationsdecoder 106f., 128ff.
— geschwindigkeit 18, 25f., 29, 111f.

Parallelbetrieb 64f.
— rechenwerk 169
Pascal, Blaise 11
Pentode 32, 36, 44, 71
Permeabilität 60 ff.
Photozellen 176
Plankalkül 133ff., 216ff.
— kosten 197
Prädikate, göttliche 11
Prinzipien, aposteriorische 15, 73, 216ff.
—, apriorische 14f., 73, 216ff.
Produktionsprogramm, optimales 221ff.
Programmierung, lineare 74, 177
—, zyklische 74, 177
Programmschrittzähler 129f.
Programmsteuerung, elektronische 13ff., 25, 106ff., 133, 223ff.
—, universelle 16
Pseudodezimale 88, 92
Pufferspeicher 111f., 170 ff.

Qualität 6, 13, 72ff., 98ff., 180ff.
Quantifizierbarkeit 6, 97ff., 189ff.
Quantität 13, 72ff., 98ff.

Radio Corporation of America (RCA) 21
Rajchmann 39
Ramac 67
Rationalisierung 5
Raumladegitter 36
Raumladung 32, 36, 50, 54
Rechenlocher 16
Rechenmaschinen, elektronische 12
—, schreibende 12
Rechenwerk, algebraisches 16
—, elektronisches 15, 106, 112, 145ff.
Regelkreis 74f., 131f.
Regenerierschaltung 71
Register 111f., 162 ff.
— Bedingungsregister 111f.
— Decoderregister 111f.
— Indexregister 111f.
— Operandenregister 111f.
— Schieberegister 111f., 154ff.
— Verzweigungsregister 111f.
Reiß 27
Rekombination 55
Relais 17, 29, 31, 34
Relaisrechenmaschine 17
—, programmgesteuerte 82
Relay Calculator 18
Remington Rand 21, 90, 110
Restinduktion 59ff.
Richter, H. 30, 44f., 56, 58, 176
Riesenkönig, Wolfgang 8
Ringzähler, biquinärer 94f.
Royal McBee 21
Rückkoppelung 74f.
Rückstellanode 41
Rutishauser, H. 24, 39, 86, 88, 90

Sachlogik 190ff.
Sättigungsremanenz 59ff.
Sekundäremission 36f.
Selectron 40, 43
Serienbetrieb 64f.
— rechenwerk, binäres 167ff.
Siemens 21
Simplexverfahren 142, 226ff.
slack variables 228
Solartron Electronic 23
Sortiermaschine 16
Spannungsgefälle 30
— stabilisator 46

Speicher, elektronischer 15, 170ff.
Speicherdichte 65, 68
— kapazität 67
Speiser, A. 24, 39, 86, 88, 90
Sperrschicht 50ff.
— spannung 51ff.
— richtung 51ff.
Spezialelektroden 40ff.
Spezialisierung 7
Spezialkathoden 35
Spitzenkontaktdiode 51f.
Sprungbefehle 113, 177f.
Substitution 162
Subtraktion 11, 151ff.
Suchzeit 19, 63
Syllogismus 14, 73
Synchron-Maschinen 176
Schaltgeschwindigkeit 35, 52f., 64f.
— phase 128ff.
Schaltungen, logische 31, 122ff.
Schirmgitter 37
Schlitzelektrode 40ff.
Schlupfvariable 228
Schmalenbach, Eugen 6, 14, 195ff., 223
Schneider, Erich 133
Schreiben, elektronisches 42f.
Schreibmaschinen, rechnende 12
Staffelwalze 81
Standard Elektrik 22
Starter 46
Statistik 190ff.
— maschinen 12
Steilheit 33ff.
Stellenübertrag 83ff., 145
Steuergitter 33ff.
— impulse 106
Steuerungsorgane 12ff.
Steuerwechselspannung 34
— werk 106ff.
Stiefel, E. 24, 39, 86, 88, 90
Störimpulse 63f.
— stellenleiter, positiver 49ff.
Stoßionisation 45
Stromberg-Carlson 23, 42
Stromkreisschalter 31, 34
Strömungsgeschwindigkeit 25

Tabelliermaschine 16
Tauschwert, objektiver 7, 103, 194ff.
Taylor, F. W. 202
TEKADE 57
Telefunken 22, 57
Temperaturabhängigkeit 58
Tetrade 38, 83ff., 107ff., 118, 145
Tetrode 36, 44
Thyratron 46
Tiefpaß 70
Toleranzen 35
Torschaltung 32, 34
Transformationsprozeß 188ff.
Transistor 26, 53ff., 71, 73, 126
Trigger-Schaltung 37, 114, 116
Triode 32ff., 44
Trochotron 40, 43
Typenmatrix 42

Überschußelektronen, negative 49ff.
Ultraschallspeicher 69
Umkehrschaltung 122 ff.
Umlenkverfahren, optisches 42
Und-Gatter 122ff., 165ff.
Underwood 21
Univac 20f., 90, 110
Universal-Rechenanlagen, digitale elektronische 6f., 174
Unmittelbarkeit 105, 133, 193
Unmittelbarkeitsprinzip 204ff., 229
Unternehmensforschung 7
Unternehmerfunktion 200ff.

Vakuum 25, 32ff.
Valenzelektronen 27, 48ff.
Valvo 41, 57
— Berichte 35
Verbundröhren 37ff.
Verfahren, konventionelle 16
Verfahrensforschung 7
Vergleiche, logistische 72ff.
Vergleichswerk 15, 106, 111, 130ff.
Verstärkungsfaktor 34
Verwaltung 5, 203
Verzögerungsglieder 38f.
Vorherbestimmung 11

Vorsehung 11
Vorstellungsverlauf, apperzeptiver 11

Walther, A. 21
Weddigen, Walter 182f., 191
Wehneltzylinder 40ff.
Welle, elektrische 29
Wertbildungsprozeß 188ff.
Wertigkeitselektronen 48ff.
Wertmaßeinheit 102ff.
— problem 6 f., 101ff.
— sichtigkeit 11
— -Zahlbegriff, allgemeiner (abstrakter) ökonomischer 103ff., 195ff.
— —, spezieller ökonomischer 102ff., 194ff.
Westphal, W. H. 25
Wiener, N. 73
Wieser, W. 73f.
Williams, F. D. 22
Williams-Tube 22, 42
Wilkes, M. V. 22
Wirtschaftlichkeit der Röhren 35
Wortperiode 128
Wundt, Wilh. 98, 216

Zahlbegriff 98ff.
Zahlenbereich 145ff.
— logik 190 ff.
— systeme 77 ff.
Zählungschaltung 38f., 119
Zeichenperiode 128
Zentralisation 209
Zonenindikatoren 107ff.
Zugriff 63, 67
Zugriffszeit 170 ff.
Zündspannung 45
Zurmühl, R. 136, 138
Zuse, Konrad 17, 21, 76, 82, 140
Zweckbestimmung 14, 180ff.
— tätigkeit 11, 181ff.
„Zwei-aus-fünf-Code“ 95f., 107ff.
Zwischenschichtbildung 35
Zyklus 74f., 139ff.

Betriebswirtschaft in der Sammlung Göschen

Jeder Band DM 3,60 · Doppelbände DM 5,80

Geschichte der Volkswirtschaftslehre
von *Siegfried Wendt.*
182 Seiten. 1961. *(Band 1194)*

Allgemeine Volkswirtschaftslehre
von *Andreas Paulsen.*
4 Bände.
I: Grundlegung, Wirtschaftskreislauf. 3., durchgesehene und ergänzte Auflage. 148 Seiten. 1959. *(Band 1169)*
II: Haushalte, Unternehmungen, Marktformen. 3., neubearbeitete Auflage. 166 Seiten, 32 Abbildungen. 1960. *(Band 1170)*
III: Produktionsfaktoren. 2., neubearbeitete und ergänzte Auflage. 200 Seiten. 1961. *(Band 1171)*
IV: Gesamtbeschäftigung, Konjunkturen, Wachstum. 2. Auflage. 172 Seiten. 1961. *(Band 1172)*

Allgemeine Volkswirtschaftspolitik
von *Hans Ohm.*
2 Bände.
I: Systematisch-theoretische Grundlegung. 137 Seiten. 1961. *(Band 1195)*

Allgemeine Betriebswirtschaftslehre
von *Konrad Mellerowicz.*
4 Bände. 10., erweiterte und veränderte Auflage. (Bd. I, 11. Auflage)
I: 224 Seiten. 1961. *(Band 1008/1008a)*
II: 188 Seiten. 1959. *(Band 1153/1153a)*
III: 260 Seiten. 1959. *(Band 1154/1154a)*
IV: 209 Seiten. 1959. *(Band 1186/1186a)*
Diese 4 Bände sind auch in Ganzleinen gebunden zum Preise von je DM 6,30 lieferbar.

Wirtschaftssoziologie
von *Friedrich Fürstenberg.*
122 Seiten. 1961. *(Band 1193)*

Industrie- und Betriebssoziologie
von *Ralf Dahrendorf.*
2. Auflage. 120 Seiten. In Vorbereitung. *(Band 103)*

Psychologie des Berufs- und Wirtschaftslebens
von *Walter Moede †.*
190 Seiten, 48 Abbildungen. 1958. *(Band 851/851a)*

Finanzwissenschaft
von *Heinz Kolms.*
4 Bände.
I: Grundlegung, Öffentliche Ausgaben. 160 Seiten. 1959. *(Band 148)*
II: Erwerbseinkünfte, Gebühren und Beiträge; Allgemeine Steuerlehre. 148 Seiten. 1960. *(Band 391)*
III: Besondere Steuerlehre. In Vorbereitung. *(Band 776)*
IV: Öffentlicher Kredit. Haushaltswesen. Finanzausgleich. In Vorbereitung. *(Band 782)*

Finanzmathematik
von *Marcel Nicolas.*
192 Seiten, 11 Tafeln, 8 Tabellen und 72 Beispiele. 1959. *(Band 1183/1183a)*

Allgemeine Methodenlehre der Statistik
von *Johann Pfanzagl.*
2 Bände.
I: Elementare Methoden unter besonderer Berücksichtigung der Anwendungen in den Wirtschafts- und Sozialwissenschaften. 205 Seiten, 35 Abbildungen. 1960. *(Band 746/746a)*
II: Höhere Methoden unter besonderer Berücksichtigung der Anwendungen in Naturwissenschaft, Medizin und Technik. 295 Seiten. 1961. *(Band 747/747a)*

FSC
www.fsc.org
MIX
Papier | Fördert gute Waldnutzung
FSC® C083411

Kolibri 360 GmbH
Ferdinand-Jühlke-Straße 7
99095 Erfurt, Deutschland
produktsicherheit@kolibri360.de